# 日韓「剣道」

KENDOとKUMDOの相克と未来

小田佳子

青弓社

日韓「剣道」——KENDOとKUMDOの相克と未来／目次

## 序章　日本と韓国の「剣道」 7

1 私と剣道と世界のつながり　7
2 文化としての剣道の伝播　9
3 武道の国際展開と伝統の創造　11
4 剣道の「国際化」か、「国際的普及」か　12
5 剣道の「国際化」に潜む韓国剣道KUMDOの議論　14
6 文化普遍主義と文化相対主義　16

## 第1章　日本剣道KENDOと韓国剣道KUMDOの対立 23

1 宗主国論争　23
2 日韓の剣道小史　30
3 国際的な剣道界の競技動向　34
4 日本剣道KENDOの文化変容への危惧　46

## 第2章　剣道の歴史論 54
　　　──ルーツとしての武士道と花郎道

1 日本剣道KENDOの歴史　54
2 韓国剣道KUMDOの歴史　71

## 第3章　剣道の文化論　96
　　　　──有効打突の概念と残心から

1　有効打突の概念　96
2　残心の美徳　102
3　日本文化としての剣道の特徴　110
4　日本剣道KENDOの残心と韓国剣道KUMDOの存心　113


## 第4章　剣道の技術論　123
　　　　──「試合・審判規則」から

1　「試合・審判規則」の目次　124
2　規則の目的　127
3　試合規則　128
4　審判規則　137
5　規則改定の変遷(補則)　142
6　蹲踞と礼法　144
7　「試合・審判規則」の相違点の要諦　147
8　規定の相違がもたらす現実的課題　153


## 第5章　剣道文化の未来志向　160

1　武道とスポーツのはざまの剣道　160
2　アマチュアリズムと剣道　170
3　ナショナリズムと剣道　175

4　新ナショナリズムの韓国剣道KUMDO　185
5　剣道文化の未来志向　191

**韓国剣道KUMDO年表**　207

**あとがき**　227

装丁──斉藤よしのぶ

# 序章　日本と韓国の「剣道」

## 1　私と剣道と世界のつながり

　1976年4月、小学校入学と同時に初めて竹刀を握った。2つ年上の、優しくも頼りない兄の影響で、小さな町の公民館で剣道を始めることになった。以来40年あまりになる。小学校で6年、中学校で3年、高校で3年、大学で4年と『武士道シックスティーン』も顔負けではないかと思うほど、青春時代を剣道一直線で過ごしてきた。

　イギリスの大学への交換留学を経て、1993年3月に故郷の大学を卒業した私は、中学校で英語と保健体育の教師になった。もちろん部活動では剣道部の顧問をしていた。2010年4月、スポーツ科学を専門とする大学教員になった。そしていまもなお、武道（剣道）を研究題材としながら学び続けている。このように私が剣道を続けてこられたのは、一緒に剣を交えて稽古してくださる方々の存在があったからこそである。私よりもさらに努力を重ねる友人や、師弟同行を体現し指導してくださる恩師の存在は大きく、道場に行けば稽古ができ、待っていてくれる仲間がいる環境が整えられていた。

　学生時代に剣道競技で大会や試合に明け暮れていた頃は、高校ではインターハイ、大学ではインカレと、常に高みを目指し、「努力は人を裏切らない」「努力が不可能を可能にする」と信じて、剣道日本一を真剣に目指し仲間とともに汗と涙を流していた。

　そんなあるとき、出場した剣道大会の開会式で、大会長の挨拶にふと疑問を感じることがあった。大会長は、「剣道は日本古来の伝統文化であり、これまで剣道で培われたみなさんの技術と精神力に誇りを持って正々堂々と試

合を展開していただきたい。そして、ぜひ、この剣道文化を後世にも継承していただきたい」という趣旨を述べたのだが、それはきわめて聞き慣れた月並みな意見であり、それまでは何の疑いもない美辞だった、といまにして思う。日本の伝統文化である剣道に誇りを持ち、日本人として幼少から剣道に携わり、剣道を継続していることに胸を張っていたハズ……だった。

　ところが、私の剣道人生に文化的激震が走る。自身で確認できるかぎりそれは余震と本震を含めて2度あった。いずれもグローバル社会の潮流に乗って海外の方々と剣道で交流し、日本と日本人のよさを再認識した経験からだった。つまり、剣道を通した異文化交流が発端だった。

　余震は、日本がバブル絶頂期でグローバライゼーションが声高に叫ばれ始める1990年、私が大学2年生の冬に起きる。金沢大学の現役剣道部員がOBとともに、かねてからオランダ剣道連盟と親交が深かった恵土孝吉先生を説得、真冬の12月にオランダへの剣道遠征を企画した。このときの衝撃は、まずオランダ人の剣道に取り組む姿勢だった。学生だった私は、毎日ただ部活動としての稽古を繰り返していた。これに対し、地球の反対側に位置するオランダでは、仕事帰りの大人たちが夜な夜な体育館に集まり、日本語を使って精いっぱい汗を流して真剣に稽古していたのである。私自身の剣道に対する姿勢がいかにも惰性的であり、また試合で勝ちたいという打算ばかりにとらわれていたのに対し、オランダで剣道をする人々の姿勢は、何とも修練的で表現しがたい新鮮さにあふれていた。そして、私は日本人であり、日本の伝統文化である剣道に携わっているだけで自身の居場所が確保されているのだとあらためて実感させられたのである。このオランダ遠征をきっかけに、大学卒業を1年見送って、イギリス・シェフィールド大学に交換留学生としておもむくことになった。

　のちの大きな本震は、故郷で中学校教師になり10年が経過した頃だった。2004年4月から文部科学省の在外教育施設派遣で、ドイツ・フランクフルト国際日本人学校に赴任することになった。フランクフルトは、伝統あるドイツ剣道連盟の最大勢力、ヘッセン剣道連盟の拠点でもあった。非常に堅い気風があり、かつ力強いドイツ剣道には、規則や古きよき伝統を忠実に守り、マイスター制度とともに職人を生かす気質が反映されているようでもあった。ドイツ剣道連盟では、日本の昇段審査よりも厳しい独自の昇段制度基準を設けている。例えば、日本の初段の審査では剣道形を3本目までおこなうのに

対し、ドイツでは初段で10本目まで実施される。級審査の段階では、日本にはない竹刀の組み方まで含まれているといった徹底ぶりだった。もちろん日本のように剣道具店が近隣にあるわけでもない環境の厳しさを反映したものだろう。

このフランクフルトという地で、私は1人の韓国人と知り合う。その縁で、強烈に「強い剣道」を目指す韓国剣道 KUMDO に出合うことになるのだが、これが先に述べた本震につながったのである。というのも、韓国剣道 KUMDO が、日本の伝統文化であるはずの剣道を自国の伝統文化だと主張していたからである。実のところ、「世界選手権などでは同じルールで試合をしているのに、一体何が違うのか?」「剣道は、間違いなく日本の伝統文化なんですが、何か?」と言いたい気分だった。しかし、少しずつわかってきたのは、日本と韓国との間に横たわる歴史認識の相違が大きく影を落としている、ということだった。隣国でありながらこれまでまったく関心がなく、私にとって韓国は無視してきたに等しい存在でもあった。相手を理解するには、当たり前のことだが、その人や国に関する歴史的背景を知る必要がある。海外の剣道愛好者は剣道を通じて日本の文化や歴史を理解しようとし、私は、剣道を介せば何でも通用すると考える自身の甘さと勉強不足を痛感させられることになった。

高度経済成長期以降、政治的・経済的な競争力での日本の優位性を背景として、日本剣道 KENDO は国際的にも諸外国から敬意をもって受け入れられてきた面があった。しかし、現在のグローバル化のなかで、韓国経済はときに日本経済をしのぐ勢いを示し、国際競争力や発言力が強化され、日本でも韓流や嫌韓といった韓国文化、また政治に対する新しい潮流がみられる。韓国のスポーツ政策では、1988年のソウル・オリンピック(第24回オリンピック競技大会)以降、国際的にも各種スポーツの競技力が着実に高まっている。これに呼応するように、韓国剣道 KUMDO の競技力も世界剣道選手権大会などで顕在化し、国際剣道連盟でもその発言力を強めている。

## 2　文化としての剣道の伝播

一つの文化は、世界各地に伝播して他国の文化と触れ合い、異なる文化と

混ざり合うときに、多少なりともある種の摩擦を伴いながら新たな文化として根づくことになる。そのとき、一つの文化は他の文化と融合し変容する。文化が変容することなく新天地に根づくことはないだろう。これを剣道に置き換えると、剣道が文化である以上、まずは日本を出発点とすれば、日本の文化色を色濃く残したまま海外に伝播するが、新たな文化圏でそれが根づこうとするとき、次第にそれぞれの国の風土が持つ文化と融合し、新たな独自の剣道文化（剣風）に変容することになる。さらにこの過程が、例えば日本剣道 KENDO からではなく、韓国剣道 KUMDO を出発点として他国に伝播するときにはどうなるのだろう。また同様に、ドイツ剣道から出発すれば、どのようになるだろうか。日本剣道 KENDO がまったく変容することなくそのままの状態で移植されるという現象は、異民族が生活している風土への伝播に際しては異常であり、むしろ文化帝国主義のような強制的な圧力が加わらないかぎり不可能だろう。ここでいう文化帝国主義とは、「土着の文化を犠牲にしてまで外国の文化の価値や習慣を高め、広める政治力と経済力の効用」(2)のことを指す。

いずれにしても、時空間を超えてその時代や風土のなかで人類学的にその価値が見いだされない文化は自然淘汰されていくのだろう。だからこそ我々は、日本剣道 KENDO の継承者として、先人から伝えられる日本の伝統文化としての剣道に価値を見いだし、剣道の普遍性を論理的に、また歴史的に再構築して、次世代に伝える使命があるのではないだろうか。人々も時代や社会、世代とともに変容している。同じ武道であっても、例えば相撲では内なる国際化が進行して、幕内で活躍する外国人力士の姿に目を見張る。テレビ放送の介入で、興行としての大相撲の価値も文化も変容している実態がある。いわゆる武道とされている身体運動文化と時代背景との関わりをよく精査したうえで、武道の教育性として変わらざる価値こそが、武道（剣道）の普遍性になるのかもしれない。しかし、私にはまだ、この剣道の普遍性が何なのかについて、はっきりしたことを言えずにいるのである。

本書の試みは、韓国剣道 KUMDO を通して、日本剣道 KENDO の普遍性を追求することであり、その国際化や国際的普及のあり方を探ろうとするものである。

## 3　武道の国際展開と伝統の創造

　武道の国際展開を果たした競技といえば、1964年の東京オリンピック（第18回オリンピック競技大会）で正式競技種目になった柔道（男子）がまず挙げられるだろう。日本初の国際オリンピック委員会（以下、IOCと略記）委員であり、教育者だった嘉納治五郎の先導のもと、柔道は武道の国際化への王道を歩むようになる。これに対し、2020年に再び東京で開催される第32回オリンピック大会でも、その競技種目となることに疑問を呈しているのが剣道競技である。同じ武道であり、学校体育教材でも兄弟のような存在であるはずの柔道と剣道とでは、その国際展開の方向性をめぐっては明らかに異なる道を歩んでいる。

　柔道について坂上康博は、「現在、世界190カ国以上でおこなわれ、愛好者は1,000万人を超えている。オリンピックの正式種目となって約50年、もはや押しも押されもしない世界屈指のメジャースポーツとなった」とし、「ローカルな日本の文化が国境を越えて地球的規模で伝播し、人類の共有財産となったという、痛快なサクセス・ストーリー」に賛辞を送る。しかし同時に、柔道が国際化されJUDOとなったことによって、日本武道だったはずの柔道が「人間形成の道」とされる日本の文化的特性を喪失し、換骨奪胎された異質の身体運動文化・スポーツへと変容してしまったとするネガティブな面も報告している[3]。[4]

　このように、日本柔道が世界のJUDOへと変容していく様を参照項として、剣道KENDOは世界に誇るべき日本武道であり、古来から脈々と受け継がれてきた確固とした伝統文化であることを矜持としている。しかし、あらためて「剣道の何が世界に誇るべき日本の伝統文化なのか」を問うと、明確な回答が示されているとは言いがたい。

　では、「武道」や「剣道」というキーワードとセットで語られることが多い「伝統」や「文化」とは、一体何だろうか。

　青木保によれば、歴史家が「伝統」というところを人類学者は「文化」と捉えているという。つまり、「伝統」には不可避的に時間の意識が込められるが、「文化」は「伝統」に比べればはるかに現在的であり、共時的である。

「伝統」は常に「革新」される運命にあり、そこには何らかの社会的・政治的要因がはたらく。また「伝統」はきわめて意識的に、ある意図をもって作り出される。一方で「文化」は変化するものであり、「革新」されるわけではなく、また意図的に作られるものでもない。<sup>(5)</sup>

「伝統」は当然のように「遠い昔から受け継がれてきたもの」と思われているが、「伝統」とされているものの多くは、ごく最近、それも人工的に作り出されたものもある。こうした「伝統」の創出が、ナショナリズムや帝国主義のイデオロギーの構築にきわめて重要な役割を果たしてきたことはすでにエリック・ホブズボウムらが指摘している。<sup>(6)</sup>

## 4　剣道の「国際化」か、「国際的普及」か

　1970年に「剣道の国際的普及振興をはかり、合せて剣道を通じ加盟団体相互の信頼と友情を培うこと」を目的として国際剣道連盟（FIK：Fédération Internationale de Kendo の略、当初は IKF：International Kendo Federation の名称だった。以下、FIK と略記）が発足した。この FIK の発足と同時に、第1回世界剣道選手権大会（WKC：World Kendo Championship。以下、WKC と略記）が日本（東京と大阪）で開催された。WKC は3年に1度開催され、これ以降、世界各地で剣道大会が開催されるようになった。

　WKC のこれまでの開催地をみると、第2回（1973年）はアメリカ、第3回（1976年）はイギリス、第4回（1979年）は日本（札幌）、第5回（1982年）はブラジル、第6回（1985年）はフランス、第7回（1988年）は韓国だった。WKC の開催地は、世界を3ブロックに分け、日本を含むアジアゾーン、アメリカゾーン、ヨーロッパゾーンと各ゾーンごとに持ち回りで開催してきた。しかし、この持ち回り方式も、開催国連盟の経済的負担や運営状況などの物理的条件から、第16回（2015年）東京大会からは立候補制に変更を余儀なくされている。ちなみに第17回（2018年）は韓国での開催が決定している。

　WKC の参加国・地域数をみると、第1回（1970年）は17カ国・地域で始まったが、第3回（1976年）には20カ国・地域、第9回（1994年）には32カ国・地域、第12回（2003年）には41カ国・地域に増加し、第16回（2015年）には57カ国・地域からのエントリーが報告された。<sup>(7)</sup>WKC への参加数だけを

みると、FIK の発足以来、過去45年間に国と地域を合わせて40増加している。WKC が開催される3年ごとに2カ国から3カ国程度の増加ではあるが、穏やかな増加傾向がみられ、国際的な剣道愛好者数は着実に増えているといえるだろう。

　こうして WKC を基軸とした競技としての日本剣道 KENDO は国際的に確実に伝播している。日本で誕生した剣道 KENDO という身体運動文化が国際的に拡散されていく過程を武道という枠で捉えてみると、前述したように、柔道とはまったく異なる国際化の道をゆっくりとたどっている。またその伝播の道程では、伝統文化なのか競技なのかといったジレンマに直面し、いまだに武道とスポーツのはざまを浮遊している状況にある。おそらく、現在でも剣道愛好者の多くは、「剣道は武道であって、スポーツではない」と明言するだろう。こうした「武道はスポーツではない」という「昭和天覧試合」[8]以来の言説が、剣道界では当然のように真実味を持って語られる。そういう私も大学院入試で「剣道は、スポーツではなく武道です」と胸を張って答えていた。と同時に、少年剣道時代から学生時代まで試合を中心とした競技剣道に打ち込み、指導者となって年を重ねても、競技と並行しながら目指すべき剣道を求めて、昇段審査を一つの励みとし、また糧としながら、剣道を人間形成の手段として稽古を継続している。しかし、現実的にも理論的にも両立困難と考えられる「人間形成の道」なる剣道の理念・思想と、試合が本質的にもつ競技性をめぐって、私は自己の内で葛藤を繰り返しながらも継続している状態にある。

　この状況下で、全日本剣道連盟（以下、全剣連と略記）が目指すのは、あくまでも日本剣道 KENDO の「国際化」ではなく「国際的普及」である。全剣連では、剣道の海外普及や伝播について、「国際化」ではなく、あえて「国際的普及」という用語を使っている。全剣連の「国際的普及」に込められた意味は、オリンピック競技化やスポーツのルールに求められる無色透明な国際化ではなく、日本文化の「独自性」を強調する日本剣道 KENDO への理解とその普及に努めることである。「国際化」とは、柔道が目指したような国際的普遍化であり、競技上も国際ルールに基づく公平性があり、一国の文化性に傾倒したものではない。

　この点で、剣道 KENDO は日本の伝統文化だと公言しながら、WKC では国際ルールのなかで公平性を保ちながら、その競技性と伝統文化性を両輪

としてバランスを保ちながら維持しようと努めている。日本で生まれ育ち、日本人として剣道をしている私にとっては、この競技性と文化性の両輪は保つことができそうな気がする。だが、では実際に、韓国で韓国剣道 KUMDO を継続してきた人たちにとって、彼らのアイデンティティーでもある剣道が、国際的には日本剣道 KENDO でしか存在しないとなった場合にどうなるのだろうか。

視点を変えれば、日本の伝統文化としての理念や思想に従う日本剣道 KENDO の「国際的普及」というナショナリズムと、グローバリズムのなかで韓国剣道 KUMDO が競技性に特化しているという剣道の「国際化」の構図が、近年の WKC では浮き彫りにされつつある。当然、ナショナルとグローバル、「国際的普及」と「国際化」といった二項対立に摩擦や軋轢が生じることは容易に推測できるだろう。

剣道の「国際化」か「国際的普及」か。本書では、日本剣道 KENDO の「国際的普及」と、韓国剣道 KUMDO の「国際化」、この用語を区別して検討したい。

## 5　剣道の「国際化」に潜む韓国剣道KUMDOの議論

剣道 KENDO の国際化に関する議論や先行研究は1980年頃から日本武道学会を中心に散見されるようになるが、研究対象はいずれも欧米が中心だった[9]。そこでは一様に、剣道 KENDO を日本文化として尊重する姿勢が保持され、日本文化としての剣道を普及・展開しようとする見解が示されている。これは、まず日本人の武道研究者が執筆者であること、また戦後、欧米諸国で柔道や空手に次ぐ「東洋の神秘」としての剣道が紹介され、いまや FIK の最大派閥となったヨーロッパ諸国が加盟するヨーロッパ剣道連盟の発展、さらには日系人が中心となり組織されたアメリカやブラジルの剣道連盟などの支持があるからだろう。しかし今日、欧米諸国で普及した剣道 KENDO とは一線を画す第三諸国の台頭がある。それは戦時中に日本の植民地支配を受けた東アジア諸国での剣道の伝播と普及によってもたらされたものである。

日本武道学会での議論に目を向けると、2000年代の幕開けとともに剣道の海外への伝播・普及が進むにつれて、「武道とは何か」「剣道とは何か」と

いった本質を問うようなシンポジウムやフォーラムが開催されるようになった。そこで、植原吉朗らは、「剣道の国際的普及に関する国際調査」を実施し、剣道の文化性・精神性・競技性の認識について、国際的普及の理想と実態の差違を明らかにしようとした。結果的には、国際的普及によって身体性・精神性・文化性を変容させているのは、外国人よりもむしろ日本人だと指摘している。また、ヨーロッパ文化圏の剣道実践者はオリンピック参入に否定的であることを紹介し、日本が剣道を国際的に主導できる時代は過ぎつつあると結論づけている。

2008年に日本武道学会創立40周年記念大会が開催され、「武道の国際化に関する諸問題」と題したシンポジウムが企画された。そこでFIK副会長である福本修二は「剣道の海外普及の現状と今後の課題について」を発表し、競技性に安易に妥協しない武道としての道を追求する見解を示している。加えて、志々田文明は「武術・武道の「国際化」と文化変容に伴う諸問題」と題して、日本武道のグローバル化に起因する文化変容の問題点を指摘しながら、日本武道の思想的特性について触れている。長尾進は、「現代スポーツ評論」第21号の「国際化時代の武道を考える」というテーマに従って、剣道のオリンピック競技化の是非を問いながら、各国のニーズに応じた指導の必要性や当該国・地域の文化・事情への配慮を説いている。また同時に、剣道の国際化がいまだ発展途上にあることや、剣道は日本の文化性を色濃く残していることを指摘している。

これからの動向を考えるうえでは、2003年に「21世紀の日本武道の行方──過去・現在・未来」と題して開催された国際シンポジウムに注目したい。そこに登壇したアレキサンダー・ベネットは、剣道の海外普及と韓国の台頭から、剣道のオリンピック競技化問題を提議している。「剣道の黒船」と称された韓国剣道 KUMDO の動向が、いま特に注目されている。

韓国剣道 KUMDO の先行研究は、2000年に発表された国際武道大学と韓国・龍仁大学校との学術・スポーツ交流を通した「韓国における剣道に関する意識・実態調査」をその嚆矢とする。岩切公治らは、00年までに急激に競技力を向上させている韓国剣道について、統括団体である大韓剣道会（Korean Kumdo Association）に依頼し、大会実施状況などの実態調査の結果を報告している。同時に、井島章らは、国際武道大学と龍仁大学の両剣道部員に意識調査を実施し、その意識の比較・検討をおこなっている。

金炫勇は、韓国剣道のナショナルチーム選手、および韓国学生選手を対象として「剣道に対する意識」調査を実施し、ナショナルチーム選手は学生選手よりも、剣道をよりスポーツ的に捉える傾向が強いことを報告している。さらに金は、「韓国青年の剣道に対する意識調査」を男女の性別でも比較している。安藤亜紀は「韓国における学生剣道に関する研究」を実地調査とともにまとめている。

　近年、韓国剣道 KUMDO に関する研究と報告を最も顕著に重ねているのが、FIK で韓国チームに帯同する加藤純一だろう。加藤は「韓国における剣道試合の有効打突判定に関する一考察」で、韓国実業剣道連盟による映像判読訴請規定の制定までの流れと、その実施状況を報告している。また、韓国実業団剣道大会で用いられているビデオ判定の導入が、これからの剣道試合に及ぼす影響と有用性についても言及している。

　以上の韓国剣道 KUMDO に関する先行研究は、いずれも WKC での韓国チームの競技力向上に起因する韓国人選手の実態把握に焦点を絞った研究である。これらは、韓国剣道 KUMDO の競技力の現状を示唆しているものの、その文化的特性や、対日本剣道 KENDO とのヘゲモニー（主導権）争いを扱った研究はいまだ手つかずである。韓国剣道 KUMDO といえば、FIK 加盟の公式加盟団体である大韓剣道会が中心になって活動している。実際に、近年の WKC では日本と韓国が激しい優勝争いを展開し、他国を寄せ付けない絶対的な競技力に裏づけられた韓国剣道 KUMDO の国際的な剣道界における台頭を顕著に表している。

　しかし、ここで問題とされるのは競技力ではなく、韓国剣道 KUMDO が目指すものがほかでもない韓国剣道 KUMDO の「国際化」であり、日本の伝統文化を保持した形での日本剣道 KENDO の「国際的普及」とは異なる点である。剣道の国際展開を考えるとき、韓国剣道 KUMDO が志向する「国際化」か、日本剣道 KENDO が目指す「国際的普及」かによって、国際的な剣道の今後の展開に大きな影響を及ぼすことになるのである。

## 6　文化普遍主義と文化相対主義

　現在、日本剣道 KENDO と韓国剣道 KUMDO は、剣道文化のヘゲモニー

（主導権）をめぐって宗主国争いを展開しているような状況にある。ヘゲモニーとは、「一社会集団の他の社会集団に対する政治的・文化的指導の意味[23]」である。また、ドイツ語の Hegemonie とは、「指導的な地位。支配権。主導権[24]」を指す。この状況は、「現代剣道をさらに発展させ、理論的にも競技力でも日本を凌駕する実力を備えていくことが、韓国剣道 KUMDO のなすべきことであり、真の宗主国の地位を取り戻すことである」という2000年以降の大韓剣道会専務理事の発言が引き金になっている。これに対して、全剣連は、「われわれが行っている剣道とは、（略）日本で育った歴史的背景をもった剣道を指しています」と公式ウェブサイト上で応酬し、日本剣道 KENDO こそが正統という立場を表明することになった。

　この問題背景に基づけば、韓国剣道 KUMDO の「国際化」と、日本剣道 KENDO の「国際的普及」は、その歴史と文化性・競技性をたどって相克状態にあることになる。剣道の国際展開をめぐる方向性を展望するためには、ここで一度立ち止まり、日本剣道 KENDO と韓国剣道 KUMDO の双方の歴史と現状を公平に並べたうえで、精緻に把握しておくことが不可欠だろう。

　本書の目的は、まず韓国剣道 KUMDO の国際的な台頭に着目して、日本剣道 KENDO と韓国剣道 KUMDO のこれまでの歴史的経緯を背景とした文化的・技術的な対立点を明らかにすることである。次に、その検討結果を踏まえたうえで、日本剣道 KENDO と韓国剣道 KUMDO の相克を超えた未来志向の剣道文化を目指した議論を展開する。

　この議論を展開する視点として、青木保の『「日本文化論」の変容』[25]から次の2つの考え方を援用する。一つは「文化普遍主義」であり、もう一つは「文化相対主義」である。ここでは、青木やルース・ベネディクトが唱える「文化相対主義」と、その対立軸としての「文化普遍主義」の意味で用いる[26]。「文化相対主義」は、フランツ・ボアズをはじめベネディクトやメルヴィル・J・ハースコヴィッツといったアメリカの文化人類学者が中心になって提唱した「文化」の捉え方である。「文化相対主義」では、どのような文化も、その文化内で自律する独自の価値を有しているため、ある特定の文化で成立した価値観によって他の文化を一方的に捉えると異文化理解ができないとする。他方、文化相対主義とは異なり、それまでの文化論は、西洋中心の「文化普遍主義」に基づいていて、その尺度で他の文化を一方的に評価してきた文化理解だったとも批判する[27]。ベネディクトは、『菊と刀』の最終章

序章　日本と韓国の「剣道」

「降伏後の日本人」で「いかなる外国人も、彼と同じ習慣や仮定を持たない国民に、彼の考えどおりの生活の仕方をするように命ずることはできない」と断言して、明確に「文化相対主義」の立場をとる。(28)

本書では、日本剣道KENDOそのものを世界に発信し定着させようとする試みである「文化普遍主義的アプローチ」と、国際的な広がりを持つ剣道の相互承認の試みである「文化相対主義的アプローチ」の2つを考察の視点とする。この方法論は、青木が示した「文化相対主義」と「文化普遍主義」の文化論の枠組みの論理を援用した。剣道を日本の身体運動文化の一つとして捉えるとき、青木が指すヨーロッパ中心主義は、まさに日本中心主義に置き換えられることになる。「文化普遍主義的アプローチ」は、日本剣道そのものを世界に発信・定着させようとの試みと定義づけられる。他方、「文化相対主義的アプローチ」は、日本剣道と他の国の剣道をともに認め合う試みとなる。

本書の構成は、以下に示すとおりである。

まず第1章では、日本剣道KENDOと韓国剣道KUMDOとの間にある数多くの対立と相違点を抽出するが、結果的には、歴史論(第2章)、文化論(第3章)、技術論(第4章)の3つの論点に絞って、日韓双方の対立と相違点を概説する。

第2章(歴史論)では、日本剣道KENDOは全剣連が示す『剣道の歴史』の主張に、韓国剣道KUMDOは大韓剣道会の主張にそれぞれ従った歴史観を記述する。

第3章(文化論)では、日本文化論や芸道論に基づいた文献研究から有効打突の概念と残心を考察する。また、韓国剣道KUMDOの存心については、大韓剣道会の資料に基づいて比較・検討する。

第4章(技術論)では、日韓の「剣道試合・審判規則」を比較・検討するために、韓国剣道KUMDOについては、大韓剣道会が発行する『剣道競技・審判規則』を韓国版として、日本剣道KENDOについては全剣連が発行する『剣道試合・審判規則』を日本版として用いる。さらに、FIKが発行する『剣道試合・審判規則』を韓国版と日本版の指標として用いる。

第5章では、各章での相克状況から導き出される課題を日本剣道KENDOの課題として捉えて、韓国剣道KUMDOとの相克を超えた、これからの剣

道KENDOの展開はどのようにあるべきかを未来志向で議論する。

注

（１）誉田哲也『武士道シックスティーン』文藝春秋、2007年
（２）ジョン・トムリンソン『文化帝国主義 新装版』片岡信訳、青土社、1997年、15—19ページ
（３）換骨奪胎とは、「骨を取り換え、胎（こぶくろ）を取ってわが物として使う意」から、「先人の詩や文章などの着想・形式などを借用し、新味を加えて独自の作品にすること」である（小学館『大辞泉』編集部編『大辞泉』小学館、1995年）。つまりここでは、剣道の着想や形式を借用し、新しい着想を加えて、独自の武道やスポーツに変換してしまうことを意味する。
（４）坂上康博編著『海を渡った柔術と柔道――日本武道のダイナミズム』青弓社、2010年、9、288ページ
（５）青木保「「伝統」と「文化」」、E・ホブズボウム／T・レンジャー編『創られた伝統』所収、前川啓治／梶原景昭ほか訳（文化人類学叢書）、紀伊國屋書店、1992年、473—475ページ
（６）同書
（７）「剣窓」2014年11月号、全日本剣道連盟、20ページ
（８）寒川恒夫『日本武道と東洋思想』平凡社、2014年、261—268ページ
（９）剣道の国際化や国際的普及の現状・課題に関する先行研究を概観すると、日本武道学会誌を中心として次のような先行研究がある。
　　平川信夫・須郷智の「外国人剣士の剣道観に関する調査研究」（「武道学研究」第15巻第2号、日本武道学会、1982年、43—44ページ）と平川信夫「外国人剣士に関する研究」（「武道学研究」第21巻第2号、日本武道学会、1988年、11—12ページ）、塩入宏行・石井均の「ヨーロッパにおける剣道家の昇段実態」（「武道学研究」第22巻第3号、日本武道学会、1990年、33—37ページ）、太田順康の「剣道の意識に関する調査――欧米剣士を中心に」（「武道学研究」第22巻第2号、日本武道学会、1989年、53—54ページ）、太田順康・鎌倉洋志の「剣道の国際的普及の現状と課題についての一考察――世界剣道選手権大会・ヨーロッパ剣道大会の発展経過を通して」（「大阪教育大学紀要 第Ⅳ部門」第57巻第1号、大阪教育大学、2008年、55—75ページ）、植原吉朗、Bennett Alexander、Komoto Michaelの「剣道の国際的普及に伴う文化性・競技性の認識変容に関する国際調査の試み」（「武道学研究」第38

号別冊、日本武道学会、2005年、10ページ)、山田奨治の「阿部哲史の武道における文化摩擦」(山田奨治／アレキサンダー・ベネット編『日本の教育に"武道"を——21世紀に心技体を鍛える』所収、明治図書出版、2005年、198—217ページ)がある。また、本多壮太郎らは、イギリスやスペインなどを中心とするヨーロッパにおける学校剣道と審判制度に関して、それぞれ本多壮太郎／イアン・パーカー・ドッド「Teaching Kendo within the English University Curriculum」(「武道学研究」第37巻第2号、日本武道学会、2004年、35—45ページ)、本多壮太郎「Kendo at Secondary Schools in the U. K.」(「武道学研究」第39巻第1号、日本武道学会、2006年、23—33ページ)、同「Kendo within A Spanish University Curriculum」(「武道学研究」第40巻第2号、日本武道学会、2007年、51—61ページ)、同「A study of logistical issues with refering in the internationalisation of kendo: with the focus on the European Kendo Championships」(「武道学研究」第41巻第3号、日本武道学会、2009年、1—11ページ)などの一連の研究を発表している。

(10) 植原吉朗「剣道の国際的普及の理想と実態を問う調査質問紙の作成」「国学院大学スポーツ・身体文化研究室紀要」第37号、国学院大学スポーツ・身体文化研究室、2005年、19—29ページ、植原吉朗「剣道の国際的普及に関する質問紙調査の実施——完成質問紙と調査経過」「国学院大学スポーツ・身体文化研究室紀要」第38号、国学院大学スポーツ・身体文化研究室、2006年、11—30ページ、植原吉朗「剣道は国際的普及によってその身体文化性を変容させているか——質問紙調査結果から」「国学院大学スポーツ・身体文化研究室紀要」第39号、国学院大学スポーツ・身体文化研究室、2007年、21—32ページ

(11) 福本修二「剣道の海外普及の現状と今後の課題について——日本武道学会創立40周年記念大会シンポジウム 武道の国際化に関する諸問題」「武道学研究」第40巻第3号、日本武道学会、2008年、57—60ページ

(12) 志々田文明「武術・武道の「国際化」と文化変容に伴う諸問題」「スポーツ科学研究」第5号、早稲田大学スポーツ科学学術院、2008年、197—211ページ

(13) 長尾進「剣道における国際化の問題を考える」、「特集 国際化時代の武道を考える」「現代スポーツ評論」第21号、創文企画、2009年、52—60ページ

(14) アレキサンダー・ベネット「剣道の黒船－韓国——剣道の国際普及とオリンピック問題」、前掲『日本の教育に"武道"を』所収、336—359ページ

(15) 岩切公治／井島章／井上哲朗／朴東哲「韓国における剣道の実態調査」「国際武道大学研究紀要」第16号、国際武道大学、2001年、213—217ページ、

井島章／岩切公治／井上哲朗／朴東哲「韓国における剣道の意識調査――韓国及び日本の大学生を比較して」「国際武道大学研究紀要」第16号、国際武道大学、2001年、191―196ページ

(16) 韓国でおこなわれる主な全国大会は18あり、なかでも大統領旗全国一般剣道選手権大会とSBS杯全国剣道王大会が双璧とされる。韓国における剣道の試合の大部分は、FIKの『剣道試合・審判規則』に準じておこなわれているが、一部、韓国独自の方法を採用している。例えば、審判旗は青白であり、試合者の蹲踞はなく、抜刀して立ったままで開始宣告をおこなう。試合者が打突する際の呼称と審判員が有効打突の宣告をする際の発声は、すべて韓国語でおこなう。また昇段審査では、FIKの審査内容に加えて、韓国の本国剣法も形実技として審査していることを報告している。

(17) 剣道を始めた動機は、自分の意志で始めた（38％）が龍仁大に多いのに対し、国武大では親に勧められた（42％）が多かった。剣道に期待することは、国武大が精神的なこと（76％）が最も多かったのに対して、龍仁大は技術的なこと（50％）が最も多かった。剣道の国際化については、龍仁大で積極的な姿勢が示されたが、国武大は消極的な姿勢だった。将来、子どもに剣道をやってほしいかについては、龍仁大では50％が「はい」と答えたのに対し、国武大では47％が「わからない」と答えた。剣道における経済的な負担については、両校ともに85％から88％の学生が負担が大きいと回答している。

(18) 金炫勇「韓国剣道ナショナルチーム選手の剣道に対する意識――韓国剣道大学選手との比較から」「広島大学大学院教育学研究科紀要 第2部 文化教育開発関連領域」第59号、広島大学大学院教育学研究科、2010年、345―352ページ。武道の特性ともいわれる人間形成、上下関係、伝統的な気風や習慣、道場の引き締まる雰囲気などの項目についても、ナショナルチーム選手が学生選手よりもより肯定的に捉えている。韓国で剣道人口が減少し始めた今日、剣道人口を増やす突破口として、ナショナルチーム選手と学生選手がともに剣道のオリンピック競技化を望んでいる。

(19) 金炫勇／高田康史「韓国青年の剣道に対する意識に関する一考察――男女比較を中心に」「武道学研究」第45巻第1号、日本武道学会、2012年、57―69ページ

(20) 安藤亜紀「韓国における学生剣道に関する研究」2010年度金沢大学教育学部スポーツ科学課程卒業論文、2011年

(21) 加藤純一「韓国から見た剣道の国際化」「日本武道学会剣道専門分科会会報――ESPRIT」2008年度版、日本武道学会剣道専門分科会、2009年、17―

18ページ
(22) 加藤純一「韓国における剣道試合の有効打突判定に関する一考察――韓国実業剣道連盟による映像判読訴請規定制定までの流れとその実施過程を踏まえて」、前掲「武道学研究」第45巻第1号、1―21ページ
(23) 廣松渉／子安宣邦／三島憲一／宮本久雄／佐々木力／野家啓一／末木文美士編者『岩波哲学・思想事典』岩波書店、1998年、1438―1439ページ
(24) 松村明監修、小学館大辞泉編集部『大辞泉［第二版］』下、小学館、2012年、3266ページ
(25) 青木保『「日本文化論」の変容――戦後日本の文化とアイデンティティー』(中公文庫)、中央公論新社、1999年
(26) ルース・ベネディクト『菊と刀――日本文化の型』長谷川松治訳(講談社学術文庫)、講談社、2005年
(27) 前掲『「日本文化論」の変容』35―36ページ
(28) 前掲『菊と刀』385―386ページ

# 第1章　日本剣道KENDOと韓国剣道KUMDOの対立

## 1　宗主国論争

　日本剣道 KENDO と韓国剣道 KUMDO の間で展開されている剣道の宗主国論争について、次の3項目から双方の対立点と主張を整理したい。

**剣道文化ヘゲモニー**

　現在、日本剣道 KENDO と韓国剣道 KUMDO は、そのヘゲモニー（主導権）をめぐって宗主国論争とも言える状況にある。序章でも示したように、ヘゲモニーとはドイツ語で Hegemonie であり、「指導的な地位。支配権。主導権(2)」を指す。また、「一社会集団の他の社会集団に対する政治的・文化的指導の意味(3)」でもある。つまり、ここでいう剣道文化ヘゲモニーとは、国際的な剣道界における、日本の全剣連と韓国の大韓剣道会の「覇権争い、主導権争い」のことを指す。

　その状況を端的に示すものとして、FIK(4)に加盟する大韓剣道会の専務理事の発言が挙げられる。「現代剣道は日本によって形成されたと認める人はいるが、この剣道をさらに発展させ、また理論的な面や競技力の面で日本を凌駕する実力を備えていくことが、我々のなすべきことだと考える。それが、真の宗主国の地位を取り戻すことだと思う(5)」として、韓国剣道 KUMDO の宗主国奪還とも言える声明を発表した。これに対して日本の全剣連は、それまで沈黙を保っていたが、ネット上で「剣道も韓国が発祥？」などと根拠なく書き込まれる現状に対して、次のように公式ウェブサイトに発表した。「最近、インターネット上で「剣道の起源は日本ではなくて韓国である」と

いう記述がしばしば見かけられますが、(略) 改めてわれわれの見解や方針について広く知って頂く必要がある」と前置きしたうえで、「剣を扱う技術は世界の各地で生まれ、確立されてきました。しかし、その中で、われわれが行っている剣道とは、「剣道の歴史」にも記されているような、日本で育った歴史的背景をもった剣道を指しています」と明言した。つまり、全剣連は大韓剣道会の動向を意識しながら、剣道はあくまで日本武道であり、日本の伝統文化としての剣道こそが正統だという対抗的な立場を示した。

このような宗主国論争に終止符を打つためには、まず、日本剣道 KENDO と韓国剣道 KUMDO の双方の歴史を丁寧に追っていくことが重要な課題と考えられる。そこで、まず「剣道」という用語の歴史をひもといていこう。

**「剣道」という用語**

①日本における「剣道」

「剣道」という用語は、もともと日韓双方で同様に「剣道」と漢字表記される。しかし、これが日本では KENDO（ケンドウ）と呼称され、韓国では韓国語（ハングル文字）で검도と表記され、KUMDO（コムド）と呼称される。特に近年、韓国ではハングル文字表記が尊重されるようになり、漢字表記が意図的に用いられなくなっている現状がある。

この「剣道」という用語の成立について資料を渉猟すると、日本では1919年6月6日に大日本武徳会が「剣道試合ニ関スル心得」を制定したとある。同年8月1日には同じく大日本武徳会が「武術」とあるものをすべて「武道」に改めるとする通知を出したことによって、剣術と撃剣は「剣道」に、柔術は柔道に、弓術は弓道に統一された。

また「剣道の呼称」について、庄子宗光は『剣道百年』のなかで次のように記している。

> 剣道という用語が一般的に用いられるようになったのは明治末期以後のことで、明治時代は主として撃剣とか剣術という名称が使われていた。剣道という用語が法規上正式に使われたのは、明治44年剣道が中等学校の正科として採用された時で即ち中学校令施行規則第13条には「体操ハ、体操、教練、遊戯及競技ヲ授クベシ、又剣道、柔道ヲ加フルコト

ヲ得」と規定されている（柔術が柔道と呼称されたのはこれより先明治29年、文部省が学校衛生顧問会議に諮問した時である）。これは剣道、柔道が技術の修錬を通じて人格の完成を目指すという、いわゆる道の修錬を尊んだ精神を呼称の上に生かしたもので、武道関係者の、永年にわたって主張していた希望が認められたものである。

　庄子は、「剣道」という用語が法規上、正式に学校教育に登場したのは1911年だったことを提示している。これに先立ち、1882年に嘉納治五郎が柔術から「柔道」を考案したことによって講道館が発足し、96年に「柔道」が学校体育に組み込まれていった。嘉納「柔道」の先導によって、剣術や撃剣が「剣道」へと改称され実施されるに至ったことは明らかだろう。
　これは、それまで主流だった武術が、人格の完成を目指して修錬するという「道」の精神を尊ぶ精神性に基づく「武道」に変革されたことを意味し、そのまま名称に表現した結果だという。人間形成を目的とする「武道」に反映されるべき教育性や普遍性が、この改称に織り込まれていることになる。
　また、日本武道館が編集した『日本の武道』には次のように示されている。

　　「剣道」という用語が、初めて公式に用いられたのは、大正時代になってからのことです。それ以前においては、剣刀の操法を表す言葉として「撃刀」、「撃剣」、「太刀打」、「剣術」、「剣法」、「刀術」、「刀法」などの名称で呼ばれていましたが、中でも「剣術」という呼び名が一般的であったようです。
　　大正8年（1919）、大日本武徳会では、従来の「剣術・柔術・弓術」であった呼び名を、それぞれ「剣道・柔道・弓道」と改称し、それらの総称を「武道」と呼ぶこととしました。

　明治期には「剣術」「撃剣」「撃刀」など様々に呼称されていたが、大正期に入ってようやく「剣道」という用語が一般的になったという。つまり、「剣道」と呼称されるようになってからはまだ100年程度の歴史である。1912年（明治45年／大正元年）に、のちの「日本剣道形」の原型になる「大日本帝国剣道形」が制定され、このときに「剣道」という用語が使われていることも『日本の武道』や『剣道の歴史』から確認できる。

第1章　日本剣道KENDOと韓国剣道KUMDOの対立

では、「剣道」に関する著作物はいつ頃から出版されているのだろうか。日本武道学会剣道分科会編『剣道を知る事典』付録に記載されている剣道関係文献一覧を参照して、「剣道」という用語を冠する書物を精査してみる。まず初出として1860年に加藤田重秀『剣道初学須知』(13)がある。続いて、1909年に宮本武蔵著・三橋鑑一郎注『剣道秘要』(14)、10年に小関教政『剣道要覧』(15)、11年に柳多元治郎『剣道教範』(16)、15年に高野佐三郎『剣道』(17)が発刊される。この高野の『剣道』以降、20年以降はほぼすべての文献で「剣道」という用語が使われていることがわかる。

以上のことから、日本では明治末期の1900年前後には「剣術」「撃剣」「剣道」といった語句が混用されていたが、大正期の19年に大日本武徳会が「剣道」に用語を統一してからはそれが定着していったと推察される。

**韓国における「剣道」**

一方、韓国における「剣道」という用語の成立についてベネットの「剣道の黒船—韓国」を参照すると、「1910年頃、撃剣という用語は剣道（コムド）という新しい用語に変わったと書いているが、日本では「剣道」になったのは、1919年8月1日と記録されている」(18)としている。つまり、日本では1919年から公式に「剣道」という用語が使われたのに対して、韓国ではこれよりも早く10年頃にはすでに「剣道」という用語を使っていたと主張するのだ。(19)しかし、ここで示された10年頃に撃剣という用語が剣道（コムド）という新しい用語に変わったとする根拠はまったく示されていない。

ここで注目したいのは、1910年という年、すなわち日韓併合の年である。この日韓併合から始まった植民地支配を、韓国では日帝強占期と捉えている。つまりこの日韓併合と前後して、両国間でほぼ同時に、撃剣から剣道へとその用語の変化（改称）が生じていたものと推察される。

ここでは、韓国で「剣道」がどのような読み方や呼称だったのかということが問題なのではない。剣道（撃剣・剣術）が、1910年を境として日本から韓国へ導入されるとともに、両国で同時に撃剣・剣術から剣道に名称変更がなされたという事実を確認しておきたい。

**競技上の相違**

ここでは競技上の相違をめぐって、①試合（競技）、②審判規則、③服装、

④剣道用語、⑤昇段審査の各項目における日本剣道 KENDO と韓国剣道 KUMDO の相違点を挙げる。

## ①試合（競技）

　日韓双方の剣道試合（競技）は、表面上は、日本剣道 KENDO と韓国剣道 KUMDO の相違は容易には見いだせない。実際に、公式の国際大会である WKC では、すべての参加国が FIK の『試合規則・審判規則』にのっとって競技するため、そこでは実質的な競技ルール上の相違点はないはずである。しかし、韓国には大韓剣道会が発行する韓国剣道 KUMDO の国内ルールが明記された『剣道競技・審判規則』がある。他方、日本には全剣連が発行する日本剣道 KENDO の国内ルールである『剣道試合・審判規則』がある。[20] ここでの問題は、日本人はこの全剣連が発行する『剣道試合・審判規則』を、そのまま国際ルールだと認識していることにあるだろう。

　両国の国内ルールに従った日本剣道 KENDO と韓国剣道 KUMDO の試合（競技）には、以下の点で明確な相違がある（なお、詳細な相違点については第4章で述べる）。まずは礼法で、日本のルールでは「蹲踞」をおこなうのに対して、韓国のルールでは試合（競技）や稽古の際に「蹲踞」をおこなわない。[21]「蹲踞」は、稽古や試合の前後におこなうべき礼法として日本剣道 KENDO では必要不可欠とされているが、韓国剣道 KUMDO ではそうではない。[22] 次に、有効打突の判定基準についての違いがある。近年、WKC では日韓の競技力が拮抗してくるにしたがい、試合での「有効打突の基準」が問題視されている。つまり、WKC は回数を重ね、注目度が高まるにしたがって審判員についての問題が顕在化し、日本の愛好者からは「日本国内とは違うルールで戦っているようだ」[23] と表現されるまでになっている。韓国側でも、韓国チーム監督が WKC の審判員に対して、「審判の文化（意識）に問題がある」[24] と明言し、WKC での有効打突の判定基準に疑問を呈している現状がある。[25]

　韓国では、国内の剣道大会を積極的にメディアで放映して、韓国剣道 KUMDO の普及を図っている。特に、SBS 放送が主催する SBS 杯全国剣道王選抜大会は1992年から開催されていて、[26] メディアと韓国剣道 KUMDO の蜜月関係が形成されつつある。また、毎年8月15日の光復節に実施される全国学生剣道大会には、韓国全土から小学生、中学生、高校生、大学生が参加する。そこでは45年の日本からの解放を祝う祝賀ムードが華々しく演出さ[27]

れ、その様子は全国に生放送されることもあるという。韓国剣道 KUMDO がメディアと結び付くことで、次のような剣道文化の変容がみられる。例えば、打突の可視化、選手の剣道着の色分け（紺・白）、競技場のカラフルで明確な設定など、より観客を意識した演出で競技が変質している。韓国剣道 KUMDO には、メディアによる剣道の大衆化が、その文化性よりも重視される傾向が強くみられる。他方、日本剣道 KENDO はメディアに登場することが少なく、年に1度、全日本剣道選手権大会が NHK で放映される程度である。そこには韓国剣道 KUMDO のような派手な演出はみられない。しかし、映像による打突の可視化から生じるジレンマに関係者が悩まされていることも事実だろう。韓国では、メディアを利用して剣道競技を普及・啓蒙しようと模索していることが明確であり、その大衆化と連動して競技規則などを改定せざるをえない状況があると推察される。

②審判規則――審判旗と映像判定

　日韓剣道には、審判旗の色に違いがある。日本の審判旗が紅白であるのに対して、韓国では青白である。日本の紅白は源平合戦の歴史にさかのぼり、学校の運動会や各種対抗戦で一般的に用いられている。日本剣道 KENDO では紅白が選手の目印とされ、審判旗にも紅白が用いられる。一方、韓国では、一般的に運動会などでは青白が用いられる。青白の由来は定かではないが、中国の神話、天の四方の方角を司る霊獣である四神（青龍・朱雀・白虎・玄武）の東の青龍と西の白虎に由来すると考えられる。韓国人にとって紅（赤）は共産主義者や北朝鮮（朝鮮民主主義人民共和国）をイメージしやすく、日本のように紅白戦で競い合うことは韓国人の情緒にそぐわないとされる。ところが、実は1945年の日帝解放後から94年までは、韓国剣道 KUMDO では紅白の目印と審判旗を使用していた。理由は定かではないが、95年1月1日発効の『剣道競技・審判規則』から、韓国剣道 KUMDO では青白の目印と審判旗に改定されている。

　さらに、審判法について特筆すべきは、映像判読訴願に関する加藤の報告である。韓国では、競技（試合）での審判の誤審問題が発生するたびに、ビデオ判定の導入が議論されてきた。2011年4月に韓国京畿道南楊州市で開催された韓国実業剣道連盟（KBKF）主催の第15回全国実業剣道大会から、ついに映像判読訴願というビデオ判定法が導入された。映像判読訴願とは、チ

ームの監督が審判の判定に対して訂正を求める権利のことであり、映像機器で記録した動画を第三者が判読して判定を下すものである。映像判読による審判の判定に対する訂正権は、現在、韓国剣道 KUMDO の国内ルールに従った実業団大会だけで採用されている。今後は、国際的な剣道大会で適用するかどうかという課題が生じる可能性もあるだろう。日本剣道界にとっても、WKC を運営する国際組織である FIK にとっても大きな課題であり、剣道試合で有効打突を見極める審判員の3審制自体が問われることになるだろう。

③**服装**――剣道着と審判員の服装

　韓国剣道 KUMDO の袴は、日本で用いられる袴の紐や結の文化を簡易化し、マジックテープで留め、袴の腰板がないものになっている。これらは剣道着や袴（hakama）ではなく、韓国語で단련복（鍛錬服）の上下と称される。いまや白地の鍛錬服（上）と、同じく白地に紺の太い縦線が体側に入った鍛錬服（下）を着用する姿は韓国選手の象徴にもなっている。近年、大韓剣道会が主催する韓国国内の公式大会には、この腰板がない鍛錬服でなければ出場できない。このような腰板がない袴の着用は、1998年の韓国学生剣道連盟の通達から義務化され、2000年には大韓剣道会全般でも義務化されるに至った。また、テレビ放映される SBS 全国剣道王大会で準決勝以上に進出する選手は、青白を区別するために、あらかじめ紺の上下（青）と白にラインの上下（白）の2色の鍛錬服を準備しておかなければならない。

　審判員の服装も日韓双方で多少異なる。全剣連（および FIK）は、審判員に白色のワイシャツに灰色のズボン、紺色の上着にえんじ色のネクタイと紺色の靴下の着用を義務づけている。一方、大韓剣道会では、白色のワイシャツに深紅色のネクタイ、上着とズボンは黒色もしくは紺色のスーツとし、靴下も黒色または紺色としている。

④**剣道用語**――打突呼称と審判宣告

　剣道用語は、FIK が主催する WKC でも日本語が公用語である。特に、審判員の宣告や、競技者の発声による部位呼称（メン、コテ、ドウ、ツキ）も日本語の使用が定められている。しかし、韓国ではこれらの剣道用語はすべて韓国語に置換されている。例えば、竹刀の名称は jukdo（チュクド）、面は homyun（ホミョン：護面）、胴は gap（ガッ：鎧）、小手は ho-wan（ホワン：

護腕)、防具は hogoo（ホグ：護具）である。さらに、打突に伴う部位呼称の発声は、面が mori（モリ：頭）、小手が sonmok（ソンモッ：手首）、胴が her-ri（ホリッ：腰）、さらに突きは zi-rum（ツィルム：突く）である。審判員の宣告もすべて韓国語で表現され、日本人の審判員が韓国の剣道大会では容易に審判できない状況になっている。

#### ⑤昇段審査──実技内容

　韓国剣道 KUMDO の昇段審査では、全剣連と FIK が規定する審査内容に加えて、韓国独自の古流剣法とされる「本国剣法」の実技審査などを課して、韓国独自の審査方法を採用している。この「本国剣法」は、木刀を用いた形だが、日本剣道形とは異なり、一見すると剣舞のような動きである。形の動きそのものは流れるような動作であり、刀法には日本剣道 KENDO にはない下から斜めに切り上げるような動作も含まれている。この「本国剣法」に加え、日本剣道形の日本という名辞を削除した「剣道形」が実施されていて、動作は日本剣道形と同じである。

　さらに、大韓剣道会には「朝鮮勢法」という形が復元されている。これは、剣道具を身につけない鍛錬服の上から、刀を肩からひもで吊り下げ、一本ごとに納刀しながら形を打つ。韓国の剣道大会の開会式などでは、デモンストレーションとして音楽付きで披露されることがある。

## 2　日韓の剣道小史

　第1節の宗主国論争では、1910年の日韓併合による占領国と被占領国という支配と被支配の関係性に起因するという歴史的背景が明確になった。そこで、第2節では剣道に関する双方の歴史的な関係性を俯瞰するために、日本剣道 KENDO と韓国剣道 KUMDO の現代小史を紹介する。[31]

### 日本剣道KENDO小史

　近代日本は、欧米列強に対抗すべく帝国主義政策を加速させ、1910年に日韓併合を断行した。日本による朝鮮統治は、主に朝鮮半島をめぐる大日本帝国と清国の争いになった日清戦争（1894─95年）と、続く大日本帝国とロ

シア帝国との間に起きた日露戦争（1904—05年）に起因している。大国ロシアに立ち向かった日露戦争での小国日本の勝利が、日本の帝国主義をより強固なものとし、10年の日韓併合へと進むことになった。

　日清戦争後の1895年、平安遷都1,100年を記念して京都に平安神宮が建立された。この建立とともに、武術の振興を図る全国組織として大日本武徳会が創設される。大日本武徳会傘下の1つの種目団体だった剣道は、1910年の日韓併合とともに韓国（朝鮮）へ導入され、軍警を中心に普及した。併合後に朝鮮総督府統治下で、剣道指導に携わった人物として持田盛二を挙げることができる。持田は、25年から朝鮮総督府の剣道師範に就任、在職中の29年に天覧武道大会指定選士の部で優勝し、のちに「昭和の剣聖」と称された人物である。

　第2次世界大戦直後の1945年11月、GHQ（連合国軍総司令部）の指令によって学校での武道教育が禁止された。翌46年には「武道」という名称を使用することも禁じられた。武道のなかでも、剣道は軍事訓練の一部として重視されたことや、日本刀の精神性に依拠して日本人の軍国主義を鼓舞する役割を担ったとして、GHQからは特に厳しい制裁が加えられた。柔道や弓道といった他の武道とは異なり、剣道の復権には相当の時間と努力を要し、名称・内容ともに大幅な変更を加えないかぎり存続しないものとされた。こうして、戦後の剣道復活のために関係者はかなりの試行錯誤を余儀なくされたのである。その結果、戦前の「剣道」という名称は「しない競技」と変更されることになった。しない競技は、欧米スポーツであるフェンシングなどを参考にしてルールや用具などの変更が加えられたもので、それまでの日本の伝統武道とは異なるスポーツ的な内容に刷新されたものだった。こうして剣道は「しない競技」として再出発し、50年2月に全日本撓競技連盟を結成した。52年4月10日付の文部事務次官通知によって、学校教育でも「しない競技」として復活を果たした。

　武道のスポーツ化について俯瞰すれば、柔道は1964年の東京オリンピックで正式種目（男子だけ）として採用され、その時点で国際的なスポーツ競技の仲間入りを果たした。ところが、剣道は、東京オリンピック大会のデモンストレーションとして、前述した持田が斎村五郎とともに日本剣道形を演武したにとどまった。

　ではなぜ、剣道はデモンストレーションだけにとどまったのだろうか。

「敗戦という暗黒時代を経過した後の剣道界には、剣道は単なるスポーツの一分野に過ぎないということが、当然なことと認められてきた傾向がある。すでに30年という歳月を経過したのにもかかわらず、剣道をスポーツの一種とみなす社会的傾向は、いっこうにあらたまらず、なるべく楽な練習によって、強くなりたいと願うのが一般剣道家であると言ってよい。このような剣道のあり方には疑問がある。ただスピードと動きを試合の主戦法にして、当てることに重点をおき、しかもカッコよく勝とうとするような心構えのものに、果たして理合いに叶った打突ができるだろうか(35)」。そこには日本剣道KENDOの変容とその将来を案じ、当時の剣道がスポーツ化されることを危惧する内容が記されている。日本剣道KENDO界には、現在でもなお、「剣道はスポーツではなく武道である」という言説が、目指すべき剣豪たちの思想や理論に支えられ確立している。その証しの一つとして、全剣連最高顧問でありFIK会長である武安義光の発言を挙げることができる。剣道は、戦後に「スポーツ宣言」をおこなったものの、「武道としての剣道への回帰」を目指したと述べている(36)。つまり、剣道がスポーツに取り込まれてしまうことへの違和があったからこそ、オリンピック種目としてではなく、デモンストレーションにとどまったということができるだろう。

## 韓国剣道KUMDO小史

　韓国剣道KUMDOの歴史については、具体的な内容の検証は難しい。だが、剣道の導入は1896年に軍隊と警察で始まったと、朴貴順と金光勇が同一見解を示している(37)。すなわち、『高宗実録』(健陽元年＝)1896年5月23日の記録から、「1896年より警務庁では撃剣を購入していた(38)」とされ、96年の警務庁と1904年の陸軍研成学校で撃剣教育として日本から剣道が導入されたという。ただし、当初は記録をみるかぎり、日韓双方で「剣道」ではなく「撃剣」と呼称していたようである。

　韓国は、1910年から45年の第2次世界大戦終結まで続いた日本化政策を、韓国独自の文化が失われた日帝強占期の時代と捉えている(39)。日帝強占期という表現が示すように、韓国における対日感情や歴史認識は、韓国政府が実施している歴史教育の反日的な姿勢がその根底を支えている。この教育政策が韓国剣道KUMDOにも影響を及ぼしているのだろう。具体的には、韓国全域に及ぶ修正主義派の間で(40)、剣道は決して日本の伝統文化などではなく、元

来、韓国の伝統文化だと主張する者も少なくないという。<sup>(41)</sup>

　日帝強占期という歴史認識や、それに伴う反日感情を背景に、韓国社会には剣道を含めた日本文化に対する拒絶反応がある。これが反日感情となり、植民地支配下での負の文化遺産を払拭するために利用され、1953年に大韓剣道会が設立されると、韓国独自の文化・歴史に根づいた韓国剣道 KUMDO の正統性の主張につながっていく。

　その典型を、韓国の学生剣道大会で配布されるパンフレットに記載される「剣道の歴史」にみることができる。<sup>(42)</sup>そこには大韓剣道会の認識に基づく「剣道の歴史」が明記されている。内容は次のようなものである。日本が発祥であるとされる剣道の「刀」はそもそも韓国からその技術が日本に伝えられたものであり、新羅時代には花郎（ファラン）と呼ばれる武士が活躍し、現代剣道の基盤となる世界最古の剣法である「本国剣法」を確立した。要するに、日本は朝鮮（韓国）から刀と剣術文化を受け入れ、のちに、その剣術が撃剣・剣道へとつながり、現代剣道をスポーツとして確立させたとする。さらに、日本剣道 KENDO とは異なる韓国独自の方向性として、オリンピック競技であるフェンシングを例に出し、剣道をよりスポーツ化・国際化する方向性を示している。大韓剣道会はこのような歴史認識を学生大会のパンフレットに記載することで、次世代を担う若者に剣道の起源は韓国にあるとする韓国剣道 KUMDO の正統性を主張し、啓蒙策を進めている。<sup>(43)</sup>

　韓国剣道 KUMDO 小史は、日本の植民地支配という負の遺産を払拭するために、韓国剣道 KUMDO の正統性を内外に示し、その存在を顕示しようとしているようにも映る。

　本節をまとめると、日本剣道 KENDO 小史は全剣連の『剣道の歴史』に従っているが、1910年の日韓併合は日本剣道 KENDO では歴史的な事柄とは捉えられておらず、その年表にも記されていない。当時の朝鮮は、満州国と同様に日本の外地として、軍警を中心に武道を積極的に普及していた。その証拠に、剣道では、剣聖と称される持田らが朝鮮総督府に派遣されている。戦後は、剣道禁止の危機に対して「しない競技」としてスポーツ化を前提に復活を遂げ、現代では剣道の国際的普及が図られている。他方、韓国剣道 KUMDO 小史は、1896年に日本から撃剣が導入された経緯をその始まりとしながらも、1945年の日帝解放後、朝鮮戦争の停戦を待って、53年に大韓剣道会が設立された。現在は、大韓剣道会が韓国剣道 KUMDO の起源を新

羅時代の花郎道(ファランド)に求め、日本色の払拭とともに剣道の韓国化を図っている状況がみられる。

## 3　国際的な剣道界の競技動向

　第3節では、剣道界における国際的な動向を明確にする。そのために、まず国際組織の発足とその経緯を記述する。次に、1970年に唯一の国際的な剣道組織として発足したFIKが日本主導の組織であることを確認する。さらに、FIKが主催するWKCにおける競技成績の変遷を追うことで、韓国剣道KUMDOの台頭と発言力を強めてきた経緯を俯瞰する。

### 国際的な剣道組織の発足と経緯

　まず剣道の国際的組織および大会について概説する。FIKは、1970年に「剣道の国際的普及振興をはかり、合せて剣道を通じ加盟団体相互の信頼と友情を培うこと」を目的として日本で創設された。発足当時の加盟団体は、オーストラリア、ベルギー、ブラジル、カナダ、フランス、ドイツ、イギリス、韓国、モロッコ、オランダ、中華民国、スウェーデン、スイス、アメリカ、日本の15カ国、およびハワイ・沖縄の2地域を含む計17団体（ハワイ・沖縄は総会の特別決議による）だった。

　FIK創設の経緯は、1964年10月の東京オリンピックで剣道が弓道や相撲とともにデモンストレーションをおこない、初めて世界のスポーツ界の表舞台に立ったことにさかのぼる。翌65年には国際社会人剣道大会、67年には国際親善剣道大会（11カ国12団体が参加）が日本武道館で開催され、国際的組織の結成とさらなる国際大会の実施を求める気運が高まった。特に、アメリカ代表の森寅雄による剣道の海外普及への熱意がその背景にあったとされている。森の提案により、全剣連が特別委員会を設置してFIK結成の趣意書と規約案を作成した。その結果、70年に上記17団体による創立総会が東京で開催され、FIKが発足したのである。

　FIKの規約によれば、各国・地域連盟代表による定期総会は世界大会に合わせて3年に1度開催される。理事会は、19人の理事（会長と副会長4人を含む）と2人の監事で構成され、毎年1回開催するとされている。FIKの主な業

写真1　国際親善剣道大会のパンフレット（全剣連蔵）

務として、WKC の開催がある。さらに WKC 関連事業として、各地域ゾーンごとに各国剣道連盟の審判員を対象にした審判講習会を年に1回開催する。WKC 審判員になるためには、この講習会の受講が義務づけられている。また、FIK は各国連盟間相互の情報交換もおこなっているという。<sup>(45)</sup>

　2012年8月現在、FIK に加盟しているのは、日本、韓国、台湾、香港、マレーシア、シンガポール、タイ、オーストラリア、ニュージーランド、中華人民共和国、アメリカ、ハワイ、カナダ、ブラジル、アルゼンチン、メキシコ、ベネズエラ、チリ、ドミニカ、エクアドル、イギリス、フランス、スウェーデン、ベルギー、オランダ、スイス、ドイツ、スペイン、オーストリア、ノルウェー、デンマーク、フィンランド、イタリア、ハンガリー、ポーランド、セルビア、チェコ、ルーマニア、南アフリカ、ルクセンブルク、ロシア、ポルトガル、アイルランド、アンドラ、ブルガリア、ギリシャ、イスラエル、モンテネグロ、ラトビア、リトアニア、および特別ステータスによるマカオとアルーバを含む52の国・地域である。FIK 発足以来、42年間で加盟国・地域は17団体から52団体に増加した。また、モロッコが唯一の退会国となっている。表1に「国際剣道連盟の加盟国・地域一覧」を示す。

　FIK は、2006年4月に IOC に承認されている国際競技団体連合（General Association of International Sports Federations : GAISF。現スポーツアコード）に加盟した。と同時に、その略称が IKF から FIK に改称された。この GAISF 加盟について高橋亨は次のように解説する。

第1章　日本剣道 KENDO と韓国剣道 KUMDO の対立　　35

GAISFは各種スポーツの国際競技連盟などで構成され、IOC（国際オリンピック委員会）加盟に向けた登竜門といわれる。この加盟によって政府から財政的な援助を受けることができた国もある。何よりもFIKが唯一の国際競技団体として認証されたということは、同時に今後の剣道の方向性にも大きな影響と責任を背負うことでもある。[46]

　GAISFに加盟したことで、FIKは国際スポーツ団体として認可を受けることになった。この加盟によって剣道については韓国が独自に用いるKUMDOではなく、日本のKENDOという呼称と用語が国際的に認知されたという点で意義がある。しかし、スポーツアコードには様々な国際スポーツ競技団体が加盟していて、スポーツアコードが主催するワールドゲームズでは、FIKが意図しない趣旨での大会開催や参加要請がなされる可能性がある。[47]つまり、剣道は日本の伝統武道であると自負する団体でありながら、他方で国際的スポーツ競技団体の一つとして、他の競技スポーツ団体からの外圧を受ける立場になったのである。

　スポーツがオリンピック競技のように国際化する過程では、その競技性やルールについて、異なる人種間や異なる文化間で一定の共通理解が前提となる。しかし、剣道は日本の文化性が色濃く、全剣連はその本質や特性を国際化のために変容させることを望んではいない。剣道の国際化やスポーツ化によって、日本剣道KENDOの伝統的文化性が希薄になり、将来、消滅することが懸念されるからである。次項で述べるように、FIKという組織は日本で誕生し、発足当初から全剣連が主導している。しかしいま、FIKはその基本方針や運営を含め、国際スポーツ組織として大きな岐路に立たされている。[48]

## 日本主導のFIK

　FIKの規約第6条には、「剣道の国際的普及振興をはかり、合せて剣道を通じ加盟団体相互の信頼と友情を培うことを目的とする」[49]と掲げられている。初代会長には全剣連会長の木村篤太郎が就任し、1970年以降、2017年の現在に至るまで、歴代全剣連会長がFIK会長に選任されている。このような45年以上にわたる組織体制の実態からも明らかなように、FIKはまさに全剣連が主導してきた国際組織である。その全剣連が示すFIKの姿勢は、発

表1　国際剣道連盟の加盟国・地域一覧

| | Country & Region<br>国・地域 | Name of the Federation<br>加盟団体名 |
|---|---|---|
| 1 | Japan<br>日本 | All Japan Kendo Federation<br>全日本剣道連盟 |
| 2 | Korea<br>大韓民国 | Korean Kumdo Association<br>大韓剣道会 |
| 3 | Chinese Taipei (Taiwan)<br>チャイニーズタイペイ（台湾） | Republic of China Association<br>中華民国剣道協会 |
| 4 | Hong Kong<br>香港 | Hong Kong Kendo Association Limited<br>香港剣道協会 |
| 5 | Malaysia<br>マレーシア | Malaysia Kendo Association |
| 6 | Singapore<br>シンガポール | Singapore Kendo Club |
| 7 | Thailand<br>タイ | Thailand Kendo Club |
| 8 | Australia<br>オーストラリア | Australian Kendo Renmei Incorporated |
| 9 | New Zealand<br>ニュージーランド | New Zealand Kendo Federation |
| 10 | People's Republic of China<br>中華人民共和国 | China Kendo Organaization Union<br>中華剣道団体連盟 |
| 11 | Macao<br>マカオ※ | Macau Sar Kendo Associations Union |
| 12 | U.S.A.<br>アメリカ合衆国 | All United States Kendo |
| 13 | Hawaii<br>ハワイ | Hawaii Kendo Federation |
| 14 | Canada<br>カナダ | Canadian Kendo Federation |
| 15 | Brazil<br>ブラジル | Confefderacao Brasileira de Kendo<br>(Brazilian Kendo Confederation) |
| 16 | Argentina<br>アルゼンチン | Federacion Argentina de Kendo |
| 17 | Mexico<br>メキシコ | Federacion Mexicana de Kendo<br>(Mexican Kendo Federation) |
| 18 | Venezuela<br>ベネズエラ | Federacion Venezolana de Kendo<br>(Venezuela Kendo Federation) |
| 19 | Chile<br>チリ | Chilean Kendo Federation<br>(Federation Chilena de Kendo) |

| | Country & Region<br>国・地域 | Name of the Federation<br>加盟団体名 |
|---|---|---|
| 20 | Dominican Rep.<br>ドミニカ共和国 | Federation Dominicana de Kendo |
| 21 | Ecuador<br>エクアドル | Asociation Ecuatoriana de Kendo |
| 22 | Aruba<br>アルーバ※ | Kendo Aruba / BUN BU ITCHI |
| 23 | Great Britain<br>イギリス | The British Kendo Association |
| 24 | France<br>フランス | Comite National de Kendo / FEJDA |
| 25 | Sweden<br>スウェーデン | Swedish Budo & Martial Arts Federation, Kendo Section |
| 26 | Belgium<br>ベルギー | All Belgium Kendo Fedaration |
| 27 | Netherlands<br>オランダ | Netherlandse Kendo Renmei<br>(Datch Kendo Federation) |
| 28 | Switzerland<br>スイス | Swiss Kendo & Iaido, SJV/FSJ |
| 29 | Germany<br>ドイツ | Deutscher Kendobund e.V.<br>(DKenB) |
| 30 | Spain<br>スペイン | Royal Spanish Judo Federation and Association Sports |
| 31 | Austria<br>オーストリア | Austrian Kendo Association |
| 32 | Norway<br>ノルウェー | Norges Kendo Comitee<br>(Norwegian Kendo Committee) Norwegian Martial Arts Federation |
| 33 | Denmark<br>デンマーク | Danish Kendo Federation |
| 34 | Finland<br>フィンランド | Finnish Kendo Association |
| 35 | Italy<br>イタリア | Confederazione Italiana Kendo, C.I.K. |
| 36 | Hungary<br>ハンガリー | Hungarian Kendo, Iaido & Jodo Federation |
| 37 | Poland<br>ポーランド | Polish Kendo Federation |
| 38 | Serbia<br>セルビア | Serbian Kendo Federation |

|    | Country & Region<br>国・地域 | Name of the Federation<br>加盟団体名 |
|----|---|---|
| 39 | Czech Republic<br>チェコ共和国 | Czech Kendo Federation |
| 40 | Romania<br>ルーマニア | The Rumanian Kendo Department, Federation of Contact Martial Arts |
| 41 | South Africa<br>南アフリカ | South Africa Kendo Federation |
| 42 | Luxemboug<br>ルクセンブルグ | Shobukai Kendo Luxembourg |
| 43 | Russian Federation<br>ロシア連邦 | Russian Federation Kendo |
| 44 | Portugal<br>ポルトガル | Associacao Portuguesa de Kendo |
| 45 | Ireland<br>アイルランド | Kendo na h-Eireann |
| 46 | Andorra<br>アンドラ | Federation Andorrana de Kendo<br>（Andorran Kendo Federation） |
| 47 | Bulgaria<br>ブルガリア | Bulgarian Kendo Federation |
| 48 | Greece<br>ギリシャ | Hellenic Kendo Iaido Naginata Federation |
| 49 | Israel<br>イスラエル | Israel Kendo & Budo Federation |
| 50 | Montenegro<br>モンテネグロ | Montenegrin Kendo Federation |
| 51 | Latvia<br>ラトビア | Latvian Kendo Federation |
| 52 | Lithuania<br>リトアニア | Lithuanian Kendo Association |

※マカオ・アルーバは特別ステータスによる加盟
（出典：全日本剣道連盟編『創立60周年記念出版 全剣連と剣道界――この10年の歩み』プリ・テック、2013年、259ページ）

足以来45年間不変だったように映る。1981年にFIK事務総長だった笠原利章は、「剣道国際化の現況と未来像」という論考を発表し、全剣連とFIK双方のとるべき姿勢を示している。まとめると以下のような内容になる。

1. それぞれ固有の民族性と伝統文化を誇る異国の人たちに日本剣道を押し付けられない。
2. 剣道の日本的精神性が異国人に理解できるかが難しい。
3. 剣道の特性に共感しそれぞれの角度から真の剣道を教えて、我々日本人の理解に近づける。
4. オリンピック種目への併合による日本剣道の変容が懸念される。
5. 剣道の国際化は海外の剣道愛好者に正しい剣道を厳しく伝達し、彼らによってそれぞれの国の土壌に剣道が根づくようにする。
6. 剣道を通じて各国民間の連帯と友好を深め、世界平和へのささやかな支えとなるようにする。

全剣連とFIKは現在もこの声明を踏襲し、日本の伝統文化である日本剣道KENDOを世界に普及する姿勢を堅持している。

特に、対日感情が顕著である韓国人にとっては「3. 剣道の特性に共感しそれぞれの角度から真の剣道を教えて、我々日本人の理解に近づける」という項目が受け入れがたいものになるだろう。そしてここに示される「真の剣道」が「日本人がおこなう剣道」に踏襲されていくようにも思われる。

事実上、日本が主導権を握るFIKが主催するWKCでは、日本の伝統文化としての剣道の独自性を反映する形式で競技大会が開かれている。そのために、日本の伝統文化である日本剣道KENDOを国際化するという矛盾をはらんでいる。日本が主導権を握っているとはいえ、FIKのなかでの最大勢力はヨーロッパ剣道連盟（EKF）であり、その影響力は大きい。EKFは、現在のところ日本の伝統文化である剣道KENDOを尊重し、その文化性に敬意を表して、競技性よりもむしろ文化性に傾倒しているようである。日本武道である剣道から、その文化性や精神性を学ぼうとする姿勢が随所にみられる。その事実を証明するかのように、EKF指導者の大多数は、全剣連が主催する日本で、もしくはFIKが主催・後援する各地域ゾーン別の高段位審査（六段以上）を受審する。FIK内では、まだ韓国の大韓剣道会認定ではな

写真2　韓国の快挙（第13回WKC〔台湾、2006年〕）　写真提供：「剣道日本」

写真3　悲願の優勝を遂げた韓国代表（第13回WKC〔台湾、2006年〕）　写真提供：「剣道時代」

く、全剣連認定の段位習得を希望する者が多い。また、EKFからWKCに出場する選手の礼法や所作に目を向ければ、日本選手顔負けの容姿で「日本らしく」振る舞う様子がみられる。

　この段位制こそが、剣道の国際化が展開され競技性を追求するようになった現代でも、ある意味で家元制度を踏襲し、日本剣道KENDOが尊重されるような頼みの綱ともなっている。

表2 世界剣道選手権大会（WKC）参加状況と大会結果

| 大会数 | 年 | 開催地 | 男子団体決勝<br>女子団体決勝 | 団体結果 |
|---|---|---|---|---|
| 第1回 | 1970 | 日本<br>東京・大阪 | 日本4-0中華台北（台湾） | 1位：日本　2位：中華台北（台湾）<br>3位：ブラジル・沖縄 |
| 第2回 | 1973 | アメリカ<br>ロサンゼルス・<br>サンフランシスコ | 日本4-0カナダ | 1位：日本　2位：カナダ<br>3位：アメリカ・ハワイ |
| 第3回 | 1976 | イギリス<br>ミルトンキーンズ | 日本5-0カナダ | 1位：日本　2位：カナダ<br>3位：アメリカ・台湾 |
| 第4回 | 1979 | 日本<br>札幌 | 日本4-0韓国 | 1位：日本　2位：韓国<br>3位：アメリカ・ハワイ |
| 第5回 | 1982 | ブラジル<br>サンパウロ | 日本4-1ブラジル | 1位：日本　2位：ブラジル<br>3位：アメリカ・韓国 |
| 第6回 | 1985 | フランス<br>パリ | 日本3-0ブラジル | 1位：日本　2位：ブラジル<br>3位：韓国・カナダ |
| 第7回 | 1988 | 韓国<br>ソウル | 日本3-1韓国 | 1位：日本　2位：韓国<br>3位：カナダ・ブラジル |
| 第8回 | 1991 | カナダ<br>トロント | 日本5-0韓国 | 1位：日本　2位：韓国<br>3位：カナダ・台湾 |
| 第9回 | 1994 | フランス<br>パリ | 日本4-0韓国 | 1位：日本　2位：韓国<br>3位：カナダ・台湾 |
| 第10回 | 1997 | 日本<br>京都 | 日本2-1韓国 | 1位：日本　2位：韓国<br>3位：ブラジル・台湾 |
| 第11回 | 2000 | アメリカ<br>サンタクララ | 日本2-1韓国 | 1位：日本　2位：韓国<br>3位：カナダ・ブラジル |
| 第12回 | 2003 | イギリス<br>グラスゴー | 日本1-1韓国<br>（代表戦：栄花ツ）<br>日本 - 韓国 | 1位：日本　2位：韓国<br>3位：イタリア・アメリカ |
| 第13回 | 2006 | 台湾<br>台北 | 韓国2-0アメリカ<br>日本 - 韓国 | 1位：韓国　2位：アメリカ<br>3位：台湾・日本 |
| 第14回 | 2009 | ブラジル<br>サンパウロ | 日本4-0アメリカ<br>日本 - 韓国 | 1位：日本　2位：アメリカ<br>3位：韓国・ブラジル |
| 第15回 | 2012 | イタリア<br>ノヴァラ | 日本2-1韓国<br>日本1-0韓国 | 1位：日本　2位：韓国<br>3位：ハンガリー・アメリカ |
| 第16回 | 2015 | 日本<br>東京 | 日本2-1韓国<br>日本3-0韓国 | 1位：日本　2位：韓国<br>3位：ハンガリー・アメリカ |

| 参加国・地域<br>（参加者数） | 団体戦<br>（チーム） | 男子個人<br>女子個人 | 備考（女子団体結果） |
|---|---|---|---|
| 17<br>(144人) | 11 | 128人 | |
| 16<br>(100人) | 15 | 57人 | 1カ国個人出場枠7人 |
| 20<br>(215人) | 17 | 115人 | |
| 21<br>(285人) | 18 | 126人 | |
| 20<br>(300人) | 14 | 94人 | IFK加盟25カ国中8カ国欠場 |
| 25<br>(490人) | 23 | 145人 | |
| 23<br>(360人) | 21 | (156人) | |
| 29<br>(471人) | 26 | 186人 | IFK加盟29カ国30団体 |
| 32<br>(550人) | 32 | 197人 | 親善試合（日本人以外）約200人参加 |
| 34<br>(436人) | 1部12<br>2部21 | (192人) | 1カ国個人出場枠5人<br>男子団体2部リーグ実施<br>女子団体（3人戦）・個人国際選抜試合 |
| 36<br>(522人) | 男子30<br>女子18 | 177人<br>108人 | 女子団体結果（準公式）<br>1位：日本　2位：ブラジル　3位：アメリカ・カナダ |
| 41<br>(585人) | 男子36<br>女子20 | 199人<br>124人 | 女子団体結果<br>1位：日本　2位：韓国　3位：カナダ・台湾 |
| 44<br>(586人) | 男子39<br>女子21 | 166人<br>94人 | 女子団体結果<br>1位：日本　2位：韓国　3位：ドイツ・カナダ |
| 39<br>(587人) | 男子35<br>女子19 | 156人<br>104人 | 女子団体結果<br>1位：日本　2位：韓国　3位：アメリカ・ブラジル |
| 49<br>(783人) | 男子47<br>女子30 | 190人<br>132人 | 女子団体結果<br>1位：日本　2位：韓国　3位：ドイツ・ブラジル |
| 56<br>(916人) | 男子52<br>女子34 | 211人<br>154人 | 女子団体結果<br>1位：日本　2位：韓国　3位：アメリカ・ブラジル |

（出典：2011年11月現在、FIK所蔵のWKCパンフレットと、月刊誌「剣道日本」〔スキージャーナル〕、「剣道時代」〔体育とスポーツ出版社〕の各号のWKC関連記事からデータを抽出し、筆者が作成した。なお、第1回から第13回大会までの参加国・地域と参加者数については太田順康らの前掲「剣道の国際的普及の現状と課題についての一考察」55―75ページの報告に従った）

写真4　優勝した日本男子と日本女子（第15回 WKC〔イタリア、2012年〕）　写真提供：「剣道日本」

## WKCにおける競技成績の変遷

　1970年の FIK 発足と同時に、第1回 WKC が日本で開催された。その後、WKC は3年に1度開催され、2012年のイタリア大会で第15回大会を迎えた。15年5月には日本で3度目となる第16回 WKC が開催されている。

　国際的な競技実績を残す韓国剣道 KUMDO の躍進は、表2「世界剣道選手権大会（WKC）参加状況と大会結果」で示したように、目を見張るものがある。日本対韓国の男子団体決勝戦は、1988年から2003年まで6回連続し

写真5　男子団体決勝（第16回 WKC〔日本、2015年〕）　写真提供：「剣道日本」

ている。いずれも日本が優勝しているが、00年以降の第11回・第12回大会では、代表選を含む僅差となり、06年の第13回大会では、準決勝で日本がアメリカに敗れ、韓国がそのアメリカを下し、ついに念願の WKC 初優勝を果たした。3年後の09年に開かれた第14回大会では、日本が再び王座を奪還する結果になった。このときは準決勝で日韓対決があり、日本に敗れた韓国は3位になっている。続く第15回・第16回大会でも、決勝戦で日本が韓国を制して優勝している。また、男子団体だけでなく00年から始まった女子団体でも、03年以降の決勝戦は過去5回連続の日韓対決だった。女子団体戦はいずれも日本が優勝している。

　2006年以降の日本代表は、韓国代表に特化した戦略と強化対策を図ってWKC に臨んでいる。まさに韓国チームは日本チームを脅かす唯一の存在となっている。このように日本と韓国の競技レベルが拮抗することで、WKCでの韓国チームの国際的な発言力が強まり、FIK や他の国際スポーツ組織をめぐる剣道の宗主国争いを激化させる一要因となっている。

　韓国剣道 KUMDO の国際的な台頭について、志々田文明は「韓国剣道KUMDO の競技化にみられる剣道相対化の波から、EKF を含む FIK の総意

を揺るがし、呑み込む可能性は十分に考えられる」(52)と指摘している。これは、まさに剣道の国際化やオリンピック競技化の方向性を韓国剣道 KUMDO が主導して実践しようとする思惑を指すものともいえる。そうなれば、国際的な剣道界にとっては、これまでの日本剣道 KENDO に明らかな文化変容が迫られる時代が到来することになる。それは日本剣道界がこれまでも恐れてきた事態であり、日本剣道 KENDO が国際的な外圧により換骨奪胎されかねないことへの危惧が表出することになる。

## 4　日本剣道KENDOの文化変容への危惧

　第4節では、日本剣道 KENDO が抱える文化変容への危惧について考察する。まず、日本剣道 KENDO の国際的普及を検討し、そのうえで韓国剣道 KUMDO の国際化の主張を明らかにする。

### 日本剣道KENDOの国際的普及

　剣道の国際化について、塩入宏行は次の2つの方向を示唆している。第一に、理論や方法が一般化・普遍化していく過程で、国際的に公認された一定のルールに従って競技がおこなわれるようになることである。例えば、柔道の JUDO としてのオリンピック競技化がこれに当てはまる。第二に、人類が世界文化という1つの新しい単一文化を形成するのではなく、それぞれの民族や国民によって形成された文化の独自性・固有性を尊重して、その多様性を認めることである。例えば、日本の伝統文化としての剣道の独自性を残して国際大会を実施する方向を指す。(53)

　これまで日本剣道 KENDO は後者の捉え方を基盤として、剣道をまず国内で普及し、そのうえで日本剣道 KENDO を日本の伝統文化として「文化普遍主義的な方向性」で海外への普及をおこなってきた。この基本姿勢は、前節で述べた笠原の論考に示されたものでもある。(54)日本剣道 KENDO を受容し、理解する外国人に対してだけ普及させ、正しい日本剣道 KENDO の発展を促したいとする文化普遍主義的な考え方である。そのために全剣連は、剣道の「国際化」ではなく、あえて意識的に「国際的普及」という表現を用いている。あくまでも日本剣道 KENDO そのものを世界に発信し、日本の

伝統文化としての剣道を海外でも定着させようとする姿勢を貫いているといえる。全剣連が目指す方向性としては、日本剣道KENDOが変質してしまうような「国際化」を回避し、オリンピック競技への参加を「否」としてきた経緯がある。そうした姿勢を全剣連がとった背景には、柔道がオリンピック競技化による国際化に伴って、日本の柔道から世界のJUDOへと変容したことが挙げられる。近年の国際化されたJUDOに対する日本柔道への回帰という状況が、日本人としては痛みを伴った柔道の文化変容だと捉えられているからだろう。

　この柔道の国際化について坂上は、柔道と柔術の伝播の視点から、その受容と変容をめぐる多様性とダイナミズムを説いている。すなわち、「主役は、やはり受容する側（＝現地の人々）であり、彼らの意思とその背景にある社会や文化のあり方が柔道・柔術を変容させ、自国文化としてその国に定着していく。そのあり方は実に多様であり、この段階で柔道・柔術は、異文化の'混合物'となる」。坂上によると、国際化の過程で日本の伝統文化は異文化との混合物となり、変容することは必至である。剣道がオリンピック競技化に消極的な主張の論点の一つとして、日本剣道KENDOの文化性が棄損されるのではないかという懸念と危惧を、長尾も指摘している。

　2015年5月に日本武道館で開催された第16回WKCを終え、「日本経済新聞」の記者である平田信敬は次のように振り返る。「五輪で剣道を見られないことを剣道ファンは寂しく思いつつ、それに誇りを持っている感もある。世界中の人に知ってほしい、世界の人たちとも剣を交えたいという思いはあるが、急速に広めることで剣道精神が希薄化するのは避けたい」。そんな複雑な思いがあるのではないかと、剣道愛好者の感情を汲み取っている。

### 韓国剣道KUMDOの国際化

　大韓剣道会を含む韓国剣道界は、韓国剣道KUMDOをオリンピック競技化する方向性を明確に打ち出している。その推進をめぐっては、次のような経緯がある。1980年代前半に大韓剣道会が中心となって、剣道がオリンピック競技として採用されるよう努力すべき旨の主張をFIKにおこなった。また、大韓剣道会とは別組織であり、FIKには所属していない韓国剣道KUMDO団体である韓国剣道連盟（KKF）が、2001年9月にFIKに対抗する世界剣道協会（WKA）を創設し、韓国剣道KUMDOをテコンドーに次ぐ

第二のオリンピック競技にすることを目指すと発表した。こうして韓国でFIKには属さないWKAが発足し、その目標にKUMDOのオリンピック競技化を掲げたことがFIKを刺激している。志々田は、これらの「韓国剣道界の台頭による日本剣道の相対化にどう対応するか」という問題を提起しているが、FIKに加盟していないKKFやWKAといった韓国剣道団体の実態は、いまだ明らかにされていない現状である。

　韓国には、オリンピックや世界大会で活躍する国家主導によるエリートスポーツ選手の育成制度がある。この国家政策を第一政策とした朴正煕政権（1962―72年）によって、体育特技者制度が1972年に法案化された。この制度によって、88年に開かれたソウル・オリンピックでの韓国のメダル獲得数は金メダル12個を含む33個となり、金メダル数で世界第4位の実績を残した。ソウル・オリンピック以降、韓国ではエリートスポーツ選手を優遇して大学に入学させる特待生制度や、国際大会の実績によって男子選手の兵役を免除する兵役免除制度、オリンピックや世界選手権などの上位入賞実績をポイント制にして生涯年金を支給する年金制度がもうけられた。これらの制度によってエリートスポーツ選手はその生活と地位が保障されるようになった。その恩恵の一部を韓国剣道KUMDO界も受けてきた。韓国剣道KUMDOの国家代表選手になることで、特待生や兵役免除などの制度が適用されてきたこともある。

　とはいえ、剣道はオリンピック競技種目ではないため、韓国の国内外ともに他のスポーツ競技と比較して認知度が低い。加えて、国際大会の実績によって国際的知名度を上げないかぎり、韓国剣道KUMDOは国内における有力スポーツ競技にはならない。こうした事情から、韓国剣道選手は体育特技者制度の恩恵を十分に受けることができないばかりか、国民的な知名度も低く、スポーツ選手としての価値も理解されにくい。結果的には、青少年からの人気が上がらず、韓国剣道KUMDO選手の育成面でも不利な状況になるという悪循環に陥っている。

　さらに、韓国には日本に対する克日思想が背景にある。スポーツでも日本が得意とする種目を強化してきた。この克日思想を柱として、韓国剣道KUMDOがオリンピック競技化に消極的な日本剣道KENDOに代わって、オリンピック競技化を要請し、また推進しようとしている。「剣道はもはや日本だけのものではない。スポーツ競技として既に現代剣道の国際化が進ん

できた以上、剣道は国際的に理解される普遍性を備え、オリンピックというスポーツ共通の平和の祭典の舞台に加わるべき」という立場を韓国剣道KUMDO界は支持している。

注

（１）前掲「剣道の黒船－韓国」340ページ
（２）前掲『大辞泉［第二版］』下、3266ページ
（３）前掲『岩波哲学・思想事典』1438―1439ページ
（４）国際剣道連盟は、英語名称 International Kendo Federation から、2006年4月のGAISF加盟によって Fédération Internationale de Kendo へと名称が変更され、結果的に表記略称がFIKとなった。
（５）ソ・ビョンユン（大韓剣道会専務理事）「コムド（kumdo）とケンドー（kendo）についての多くの質問に対し」(http://members.at.infoseek.co.jp/koreanwatcher/docs/kumdowakendo.htm)［2011年8月15日アクセス］
（６）この〈剣道の歴史〉は全剣連公式ウェブサイト上に掲載されている内容を示す。「剣道に関する全剣連の見解」(http://www.kendo.or.jp/kendo/origin/)［2017年3月2日アクセス］
（７）同ウェブサイト
（８）金両基『ハングルの世界』（〔中公新書〕、中央公論社、1984年）には、「漢字が使われなくなる日」という小見出しで、韓国の書店から漢字が急速に消えていく状況を説明している（同書65ページ）。またこの状況について、ハングルだけで育ったハングル世代が受けた教育に起因するとして次のように説明している。

　韓国では1928年9月29日（旧暦）に、26年9月29日に制定された「カギャの日」を「ハングルの日」に改称した。その時代は、日本の植民地化政策が進み、ハングルが抹消されようとしていた。韓民族が国字のハングルをあらゆる形で死守するために行動に移した結果である（同書77―78ページ）。

　1945年8月15日、第2次世界大戦が終結して韓国は日本から独立したが、政府が正式に誕生したのは48年だった。統一政府の話し合いは決裂し、北緯38度線の南に大韓民国、北に朝鮮民主主義人民共和国がそれぞれ樹立した。その後、50年6月25日に6・12韓国動乱が起こり、朝鮮戦争に発展して、53年7月27日の休戦日まで続いた。南北ともに一定の教育方針に基づいた教育は休戦以降となる。韓国の初代大統領である李承晩は、徹底した反共と反

日教育を展開した。そのために、義務教育課程の小学校では漢字を一字も教えず、ハングルだけで育てた。反共・反日・民族教育の3つを基本とした教育を受けたのがハングル世代である（同書84―86ページ）。

(9) 日本武道館編『日本の武道――日本武道協議会設立30周年記念』日本武道館、2007年、136、483ページ

(10) 庄子宗光『剣道百年』時事通信社、1966年、58―59ページ

(11) 前掲『日本の武道』136ページ

(12) 日本武道学会剣道専門分科会編『剣道を知る事典』東京堂出版、2009年、264―268ページ

(13) 加藤田重秀『剣道初学須知』出版社不明、1860年

(14) 宮本武蔵、三橋監一郎注『剣道秘要』武徳誌発行所、1909年

(15) 小関教政『剣道要覧』出版社不明、1910年

(16) 柳多元治郎『剣道教範』出版社不明、1911年

(17) 高野佐三郎『剣道』剣道発行所、1915年

(18) 前掲「剣道の黒船－韓国」339ページ

(19) ここでは韓国側が主張する1910年頃に成立していたとする論拠が示されておらず、この10年が「日韓併合」の年であり、この年を指摘する韓国側の主張の意図がうかがわれる。

(20) FIKと全剣連、大韓剣道会が発行する「試合・審判規則」の詳細については、第4章で議論する。

(21) 日本で重んじられている礼法の一つである蹲踞について、中村民雄の指摘によれば、1906年に大日本武徳会が剣術形を制定したとき、礼式は警察礼式の立礼を採用し、蹲踞礼をとらなくなったという（中村民雄『今、なぜ武道か――文化と伝統を問う』日本武道館、2007年、121―122ページ）。そのため、蹲踞は礼式とは区別されるが、当時の様式がそのまま残っている可能性も考えられる。

(22) 蹲踞に関する歴史的経緯については、第4章第2節の試合審判規則の比較でその詳細を論じる。

(23) 「剣道日本」2012年8月号（スキージャーナル）の「編集部が見た第15回世界選手権」で記者が記している。

(24) 審判員の有効打突の判定基準については、審判員らの間主観性の観点から第3章第1節で議論する。

(25) 小田佳子／恵士孝吉／井上哲朗／三苫保久「剣道試合・審判規則にみる日本剣道と韓国剣道」「武道学研究」第45巻別冊、日本武道学会、2012年、18ページ

（26）龍仁大学東洋武芸学科教授（イ・ピョンイク／キム・ウィヨン／キム・ヨンハク／シン・スンユン）『剣道』主管：龍仁大学武道研究所、図書出版ホンキョン、2004年、79ページ

（27）8月15日は「光復節」と呼ばれ、朝鮮の大日本帝国（日本）からの解放記念日として、その独立を祝う韓国の祝日となっている。

（28）前掲「韓国における学生剣道に関する研究」85ページ

（29）加藤純一「韓国剣道の現状——審判の判定に対する映像判読訴願の導入」「武道学研究」第44巻別冊、日本武道学会、2011年、17ページ

（30）加藤純一「韓国剣道連盟（大韓剣道会）の動向について——剣道に対する認識」日本武道学会第46回大会発表用資料、2013年

（31）「日韓併合による占領国と被占領国」という用語の使用は、権容奭（クオンヨンソク）『「韓流」と「日流」——文化から読み解く日韓新時代』（〔NHKブックス〕、日本放送出版協会、2010年）に従って記述した。

（32）持田盛二は、1925年から朝鮮総督府の剣道師範に就任し、在職中の29年に天覧武道大会指定選士の部で優勝した。このときの決勝戦の対戦相手は、満州鉄道に所属する高野茂義であり、当時の朝鮮半島から満州（いわゆる外地）における剣道の競技力の高さが想像される。この天覧武道大会の翌年には、持田は講談社野間道場の師範として日本（内地）に戻り、戦後の57年には、全剣連から十段を授与される。また、64年の東京オリンピックでデモンストレーションとして斎村五郎とともに日本剣道形を演武した。

（33）舩坂弘『昭和の剣聖・持田盛二』講談社、1975年

（34）1954年に全日本撓競技連盟は、52年10月14日に組織された全剣連に合併された。

（35）前掲『昭和の剣聖・持田盛二』262—263ページ

（36）武安義光「剣道から剣術へ（後半）」「剣窓」2014年3月号、全日本剣道連盟、18ページ

（37）朴貴順「日帝強占期学校体育の武道に関する研究——柔道と剣道の教科目導入を中心に」、楠戸一彦先生退職記念論集刊行会編『体育・スポーツ史の世界——大地と人と歴史との対話』所収、渓水社、2012年、243—258ページ、前掲「韓国剣道ナショナルチーム選手の剣道に対する意識」345ページ

（38）『高宗実録』とは、朝鮮王朝実録のなかの李氏朝鮮第26代国王（1863—97年）だった高宗の実録である。高宗は、のちの大韓帝国初代皇帝（1897—1907年）でもある。健陽元とは、健陽（年号）元年、つまり1896年を示す。

（39）1910年8月から45年8月までの「韓国併合ニ関スル条約」による大日本帝

国の朝鮮半島における武断統治の期間を指す。それは帝国主義を全面に押し出した日本による韓国（北朝鮮を含む）の植民地支配だった。「日帝強占期」という用語は、朴貴順の前掲「日帝強占期学校体育の武道に関する研究」に従って記述した。
(40) ここでは、歴史修正主義の意味で用いる。伝統的な歴史解釈に対して別の可能性（仮説）や可読性（読み方）を提示する試みを指す。
(41) 前掲「剣道の黒船－韓国」338ページ
(42) 大韓剣道会「第39回全国学生剣道大会プログラム」2010年、39―41ページ
(43) 韓国剣道 KUMDO 小史に示された内容は、第2章第2節でその詳細を論じる。
(44) 高橋亨「国際剣道連盟」、前掲『剣道を知る事典』所収、169ページ
(45) 2012年現在、FIK では加盟国や地域の区割りが問題になっている。つまり今後、中近東、西アジアのどこまでをヨーロッパゾーンに含めるのか、南アフリカがヨーロッパゾーンに所属しているがアフリカをどのように扱うか、という問題が指摘されている。
(46) 前掲「国際剣道連盟」169ページ
(47) スポーツアコード（旧称 GAISF）は、1967年に設立された IOC の承認団体である。3大陸40カ国以上（冬季競技は2大陸25カ国以上）に協会を持つ93の国際スポーツ競技団体（International Federation、IF）とパラリンピック、ワールドゲームズ、ワールドマスターズゲームス、ユニバーシアードなどの国際総合競技大会を主催する16の国際スポーツ関係団体を合わせて、2013年現在、109の国際スポーツ関係団体が加盟する世界最大のスポーツ組織である。
(48) 筆者が全剣連（FIK）を訪問してインタビューを実施したところ、次のような回答を得た。GAISF（現スポーツアコード）への加入は、当初は本意ではなかったが、剣道が KENDO ではなく武道 BUDO などの総称のなかに入れられ他の組織団体の傘下にならないよう、また KUMDO など別の用語で国際認証されたりしないためである。この背景には、近年、歴史的背景が明らかではない国際武道組織団体などに、その地位が脅かされるような状況が増えているという。
(49) 前掲「剣道の海外普及の現状と今後の課題について」57ページ
(50) 笠原利章「剣道国際化の現況と未来像」「剣道日本」1981年4月号、スキージャーナル、42―44ページ
(51) 現在、日本以外で独自に高段位審査を実施している国は、韓国と台湾で

ある。全剣連は韓国国内で展開されている KUMDO の普及や大会運営・規定などに対して容認する立場をとっている。これまでの韓国における剣道普及の経緯から、日本剣道と他の国の剣道をともに認め合うという「文化相対主義的な方向性」の姿勢も保持しているといえる。
(52) 前掲「武術・武道の「国際化」と文化変容に伴う諸問題」197―211ページ
(53) 塩入宏行「剣道の国際化を考える」、全国教育系大学剣道連盟編『ゼミナール現代剣道』所収、窓社、1992年、250ページ
(54) 前掲「剣道国際化の現況と未来像」42―44ページ
(55) 坂上康博「柔術と柔道の伝播をめぐって」「武道学研究」第44巻別冊、日本武道学会、2011年、4ページ
(56) 前掲「剣道における国際化の問題を考える」55―56ページ
(57) 平本信敬「剣道から KENDO へ 世界大会で見せた日本の心」「日本経済新聞」2015年6月2日付（http://www.nikkei.com/article/DGXMZO87539520R00C15A6000000/）[2016年5月31日アクセス]
(58) 前掲「剣道における国際化の問題を考える」55―56ページ
(59) 「韓国で世界剣道連盟設立」「剣道日本」2002年4月号、スキージャーナル、88ページ
(60) 志々田文明「武術・武道の「国際化」と文化変容に伴う諸問題」「スポーツ科学研究」第5号、早稲田大学スポーツ科学学術院、2008年、197―211ページ
(61) この法案化によって、韓国で剣道が学校体育の種目として再び復活した経緯がある。前掲「韓国剣道ナショナルチーム選手の剣道に対する意識」345ページ
(62) 克日思想について、大島裕史は『コリアンスポーツ〈克日〉戦争』（新潮社、2008年）で次のように述べている。日本の植民地時代の抵抗運動を「抗日」、今日に至るまでの日本に対する反感を「反日」というのに対して、「克日」という言葉はいわゆる「教科書問題」が吹き荒れた1980年代から使われるようになった。日本に反発するだけでなく、日本に追いつけ、追い越せ、さらには、日本をやっつけろという意味でも使われている。スポーツはまさに「克日」のシンボルである。
(63) 植原吉郎「剣道はオリンピック種目になるのか？」、前掲『剣道を知る事典』所収、174―175ページ

# 第2章　剣道の歴史論
―― ルーツとしての武士道と花郎道

　第1章では、日韓の剣道文化ヘゲモニーをめぐる対立が、日韓併合以来36年間続いた朝鮮植民地時代に起因することを明らかにした。

　このヘゲモニー対立は、日韓の歴史認識の相違から生じたものである以上、双方の「剣道の歴史」をそれぞれの立場から確認し合う作業が必要である。これまでお互いの剣道史を確認するという地道な作業を省き、内向的にそれぞれの主張を繰り返してきたことで、宗主国論争が生じる結果を招いたといえる。

　そこで本章では、あらためて日韓剣道（KENDO／KUMDO）の歴史を、両国の主管剣道団体である全剣連と大韓剣道会の見解に基づいて追っていく。

　なお、大韓剣道会が示す韓国剣道 KUMDO の歴史年表は、日本語に翻訳し本書の巻末に所収した。

## 1　日本剣道KENDOの歴史

　本節では日本剣道 KENDO の歴史とその歴史観を、全剣連が発行した『剣道の歴史』の総論編[1]、また全剣連公式ウェブサイトに記されている「剣道の歴史」[2]に基づいてまとめる。日本剣道 KENDO の始まりである日本刀の出現から順に、武士の登場と近世の剣術、近代、現代へと時系列順にたどりながら、日韓両国の剣道史に影響を及ぼした人物や事柄についても明記する。

**日本刀は武士の魂**

日本剣道KENDOの歴史をさかのぼるとき、その起源となるのは日本刀の出現だとされる。

　紀元前3世紀末の弥生時代初期、中国大陸から金属器が日本に伝わり、刀剣もこの伝来とともに伝えられた。刀剣の「刀」と「剣」には、古代中国の時代から明確な区別があり、片刃のものを「刀」といい、両刃のものを「剣」という。使用されたのは「剣」のほうが「刀」よりも先であり、中国の春秋時代から漢時代にかけて「剣」がよく用いられていた。その後、両刃の「剣」は重いため、武器としての実用性から漢代を境に「刀」が用いられるようになったという(3)。

　日本刀の出現は、平安時代（794—1185年）に貴族や寺社が私有する荘園が拡大し、その管理のために支配者として武士が登場することによる。私有地の支配をめぐる内乱が武器の発達を促し、なかでも騎馬戦術を得意としたのが蝦夷(えみし)だった。彼らが馬上で使用した外反り彎刀(そとぞりわんとう)の形状を持つ「蕨手刀(わらびてとう)」が改良され、日本刀の原型ともされる「毛抜型太刀(けぬきがたたち)(4)」が生まれた。日本刀の出現は10世紀後半とされ、彎刀で鎬(しのぎ)造りの刀は日本独特のものである。その特徴は「折れず、曲がらず、よく斬れる。そして、何より美しいのが日本刀である(5)」と解説される。日本刀はその切れ味と丈夫さ、美しさを追求し、戦乱を超えた現代では美術品の域にまで達している。

　平安後期には、源平合戦で勝利を収めた源頼朝が1192年に鎌倉幕府を開いて征夷大将軍になった。これによって朝廷から半ば独立した政権が開かれ、これ以降は戦国時代を経て、天下泰平の江戸時代の終焉となる1867年の大政奉還まで、武家政権が約680年間存続した。鎌倉幕府の将軍と御家人は「御恩」と「奉公」の関係にあり、武士は「奉公」のために訓練をおこない、その子弟は武士たる者の自覚の下に厳しくしつけられた。武士は、先祖伝来の御家の誉れを矜持とすべく武術を学んだが、1543年に種子島に鉄砲が伝来すると、それまでの戦術は一変した。

　しかし、日本では「一騎打ちの美学」を背景とした日本刀が、武士の精神的なよりどころになって、その精神性を重んじた結果、鉄砲よりも日本刀を武器として選択したとノエル・ペリンは指摘する(6)。「日本はなぜ鉄砲を放棄したのか」という問いに対し、ペリンはヨーロッパ諸国との比較から5つの理由を導き出している(7)。特に、日本における刀剣は、ヨーロッパのそれよりもはるかに象徴的な意味を持っていて、日本刀は単なる戦いの武器にとどま

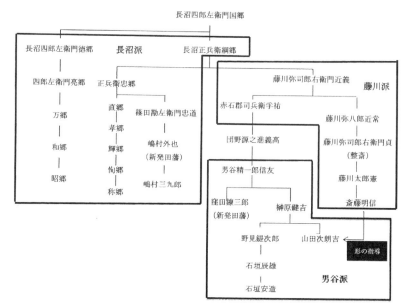

図1　直心影流の伝系図
(出典：軽米克尊／酒井利信「直心陰流の分派についての一考察——長沼派・藤川派・男谷派の試合・修練形態ならびに剣道観の分析を通して」『武道学研究』第46巻第1号、日本武道学会、2013年)

らず、武士の誇りの象徴であり、日本流にいえば「武士の魂」だったと主張する。この理由から、日本では戦乱の世であっても、武士の戦は単なる殺し合いや効果的に敵を破壊するためだけのものではなかった。日本刀に武士の魂を映し、互いに名乗りを上げて正々堂々と戦う「一騎打ち」が最高の名誉とされた。命を懸けた戦いのなかに、武士としての「美学」を求めていたのだろう。

### 男谷精一郎と「しない打ち込み稽古」

　室町時代（1392—1573年）後半、応仁の乱が始まってからの約100年間は戦乱の世となり、天下は乱れ、この頃に剣術の各流派が相次いで成立している。戦乱が治まり平和な時代が訪れると、実戦性の強い刀剣術、弓術、馬術、柔術などを組み合わせた総合武術は次第に精選され、特定の武術より深く修練するようになる。各流派武術の理論化は、儒・仏・老・荘の思想的影響

を受けながら進み、武芸伝書が各時期の思潮に対応して著された。剣術では、『不動智神妙録』（沢庵）、『兵法家伝書』（柳生宗矩）、『五輪書』（宮本武蔵）、『天狗芸術論』（佚斎樗山）、『剣法撃刺論』（森㻴鎮）などが流派ごとに著され、現代まで広く知られるところとなった。

　江戸時代（1603—1867年）の各派の剣術は、徳川幕府の文武奨励政策のなかで次第に武士の素養として身に着けるべき武術となり、実戦に即さないものとして芸道化した。各藩は、師範家を取り立てて各流儀を採用し指導にあたらせたが、各流派相互の交流はなく、他流試合は禁止され、閉鎖的で排他的な状況だった。こうして芸道化された形剣術では、実戦的で殺伐とした剣法は影を潜め、形式を尊重するあまり華美な遊芸化に傾倒していくことになった。このような形剣術の行き詰まりを打開すべく、直心影流の長沼四郎左衛門国郷は、正徳年間（1711—16年）にそれまで部分的にだけ使われていた道具に改良を加え、剣道具（面・小手・胴・垂れ）を完成させた。その後、宝暦年間（1751—64年）に一刀流の中西忠蔵子武が剣道具を改良し、「しない」を用いた稽古が「しない打ち込み稽古」として、従来の形稽古に加わるようになった。

　この「しない打ち込み稽古」を普及させた中心的人物が、男谷精一郎信友（1798—1864）である。男谷は幼名を新太郎、通称を精一郎（静斎と号す）といい、のちに下総守となる。1798年に男谷新次郎信連を父として生を享け、30歳のときに男谷彦四郎忠果の養子になる。勝海舟のいとこでもあった。男谷は8歳から本所亀沢町の団野源之進に入門して剣法を学び、宝蔵院流槍術や、吉田流射術にも熟達した。直心影流第13代「的伝正統」を団野から授けられ、麻布狸穴に男谷道場を開いた。1838年に島田虎之助が内弟子として住み込み、41年には当時13歳だった榊原鍵吉が入門した。男谷は講武所でも頭取並と剣術師範役を兼任し、竹刀の寸法を3尺8寸（約一・二メートル）に規定して「しない打ち込み稽古」が流派の垣根を越えておこなわれるようにした。

　軽米克尊らは、男谷派の特徴を次のように考察している。

　　しない打ち込み稽古は、長沼派・藤川派とは異なり、上段には構えず、試合の描写では、精眼と下段に構えていることが確認できた。剣術観は、男谷が流名を名乗ることを狭く偏った考えであると否定し、他流試合に

写真6　稽古通いの若侍
(出典：全日本剣道連盟『絵図と写真に見る剣道文化史』全日本剣道連盟、2014年、99ページ)

よって自らの短所を補い、他流の長所を取り入れることを主張していた。この見解に加え、当時の剣術界における突き技の流行から、構えを変えたものと推察される。<sup>(16)</sup>

つまり、男谷派では主たる修練がしない打ち込み稽古だった。流儀にこだわることなく他流試合によって自らの剣術の技量を改善しようとする男谷の柔軟な態度がうかがえる。

他方、榎本鐘司は「しない長短論」から男谷の思想を次のように考察している。

> 男谷の慣習にとらわれない合理的思考と、いま時勢が何を求めているかを見極め、幕府講武所剣術師範役としての職分を全うしようとする彼の態度である。
>
> 実用武術論の議論にあって、剣術も含めた旧来の武術が、まさに旧来のままにあっては実用性を失ってしまうことは明らかであった。いかなる武術も存続していくためには変わらなくてはならなかったことを男谷は理解し、剣術の生き残りをかけて、剣術における「実用」の問題に取

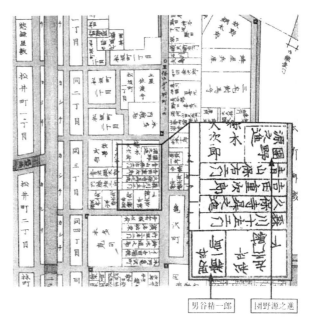

図2　男谷精一郎の道場
（出典：前掲『絵図と写真に見る剣道文化史』86ページ）

り組んでいたのである。(17)

　男谷が講武所で実施した「仕合」中心のしない打ち込み稽古法と、竹刀の長さを「3尺8寸」に定めたことが、各派の剣術を流派統一へと向かわせる契機になった。また同時に、それまでの流派剣術が撃剣という競技化に向かう源流にもなった。のちに、男谷の弟子である榊原鍵吉が「竹刀打ち込み稽古」を継承し「撃剣興行」に応用した経緯が一つの根拠となる。つまり、男谷が近世の剣術を流派を超えた近代の撃剣へと変容させた「剣道（撃剣）の祖」だということができる。

**榊原鍵吉の撃剣興行**

　明治維新（1868年頃）によって新政府が設置され、武士階級は廃止された。文明開化の時流のなかで伝統的な武芸を顧みない風潮が増し、それまで活躍

図3 始の様子、月岡芳年画「榊原撃剣会の図」
(出典：全日本剣道連盟編『剣道の歴史』全日本剣道連盟、2003年、298ページ)

した剣客や道場主の生活は困窮して、明治初期の剣術は著しく衰退した。特に1871年に脱刀令が公布され、続く76年には廃刀令が公布されたことで、剣術は廃絶の危機にさらされることになった。こうして剣術が衰退しつつあるなかで、榊原鍵吉が企画した「撃剣興行」は、民間道場有志らの奮闘によって評判を博し、盛況となった。

　この撃剣興行について、中村民雄は次のように解説している。

> 明治6年（1873）2月、榊原鍵吉が願い出た撃剣興行（以下「撃剣会」という）は、相撲興行と同様に小屋を設け、門人を東西に分け、衆人の観覧を許可するというものであった。それまで武術の伝承は流派・師弟間で秘密裏に行われるのが常であったため、公開で行われる撃剣会には、東京市民の大きな期待がかけられた。なかでも、見物を許したことと自由な「飛入り」参加を認めたことは、撃剣の大衆化に一段と弾みをつけることとなり、剣道の命脈を保つことに一役買った。[19]

　この撃剣興行に対する剣道界の評価では、通常は武士の表芸を興行としないことを慣行としながらも、剣術の大衆化と競技化（検証による勝敗の明確化、試合場の設定、竹刀の長さの制限など）に寄与し、衰退する剣術から撃剣への復活を果たしたとする見方が定着している。

写真7　撃剣興行の剣士たち（後列右は榊原鍵吉）
（出典：前掲『絵図と写真に見る剣道文化史』55ページ）

　競技化という点では、現代剣道につながる試合場の設定や、「3尺8寸」の竹刀の長さの規定、「1本試合3番勝負」で争う現在の3本勝負の試合形式の確立、源平合戦にちなんだ紅白対抗戦、立礼や蹲踞の導入を含む試合の礼法がここに成立した。榊原の柔軟な発想と企画力をもって、剣術は撃剣として命脈を保つことになった。

　1877年に西南の役で抜刀隊が活躍したことを追い風にして、警視庁を中心に剣術復活の兆しが見え始めた。これと軌を一にして、榊原は学習院や東京帝国大学で撃剣指導を始めることになる。

**流派統一による剣道の誕生**

　1880年には山岡鉄舟が無刀流開祖となり、門弟を集め春風館で修養論的剣術の指導を展開していた。83年には、武術古流の精粋を選び、永久保存をはかるために皇居内に済寧館が建設された。

　日清戦争で勝利した1895年、平安遷都1,100年を記念して平安神宮が建設され、武術の振興を図る全国組織として大日本武徳会が創設された。

写真8 大日本帝国剣道形調査委員会主査委員。前列左から辻真平、根岸信五郎、後列左から高野佐三郎、内藤高治、門奈正
(出典:前掲『剣道の歴史』298ページ)

　学校教育では、1880年以来、武術の正課編入運動が継続されたが、文部省は難色を示した。たび重なる建議ののち、1911年に中学校令施行規則の一部を改正し「撃剣及柔術ヲ加フルコトヲ得」とした。しかし、これは正課として認めたものの、実施を義務づけたものではなかった。この正課採用に伴い、12年に大日本武徳会は流派を超えた新たな共通の形として「大日本帝国剣道形」を制定した。

　ここで確認しておきたいことは、撃剣でも剣術でもない「剣道」という用語が使われていることである。この剣道形の制定をもって流派を統合することにより、日本刀による技と心を後世に継承し、竹刀打ち剣道の普及による手の内の乱れや、刃筋を無視した打突を正すことにした。ここから、新たに「竹刀はあくまでも日本刀の代わりである」という考え方が生まれた。1919年に、「剣道試合ニ関スル心得」を制定し、西久保弘道が「武」本来の目的に適合した「武道」および「剣道」に名称を統一した。

## 学生剣道の勃興と持田盛二

　大正期に入って1925年に結成された東京学生連合会の加盟校は22校だったが、その後、28年には全国組織となる全日本学生剣道連盟が結成された。これら学生連盟の結成によって、組織化の推進や各種大会の開催、試合方法の改定、海外遠征や地方錬成班の編成などが実施され、当時の学生剣道は実に多彩で広範な活動を展開した。

　学校間の各種剣道大会で団体優勝することが、母校の栄誉を担った学生たちの大きな目標でもあった。また、天覧武道大会が1929年、34年、40年と当時計3回挙行され、戦前・戦中（昭和期）の剣道人口は飛躍的に増加していった。

　この頃の学生剣道連盟の組織力が競技剣道の発展につながり、学生剣道出身者のなかから日本剣道界の革新を求める意見がスポーツ関係誌に掲載されている。例えば、東京帝国大学出身の多羅尾光道は、「所謂模範試合を排す」と題し、「負けるのが嫌さに模範試合という美名の下に勝負を明にしないといふことは、抑も武士道の精神であらうか？　かくの如きは武士道の精神を毀損し、フエア・プレーの精神を没却するものといはなくてはならない」と、高段者の演武のあり方に厳しい論評を加えている。また、京都帝国大学出身の大野熊雄は、「方法で生かし精神に生く」という論説を掲げ、「武徳会を根源とする道徳化を叫んで勝敗を度外視する流れと、京大を中心とする剣道の一般化を叫んで柳西洋のスポーツを加味し、勝敗を争わんとする学生剣道の流れ」が存在するという認識に立ち、両者の主張を互いに取り入れ、剣道を改革・発展させなければならないと主張している。

　つまり、当時から日本武道と西洋スポーツの精神性のはざまで葛藤する学生剣道出身者の苦悩がここには見て取れるのである。剣道は競技なのか、それとも美徳や道徳という規範性の道なのか、と葛藤する当時の剣道青年のジレンマがうかがえる。

　ここで、日帝下の韓国剣道 KUMDO と深く関わる人物であり、前記の昭和天覧試合で活躍し、昭和の剣聖と称される持田盛二をあらためて紹介しておきたい。

　持田盛二は、1885年に群馬県勢多郡で生まれ、1907年3月に武徳会群馬支部の推薦で武術教員養成所に入り、翌年に卒業した。11年に武術専門学校

助教授を命じられ、同年に精錬証(24)となり、19年に教士の称号を受けたのち、千葉武徳会支部主任教師、東京高等師範講師、25年に朝鮮総督府警務局の剣道師範に就いた。27年には、若くして剣道範士の称号を授与されている(25)。

持田は、朝鮮総督府警務局在職中の1929年に昭和天覧試合に出場して、決勝で高野茂義（満州鉄道所属）を破って優勝した(26)。天覧武道試合は、天皇即位の大礼を記念して開催され、宮内省皇宮警察部の主催のもと皇居内旧三の丸覆馬場と済寧館で挙行され、日本武道史上これまでにない盛事だった。庄子は、当時の様子を「北は樺太から南は台湾、朝鮮、関東州〔中国遼東半島の最南端にあり、05年、日露講和条約による旧租借地：引用者注〕からも参加するという有様で、あたかも当時のわが国の国運の隆昌と国力の充実を誇示するかのようであった。参加選士は一身の名誉ばかりでなく、郷党の誉れとばかり、光栄に感激しながら勇躍して奮い立ち、日本武道の精粋を発揮して余すところがなかった(27)」と記している。

天覧武道試合の優勝者になったことで持田の名声は全国に響き渡り、翌1930年には講談社野間道場に師範として招聘された。その後、57年には、全剣連から剣道十段を授与され、64年の東京オリンピックでは、公開演技として斎村五郎とともに日本剣道形を披露した。

持田の朝鮮総督府時代の活躍は、高野との天覧武道試合での決勝戦にとどまるだけで、直接、韓国剣道 KUMDO に及ぼした影響を探る史料はみられない。ただし、1926年の春に、東京帝大と京都帝大の学生が剣道修行のために朝鮮総督府の持田と満州鉄道の高野を訪ねて稽古した記録が「東大京大合同満州朝鮮武者修行(28)」と題して残されている。この記録から明らかなことは、次のとおりである。①26年当時に、東京帝大や京都帝大などの帝国大学エリート学生の間で活発な学生剣道が展開されていたこと。②29年に昭和天覧試合が開催され、高野と持田が決勝戦を戦う以前から、外地にいる2人の名声はすでに日本剣道界で確固たるものだったこと。③稽古法で相手の足を取り、倒して馬乗りになるというような稽古展開が日常的におこなわれていたこと。④機関車と船を乗り継いで、武者修行と称した稽古や練習試合遠征が活発に展開されていたこと。これらの記録から、当時は、外地で朝鮮（韓国）の人々と稽古するというよりも、むしろ満州や朝鮮に在留する日本人を訪ねて竹刀を交えることを目的とし、日本人同士で稽古をしていた様子がうかがえる。

**武道のスポーツ化**

　日本武道のスポーツ化を語るとき、嘉納治五郎の功績とともに柔道とオリンピックの歴史を眺める必要があるだろう。

　嘉納治五郎は日本初のIOC委員であり、国際人としても教育者としてもよく知られる。1889年9月、29歳のときに初めて渡欧して、約1年半の滞在中にヨーロッパの伝統文化に圧倒されながらも、嘉納は欧米のスポーツに比肩しうる「柔道」の確立を目指していた。嘉納が目指したものは欧米スポーツを打ち負かすことではなく、洋の東西の文化的特性を生かしながら、ともに発展向上していく文化融合だった。これがのちの嘉納の「柔道世界連盟」の構想へとつながっていく。[29]

　1918年1月、イギリス・ロンドンで、小泉軍治と谷幸雄が中心になって武道会（Budokwai）（当初ロンドン武道館）を立ち上げる。[30] 36年にはベルリン・オリンピック（第11回オリンピック競技大会）が開催された。嘉納とイギリス武道会の小泉との間で交わされた「会話」として、武道会の史料『Judo and The Olympic Games』には次のような文書が残されている。

　　〔嘉納は：引用者注〕現時点では、柔道がオリンピック・ゲームズに加わることについては消極的である。（略）柔道は単なるスポーツやゲームではなく、人生哲学であり、芸術であり、科学である。それは個人と文化を高めるための方法である。オリンピック・ゲームズはかなり強いナショナリズムに傾いており、"競技柔道（Contest Judo）"を発展させることはその影響を受ける。柔道は芸術・科学として、いかなる外部からの影響──政治的、国家的、人種的、財政的など──にも拘束されない。すべてが終局の目的である。"人類の利益（Benefit of Humanity）"へ向かうべきものである。[31]

　ナチ・オリンピックと称された1936年のベルリン大会について、嘉納は当時のオリンピック・スポーツを取り巻く状況を冷静に眺めている。嘉納は政治的影響に感化されることなく、自らの哲学である「柔道」の理想を貫こうとしていた。オリンピックが政治的ナショナリズムによって支配され、国威発揚の手段として利用される様子を目の当たりにしながら、そこに自らの

人生哲学であり、芸術であり、科学でもある柔道が巻き込まれることは避けたいとする姿勢を示していて、そうした姿勢について、「嘉納はオリンピック・スポーツと柔道の間に一線を画し、柔道のスポーツへの単純な同化を嫌い、あくまで柔道に日本文化としての独自性を強調し続けた」と永木耕介は評価している。

　嘉納の「柔道世界連盟」構想は彼の平和思想によって支えられていたが、皮肉なことに、国際情勢は逆方向へと向かい世界大戦に突入していった。今日の柔道国際組織である国際柔道連盟（International Judo Federation: IJF）は、嘉納の没後13年を経た1951年にヨーロッパで設立された。日本の参加は翌52年からである。

　しかし、嘉納の平和思想は戦後日本で功を奏することになる。講道館柔道は大日本武徳会の包摂団体だったために、1946年に戦争への加担責任を問われて解散を余儀なくされた。それにもかかわらず、GHQからは執拗には禁圧されなかった。さらに、文部省関係者の努力もあって、50年には学校教育における柔道の復活が許可された。

　このように、柔道が嘉納の思想によって国際化への努力と営みを展開していた時代に、戦後、剣道は厳しい禁止の危機に瀕し、復活のために「しない競技」としてスポーツ化宣言をしながら、スポーツと武道の間で激しく揺れ動いていた。

　当時の剣道のスポーツ化を嘆き、舩坂弘は「剣道よ、昔へ帰れ」と「武道」への回帰を求めている。

　　　特に敗戦という暗黒時代を経過した後の剣道界には、剣道は単なるスポーツの一分野に過ぎないということが、当然なことと認められてきた傾向がある。（略）
　　　これはなにも戦後の剣道界の抱える悩みではない。実は、戦前においても剣道界が直面していた諸問題があったのだ。特に、昭和の初期において、外来の欧米文明は伝統ある質実剛健の武士道精神を軽薄にさせてしまった。外来のスポーツ、拳闘、野球、ゴルフ、スキー、庭球、ボート、ラグビーなど著しく普及定着したが、一体この外来のスポーツの中に、生死超脱の悟りや、相対を絶した哲理など、勝敗を別にした剣道のような精神的遺産があるだろうか。

舩坂は、明治維新以来、西洋スポーツが日本に普及していく様子を眺めながら、剣道のような日本古来の武道が持つ精神性や哲学をどのように継承するかに苦心していた。さらに、剣聖の持田でさえ、剣道がスポーツ化することへの苦悩を次のように語っている。「剣道は刀剣を以て生と死を断定することにはじまり、そのための修行である限り、絶対に武道である。しかし、現在の社会においては生死超脱の観念がない。したがって、剣道をはじめあらゆる武道はスポーツ化してしまった。時代の要求によるスポーツ剣道ならいたしかたないが、スポーツ剣道であっても常に武道とは、剣道とは、という探求心、すなわち俗にいう生命を賭けた真剣な気概を持って修めるなら、やがて年とともに高度な風格を持つ人間を形成できるのである」。これは、戦後30年が経過した1975年当初に持田が直観した「現代剣道」への危惧である。武道としての剣道からスポーツ化する剣道への文化変容に対し、日本剣道 KENDO の将来を案じて苦慮している様子がうかがえる。

**剣道の戦技化と戦後の復活**

1927年7月の盧溝橋事件から日本は日中戦争に突入し、同年8月に国民精神総動員運動実施要綱が定められた。剣道に対する戦時体制下の議論は、「竹刀剣道が果たして実戦に有効か」というものだった。剣道の歴史的背景からも、竹刀剣道は江戸時代の太平の世の産物であり、己を活かし人を活かす剣（活人剣）であるとされる活人剣的修養論は変革されるべきものとして、実戦即応型武道の工夫が謳われ強調されるようになった。

1941年12月、太平洋戦争に突入すると、武道は戦技的有効性が問題視されるようになって、43年には「新武道即教練」が提言された。「新武道」の内容は、射撃・銃剣術・行軍などがその主たるものとなった。陸軍省兵務課長で陸軍大佐だった児玉久蔵は「武道観望」と題し、「わが武道本来の姿は、すべて己を捨て、一斬突を以て敵の死命を制するごとく実施するを生命とし、戦闘に直接役立たしめる観点よりこれをみるとき、第一に道場内のみの訓練に捉はれるのは考へなければならぬ。時に運動場に進出し、時に野外において訓練することも必要である」と「実戦即応」を強調し、剣道では屋外における野試合などが奨励されるようになった。このような武道の戦技化が真剣に検討され始めたのは、戦争が激化し敗戦が濃厚になってきた43年頃から

だった。文部省は、43年3月29日に戦時学徒体育訓練実施要綱（文部省体育局長通牒）を発令し、直接戦場におもむく男子に対しては、基礎訓練としての剣道が射撃や銃剣道などの戦技訓練とともに選択された。44年3月28日には国民戦技武道基本訓練要項が発令され、「実戦即応ノ戦技基礎能力」の修得が求められたが、ときすでに遅く敗戦の色を一段と濃くしていた当時の日本で、これらの戦技武道の実施要綱や訓練要項がどれだけ実効性を持っていたかは不明である。

　1945年8月15日、日本は敗戦を迎えた。同年11月、GHQの指令によって学校における武道教育は禁止された。翌46年には、「武道」という名称を使用することさえ禁じられた。大日本武徳会はすでに自主解散の手続きを完了していたが、内務省令により解散団体に指定され、多くの関係者は公職追放処分を受けた。GHQの「武道」に対する活動の制限は、「剣道」に対して特に厳しいものだった。その理由は「剣道」が軍国主義を鼓舞し、軍事訓練の一部として重んじられたことや、軍人がその象徴として軍刀（日本刀）を携行していたことによるものだった。

　他方、柔道は連合国軍将兵や数多くの外国人が講道館へ練習に出かけていたことから、GHQに比較的好意を持ってみられていた。そのため、柔道連盟の再結成は早く、1949年5月6日に全日本柔道連盟が発足した。また、弓道も連合国軍将兵のアーチェリー愛好者との関連から国内愛好者が漸増し、同年5月22日に日本弓道連盟も再結成された。

　しかし、剣道に対しては、「それまでの剣道の内容と名称に大幅な変更が加えられないかぎり、公教育への復活や組織的な社会復帰の道は開かれない」とされた。そこで名称を「しない競技」と改めて、フェンシングなどを参考にルールや用具などに検討を加えてスポーツ的な内容に変更された。この「しない競技」で新たな剣道の普及を図るために、笹森順造らが中心になって、1950年2月5日に全日本撓競技連盟が結成された。その結果、剣道は柔道や弓道に遅れはしたものの、52年4月10日付の文部事務次官通知によって「しない競技」として学校教育に復活を果たすことになった。

　剣道愛好者のなかには、この「しない競技」に違和感や物足りなさを覚える者も多かった。そこで、スポーツ的な感覚を取り入れながらも従来の剣道様式を残すべきだとして、従来のような剣道も実際にはおこなわれていた。1952年4月のサンフランシスコ平和条約の発効を前にして、剣道復活の動き

写真9　しない競技の試合風景（1957年の国民体育大会：旭川市）
（出典：前掲『絵図と写真に見る剣道文化史』40ページ）

は日本各地で活発化した。52年10月14日、ついに全日本剣道連盟が組織され、54年には全日本撓競技連盟も全剣連に合併されるに至った。以降、全剣連は、京都大会や全日本都道府県対抗剣道優勝大会、全日本剣道選手権大会などの各種大会を創設し、競技を中心として剣道の普及・奨励を図った。同年、高校・大学の課外活動で剣道の実施が認められ、また警察剣道も復活した。続く55年に、全剣連は日本体育協会に加盟し、同年秋の第10回国民体育大会から正式種目に加えられ、敗戦後の禁止からの復活を果たした。

**武道への回帰と全剣連の普及**

　全剣連最高顧問でありFIK会長だった武安義光によれば、戦後、剣道は「スポーツ宣言」をおこなったものの、武道としての剣道への回帰を目指していた。1975年3月20日に「剣道の理念」が制定され、称号・段位制度も大幅に見直された。戦前の称号・段位は五段までしかなく、その上に錬士・教士・範士とつながっていたが、戦後は六段錬士、七段教士、八段範士と便宜上の並列となった。また、『剣道試合・審判規則』も見直されはしたものの、大きな変化は見られなかった。84年に全日本選手権大会の出場資格を六段以上に制限したことで、数年間、若い選手が選手権大会に挑戦できないという状況にあったが、「これは戦後剣道復活時の選手権大会の理想からすれば、

大きく後退したことになる」と武安は指摘する。そして、戦後70年を経た現在もなお、「剣道は、スポーツではなく武道である」という確固たる日本剣道界の思想が、これまでの剣豪の理念と理論に支えられて確立されている。

戦後の日本剣道 KENDO の発展は、女性や少年・少女と海外への普及にある。国内では多様な普及を目指して、年齢や地域、職業、性別などに応じて数多くの競技大会が催されてきた。主な大会としては、全日本東西対抗剣道大会、全日本女子剣道選手権大会、少年武道（剣道）錬成大会、全日本実業団剣道大会、全国警察官剣道大会、WKC と、大学・高校・中学の各全国剣道大会などが挙げられる。

2015年5月には第16回 WKC が日本武道館で開催され、56の国・地域から選手が参加した。FIK 発足当初は、日本が競技力の面で WKC のために強化策を講じる必要性はまったくなかった。しかし、海外の選手が次第に実力をつけ、特に韓国が「打倒日本」を掲げて選手強化を図り実績を上げているために、近年では日本代表選手も強化を図る必要性が出てきた。現在、日本選手強化の一環として若手選手（高校生から25歳以下）のために「骨太剣士の養成講習」（選抜特別訓練講習会）が実施されている。この講習会では、2年を1期として全国から60人の選手を選抜し、地稽古を中心として自らを鍛え、地力を練るための稽古が意図されているという。他方、全剣連は、海外普及の指導者として海外講師派遣を含めた講習会にも力を入れている。(42)

全剣連は公式ウェブサイトのなかで、「剣道普及のあり方」をおおむね次のように提示している――全剣連は、日本独特の文化・武道である剣道をさらに普及させていきたいと考えている。剣道の普及とは、単に剣道人口を増加させたり、試合を数多く開催することではなく、日常の稽古や試合という競技の剣道を通じて、武士の精神を多くの人々に伝えることである。このような観点から、剣道の厳しい稽古を通じて、剣の技を学ぶだけではなく、武士の生活態度や精神（心構え）も学ぶ必要がある。(43)

つまり、全剣連は競技性に傾倒することなく、日本武道としての剣道の精神性と文化性を理解して修練することを愛好者に求めている。単なる剣道人口の増加を望んではいないことを明確にしている。

また、「女子剣道と国際化」(44)に関する姿勢は、おおむね次のとおりである。剣道の歴史を振り返って、大きな変化というのは「女子剣道の普及」と「海外への普及」だろう。これらは剣術から剣道へのイノベーションの成果とい

える。女子剣道が普及した背景には、不法な体当たりや暴力行為、足がらみなどを禁止して、往年の厳しい稽古が影を潜めたことも大きく影響している。

つまり、剣術から剣道へと時代とともに剣道は変容し、剣道のイノベーションを図った結果、女子剣道が普及し、さらに海外へも普及していった。しかし、今後の国際展開については、KENDOが日本剣道KENDOであり続けるために、その伝統と競技力の双方が伴っていなければならないという認識がある。

## 2　韓国剣道KUMDOの歴史

第2節では、韓国と日本の歴史観から生じる剣道文化の相違点を論じるために、韓国剣道KUMDOの歴史観を、大韓剣道会主催の全国剣道大会プログラムに記載される「剣道の歴史」に基づいて記す。この記述は、現・大韓剣道会会長であるイ・ジョンリムの『正統 剣道教本』が出典元になっている。さらに、韓国剣道KUMDOに関わる歴史的状況と韓国スポーツ界の状況を把握するために、韓国스포츠（スポーツ）振興会、韓国体育100年史編纂会の『韓国体育100年史』と、檀国大学校附設東洋学研究所が編集する『東洋学叢書第15輯 開化期在韓日本人雑誌資料集：朝鮮』を史料として用い、朝鮮時代から日帝解放後の大韓民国の建国に至る政治的背景とともに記述する。

韓国剣道KUMDOの歴史については、ここでは1896年の朝鮮王朝による日本からの剣術（撃剣）の導入から時系列順にたどる。ただし、大韓剣道会が示す「剣道の歴史」はそのルーツを新羅時代（514—935年）にまでさかのぼり補足する。

**日本からの導入**

朴は韓国における剣道の始まりと歴史について、その内容の確証は難しいとしながらも、韓国剣道KUMDOは1896年に軍隊と警察で始まったとする。その根拠は、大韓体育会が発行する『大韓体育会史』に記された「巡検撃剣諸具購入費　319元」の記録だが、『高宗実録』には健陽元年（1896年）5月23日に、警務庁が撃剣用具を日本から購入したとする記録がある。

また1896年1月11日に武官学校官制が公布され、1900年9月4日には武官学校官制が廃止されている。これ以降、04年9月27日に陸軍研成学校官制が公布され、陸軍研成学校が設置されることになる。この陸軍研成学校は、日帝強占期以前の公立学校として現在の総合行政学校に該当し、将校たちの再教育機関だった。そこでは、戦術科、射撃科、体操科、剣術科が設置され、これらに熟練するよう教育内容が改められた。

　金も朴と同様の見解を次のように提示する。韓国における剣道は、1896年の警務庁と1904年の陸軍研成学校の撃剣教育として、日本から導入された。さらに、剣道が日本から導入・展開された経緯を金は次の3点にまとめる。①日清戦争の日本軍の勝利を契機に、朝鮮末期の近代化政策の一環として、朝鮮政府が自ら日本の「撃剣」を導入した。②04年から「陸軍研成学校」の体育に剣道を位置づけた。③05年の乙巳条約（日韓交渉条約）以降は、日本に国権を奪われる危機感が強まり、剣道は救国運動を担う体育の教科目になった。

　つまり、剣道（撃剣）の導入は日韓併合によって強制的に採用されたものではなく、朝鮮王朝が近代化政策の一環として、自ら剣道用具を購入していた。しかし、1905年に乙巳条約が締結されると、大日本帝国の大韓帝国に対する優越権が明確化し、大韓帝国を保護国とする日本の帝国主義が広がるのに伴って、朝鮮の民族主義も高まることになった。その一方で、08年頃には内閣園遊会主催で日韓両国の警察撃剣試合が初の公開競技として開催されている。その後、10年からは、朝鮮総督府主導下で、剣道（撃剣）は柔道とともに韓国（朝鮮）で普及・展開されていく。

　朴は、韓国武芸の衰退と終焉を次のように考察している。朝鮮は、1876年に日本と修好条約を結び、西洋文化を受け入れて西洋新式軍隊を創設することになった。その結果、『武芸図譜通志』に収録されているような剣術、槍術、棒術、刀術、防牌術、馬上才、撃毬、騎射などの韓国武芸のほとんどが衰退していった。この衰退は朝鮮後期からすでに進行していたが、1907年に日本が強要した国軍の解散によって、その終焉が決定づけられた。こうして韓国武芸が衰退すると、柔道や剣道といった日本武芸が朝鮮総督府によって導入され、民間道場も創設されたことで大衆化した。さらに、大日本武徳会が頻繁に柔道と剣道大会を開催したことで、韓国で日本武芸が急速に広まった。

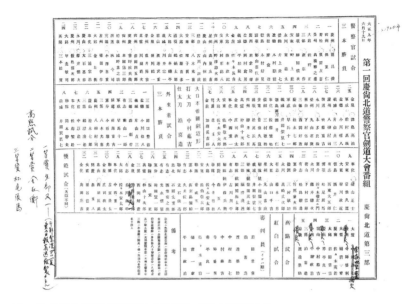

図4　第1回慶尚北道警察官剣道大会番組表　提供：三苫保久氏

　大日本武徳会が開催した大会の一つに、第1回慶尚北道警察官剣道大会がある。この「番組表」を図4に示す。大会は、1920年6月19日に開催されている。番組表からは、警察官試合が37組（74人）、外来者試合が32組（64人）、模範試合が5組（10人）、大日本剣道形が2人、審判員が10人であり、延べ160人の参加だったことがわかる。この大会番組表からは、慶尚北道以外の地区でも警察官大会が開催されていた様子が推測され、その概要と韓国における当時の剣道普及の様子をうかがい知ることができる。

**日帝強占期**

　日帝強占期の史料を確認すると、1914年6月10日、朝鮮総督令第27号「学校体操教授要目」で「撃剣及柔術」が導入されている。これによって従来の韓国の体育政策は無視され、日本化体育政策が確立された。(59) 16年5月には、京城楽園洞にある私立五星学校に柔道・剣道の道場が設置された。そこでは、韓国の学校では初となる剣道部が開設され、一般青年を募集して本格的な指導がおこなわれた。(60) 21年11月19日には、苑洞の姜楽遠が中心になって朝鮮

第2章　剣道の歴史論　　73

武道館を設立して、剣道のさらなる普及を図っている<sup>(61)</sup>。
　朝鮮教育令による学校体育への柔道・剣道の導入は、当初、朝鮮居住の日本青年の心身修練や人格形成のためのものだったが、1919年の3・1運動勃発後は、日本が植民地政策を武断統治から文化統治へと移行したこともあり、22年に公布した第2次朝鮮教育令から、韓国人と日本人との教育上の平等化が図られることになったと朴は解説する<sup>(62)</sup>。
　ところが、『大韓体育史』の記録では、1927年4月1日から日本帝国が軍国主義を推進するために中学校体操教授要目の教材として剣道を課し、各学校では校友会に剣道部を置いて普及発展させたとしている<sup>(63)</sup>。このことから、両国の解釈には相違があり、韓国では、日本帝国の軍国主義政策の一環として、学校教育のなかで剣道が展開されたとする認識になる。だが、ここでは両者の認識の相違を検討するのではなく、韓国における剣道の導入が、大日本帝国による朝鮮半島での日本化政策の一環であり、1896年から警察、軍隊、そして学校の順で徐々に展開されたことだけを確認しておきたい。
　ところで、当時の在韓日本人は朝鮮と朝鮮人をどのように捉えていたのだろうか。
　1910年8月29日の併合直前の6月1日に発行された「朝鮮」第28号には、統監府中学校長だった隈本有尚が「朝鮮に於ける我日本子弟教育上の感想」と題する論説を残している<sup>(64)</sup>。論説のなかで隈本は、日本が世界の列強国と同盟を組む必要性を説き、そのために、国家としての実力を備えることを強く主張している。この実力の意味するところは、1に兵力であり、2に金力、3に同盟と明言する。さらに、ドイツ、オーストリア、ロシア、フランスの4カ国は1の兵力に優れ、イギリスとアメリカは兵力は不十分でも2の金力に秀でていると評している。隈本は、10年に在韓で初めて柔道部が設置された京城中学校の校長でもあった。彼は青年の風紀を改善する意図で校内に道場を設置して、警察柔道師範に指導を依頼している。12年4月には、京都の武徳会から渡邊三段を招聘して指導にあたらせていた<sup>(65)</sup>。在韓の中学校長が、朝鮮における日本子弟の教育上の感想を述べるはずの内容が、この論説からは欧米の帝国主義に勇往邁進する大日本帝国のあり方を強く説いていることから、当時の教育思想の片鱗が読み取れる。
　1911年1月1日発行の「朝鮮」第35号は、「朝鮮人を如何に教育すべきか」と題した伯爵大隈重信の論説を掲載した<sup>(66)</sup>。大隈は、併合から1年に満たない

時期に早稲田大学総長に就任して次のような自説を唱えている。日本からみれば朝鮮の歴史などないに等しく、朝鮮人が示す歴史などは後述し作り上げたものばかりだと断言する。そのうえで、朝鮮人は日韓併合によって日本人になったのだから、まず日本語を習得しなければならないと主張する。郁文館中学校長の棚橋一郎も同様に「朝鮮人の根本義は同化にあり」という主張を展開している。

　ところが、総督府内務部学務局の石田新太郎は、「朝鮮人教育の主眼」と題して、大隈とは異なる論説を唱えている。石田は、朝鮮の歴史と朝鮮人の文化や習慣を尊重するため、併合に従って日本の教育方針としての教育勅語を即座に断行することへの苦悩をつづっている。石田によれば、当時の日本の軍事教育を陶冶主義とし、学校でおこなわれる教育を啓発教育としたうえで、このバランスを保ちながら時間をかけて、日本人と朝鮮人がともに陶冶主義の教育を施されるべきだと主張する。

　これらの論説から、日帝強占期に朝鮮人の同化を正当化しようとする日本人の思想の一部を読み取ることができる。当時の時代背景から、韓国における剣道導入期は、日本剣道 KENDO をそのまま定着させようとする「文化普遍主義的」というよりも、むしろ侵略国からの異文化の押し付けであり、より強制力を持った「文化帝国主義的」な状況での導入・普及だったといえる。

## ポストコロニアルの倭色文化否定

　1945年の解放後の韓国では、日帝強占期に強制された文化である「日本色」を払拭するために、「脱日本化」＝「韓国化」を目指してきた。日帝強占期がなければ、朝鮮民族の衰退もなかったと考えていると捉えられる。ここで考慮すべきことは、韓国は日本の「ポストコロニアル（植民地後）国家」だという事実である。韓国政権にとって「日帝時代」の記憶と残滓は、その後の社会形成に大きく影響を及ぼしてきた。植民地支配は、その実質的な支配が終了しても、すぐに新しい秩序が形成されるわけではなく、社会や文化、人々の思想といった内面に色濃く影響を及ぼしている。つまり、植民地時代に形成された権力・政治構造、経済・社会構造、文化・思想体系が根強く継続するのだ。ポストコロニアル国家は、独立後もそれらを克服し、政治的・経済的・社会的・文化的に自立と独立を求める政治目標が設定される。

日本帝国による植民地支配は、韓国では「皇民化政策」と呼ばれる同化政策だったと、権容奭は指摘する。これは、かつて日本が朝鮮半島の一部を支配していたという『日本書紀』の記述に従い、その「日鮮同祖論」を根拠として、日本と朝鮮は同じルーツを持つ兄弟国で朝鮮は「外国」や「異民族」ではなく、この支配も植民地支配ではなく「内地の延長」であるとした。こうして、2,000年以上の歴史を持ち、独自の言語と文化を持つ誇り高き朝鮮民族を「日本人化」するという、人類史上例をみない「大実験」が大日本帝国によって試みられた。この実験を支えた論理は、「文明国日本」が「遅れた朝鮮」を保護して統治することで朝鮮を近代化と文明化に導くという植民地主義だった。同化政策の下、朝鮮人は、言語、名前、宗教、文化などの朝鮮人としてのアイデンティティーが奪われた。つまり、「韓国の近代化は、日本の近代化と一体」になっていたと、権は解釈する。

　解放後は日本を否定し韓国を肯定することで、韓国人としての「自信」を回復するという反日ナショナリズムへの衝動が起こった。こうした韓民族のナショナリズムへの望郷が、千数百年前の三国時代（高句麗・新羅・百済）を同時代的な感覚で引照させる。これが、今日の韓国人の対日認識を歪めてきた側面でもあると、権は指摘する。

　ちなみに日帝強占期に「高木正雄」という日本名で満州を中心に皇軍の一員として中国人や朝鮮人による抗日戦争の鎮圧にあたっていた人物が、のちに韓国大統領となる朴正熙である。一方、満州で抗日戦争を闘っていた将軍の金日成が北朝鮮の建国の父となる。日本からの解放後に、朝鮮半島を南北に分断する朝鮮戦争（1950—53年。これ以降は休戦状態）と両国を代表する2人の存在が、植民地解放後の朝鮮半島の様子を象徴している。

　この朝鮮分断の歴史を考慮すれば、韓国の軍事政権だった李承晩が「脱日本化」政策をとった背景や、朴正熙政権が自らの経歴を隠蔽するために日本文化を「倭色文化」として徹底的に規制したことも理解できる。韓国における日本大衆文化の規制は、国交が正常化した1965年以降も続き、日本文化だけが規制の対象になっていた。日本大衆文化の規制を正当化する理由は、「過去の歴史問題」と「自国文化産業の保護」という2つの側面だった。ところが、金大中政権（1998—2003年）の日本文化開放で転換がおとずれる。2000年以降は、日本で「韓流」、韓国で「日流」と称される相互文化交流が活発化した。とはいえ、これまでの韓国での「日本文化の禁止」が、反日教

育や歴史問題と並んで日韓関係の進展に大きな障壁になってきた実情がある。時代は移り、13年に朴正熙の娘である朴槿惠(バク・クネ)が韓国政権第18代大統領になった。日本の歴史認識と慰安婦問題を大前提に掲げたことで、日本の安倍政権との関係は悪化し、日韓関係は再びその歴史認識をめぐって政治・経済ともに関係性が冷え込んだ。17年には韓国で建国史上初となる朴大統領の罷免が成立した。

## 韓国のスポーツ政策と韓国剣道KUMDO

　韓国には、オリンピックや世界大会で活躍するエリートスポーツ選手のために国家が主導する育成制度がある。第1章第4節でもすでに述べたが、この国家政策を第一政策とした朴正熙政権は体育特技者制度を1972年に法案化した。この政策により、韓国では剣道が再び学校体育の種目として復活を果たしている。(75)また、このスポーツ国家プロジェクトによって88年のソウル・オリンピックでは、韓国のメダル獲得数は33個となり世界第4位だった。以来、韓国ではエリートスポーツ選手に対する特待生制度（スポーツ特待生の大学入学制度）や兵役免除制度（国際大会での男子エリート選手に対する兵役の免除）、年金制度（オリンピックや世界選手権などで上位入賞した選手に対するポイント制の生涯年金支給）が保障されている。これらの制度の適用要請に関しては、韓国体育会で唯一の剣道団体として認可されている大韓剣道会が運営する韓国剣道KUMDOも例外ではない。しかし、剣道には世界選手権大会は存在するものの、オリンピック競技種目ではない。そこで、韓国のエリートスポーツ選手制度の状況から推察すれば、「剣道はもはや日本だけのものではない。スポーツ競技として既に現代剣道の国際化が進んできた以上、剣道は国際的に理解される普遍性を備え、オリンピックというスポーツ共通の平和の祭典の舞台に加わるべき」(76)という主張が生まれ、オリンピック競技化に消極的な日本剣道KENDOに代わって韓国剣道KUMDOがオリンピック競技化を要請しようとする動きは、きわめて自然な流れといえるだろう。

　ただ、その韓国スポーツ界では、世界大会や国際大会をめぐって勝利至上主義が顕在化しその考え方が蔓延しようとしている。韓国のように幼少期から一部のエリート選手だけを鍛えて国際競争力を強化する施策は、様々な弊害をもたらす。特に、韓国の子どもたちにみられる弊害を大島裕史は次のように指摘している。

1973年にスポーツ特待生が制度化されたことにより、スポーツだけで大学に進学できるようになった。当初は、スポーツを始める動機づけになることを目的に施行された制度であったが、次第に大学に進学するための手段としてスポーツをするようになる。勉強をせず、スポーツしか知らない少年たちを韓国では、「運動機械」と呼んでいる。(略)
　勉強で大学進学を目指す生徒は、朝から深夜まで勉強に打ち込む。学歴が日本以上に物を言う韓国社会では、勉強で進学するにしても、スポーツで進学するにしても、受験戦争に勝ち抜くため、人間としてのバランスは考えず、1つのことに集中する傾向が強い。勉強に人生をかける子供にとっては、スポーツは無駄であり、スポーツに人生をかける子供にとっては、勉強は無駄に思えても、人間形成にはその両方が重要であるという認識が、学校の現場には欠けている。(77)

　つまり、韓国は国威発揚の手段としてスポーツを強化する政策を成功させたが、他方で、エリートスポーツ選手育成制度のなかで強固な勝利至上主義が蔓延し、幼い頃からスポーツだけに打ち込む子どもたちに、日本で尊重されるような文武両道の思想はみられない。幼い頃から「運動機械」として育成され、その優劣が大学進学や、その後の指導者としてのセカンドキャリアの形成でも、人生の死活問題へと直結する現実がある。
　ここで、大韓体育会における韓国剣道KUMDOの位置づけと、韓国では剣道がスポーツとして捉えられている状況を確認したい。
　IOC総会でソウル開催が決定した1981年に、韓国スポーツ振興会と韓国体育100年史編纂会が編纂した『韓国体育100年史』には、剣道について次のような記述がある。1896年5月23日付で「韓国近代剣道のはじまり」と記され、『高宗実録』に提示されていた撃剣諸具の「購入費　319元」の記録とともに、「警務庁が治安の必要のため剣道を警察教習科目として採択し、これが我が国の剣道のはじまり」だと明記されている。さらに戦後、1948年6月3日付で「大韓剣道会　組織（臨時会長：姜楽遠）－1970年　国際剣道連盟入会」と記録されている。この記録によれば、剣道は1896年に治安上の必要性から日本から導入されたが、日帝解放後は1948年に大韓剣道会が発足し新たな韓国剣道KUMDOとして生まれ変わり、現在では韓国を代表

写真10 開拓の試練を克服した韓国スポーツ

するスポーツの一種目として普及・発展を遂げている。ただ、ここで示されている48年は、大韓剣道会が発足される元団体になった大韓剣士会が結成された年であることを次項で後述する。

またここで注目したいのが写真10である。「開拓の試練を克服した韓国スポーツ！」として、73年の第32回世界卓球選手権大会で、韓国女子団体チームが史上初の金メダルを獲得した様子を映している。ちなみに、この大会の卓球女子団体の2位は中国、3位は日本だった。まさに、終戦後のアジア3国のなかで試練を克服してつかみ取った栄光の卓球での勝利だったのだろう。『韓国体育100年史』には、主に韓国スポーツ界における各種競技団体の組織の状況や、競技別成績などが主に記されている。

当時の韓国では、スポーツが国民スポーツとしてではなく、競技スポーツとして確立されることが大前提であり、韓国剣道 KUMDO でも同様に、その歴史や伝統よりも国際的な競技成績が重要視されてきた。つまり、韓国剣道 KUMDO は、韓国国内でも国際競技スポーツ種目として、剣道がさらに FIK を通して国際的な普及発展につながり、国際的な広がりを展開し、健全なスポーツとして競技化されることを期待している。ところが、現実には韓国剣道 KUMDO は WKC でも常に上位入賞を果たし、日本にとっても唯一の強敵と目されるだけの競技力を備えてきたものの、FIK 組織が日本の全剣連傘下にあるかぎり、真の国際スポーツ組織とは言えない状況にある。加えて、全剣連が FIK の主導権を握り、剣道をオリンピック種目にするような積極的なはたらきかけをおこなわないことに対して業を煮やしている状況にあるといえる。

第2章 剣道の歴史論

**大韓剣道会の沿革**

　大韓剣道会は1953年に設立された。大韓体育会加盟団体であり、韓国スポーツ競技の一つとして FIK に加盟しながら、韓国剣道 KUMDO は、独自の組織作りで日本剣道 KENDO とは異なる方向性を歩んでいる。この大韓剣道会の沿革をたどっておこう。

　大韓剣道会が主催する2010年の8・15光復節記念全国学生剣道大会のプログラムに、「大韓剣道会の歴史」[79]が記載されている。その内容を概略すると次のようになる。

　戦後日本からの解放後、1947年にソウル市警察官剣道大会が開催された。この警察官大会が48年の大韓剣士会結成の大きな契機になった。光復節後の混乱した時代に、治安維持の必要性から軍政下に警察が誕生して、ソ・ジョンハクが主導して警察尚武会を組織した。50年には第1回全国警察官剣道大会が開催され、52年には大韓剣道会創立のための準備会が発足し、翌53年に大韓体育会の正式加盟団体として大韓剣道会が設立された。

　1953年以降は、各市道支会を傘下団体として、第1回全国個人剣道選手権大会が開催された。56年には20年ぶりに全国体育大会で剣道が正式種目になり、59年には会長旗全国段別選手権大会や全国学生剣道大会などの競技大会が始まった。70年には FIK が発足し、大韓剣道会は副会長国として加盟した[80]。また、72年から実施された少年体育大会で、剣道競技が正式種目として採択され、79年には大統領旗一般選手権大会が始まった。社会人連盟は88年に発足し、大韓剣道会は、青少年から一般に至るまで競技スポーツに力点を置いた生涯体育としての組織作りを確立させた。

　1992年には本国剣法競演大会が始まり、これまでの競技化に偏重した韓国剣道 KUMDO の普及・発展の方向性を転換した。さらに、93年から SBS 杯剣道王大会が始まり、メディアを通して韓国剣道 KUMDO の拡充を図っている。94年には、大韓剣道会が、大韓体育会加盟団体のなかでもっとも早く文化体育部傘下の社団法人の認可を受け、他のスポーツ種目団体に引けをとらない国の公認団体になった。現在の韓国の剣道人口は約50万人であり、大韓剣道会に登録されている有段者数は10万人を超えている[81]。こうして大韓剣道会は、国内にとどまらず国際的にも認められた競技団体として FIK の指導的立場にある。

## 大韓剣道会が示す剣道史

### ①新羅花郎道と大韓剣道会

　韓国には、植民地支配下で移植された負の文化遺産を払拭するという意味で、日本文化に対する拒絶反応がある。そうなると、当然、日本文化としての剣道も拒絶されることになる。そのため、韓国剣道 KUMDO では、日本剣道 KENDO とは異なる韓国独自の民族文化・歴史に根差した正統性を主張する必要性が生じる。その典型が、大韓剣道会が唱える「剣道の歴史」に示されている（以下は、筆者の日本語訳による）。長文だが、重要なポイントなので引用する。

　　剣道という用語が初めて使われたときは確実ではない。ただ中国の『漢書』「芸文志」「兵技攷」に出てくる。「剣道38篇」という記録が最初のものとして知られている。そして、その本の"信、廉、仁、勇なくして剣を語るな"という記録を参考にすると、中国ではいまからおよそ2,500年前の春秋戦国時代にすでに剣道が独特の精神世界を確立していたことを示している。
　　中国古代の本である『山海経』には、我が国を指称する君子国に関する記録に"君子国の人々は、衣冠を備え、刀を身に付けて歩き（略）お互いに譲歩することを好み争わなかった"とあり、このときすでに刀の文化が一般化していることがわかる。
　　また、刀の我が国での昔の呼称は"インデ"である。これは研ぐという動詞が名詞化したもので、石器時代に源を発するとても古い単語である。日本で剣を"ツルギ"というが、これは我が国の言葉"チルギ"が変化したように思われる。
　　考古学的な報告や資料によると、紀元前900年頃には遼寧地方に「琵琶型銅剣」に代表される独立した青銅器文化が形成されたが、これはのちに「細型銅剣」として発展した我々朝鮮の「古朝鮮」文化圏であり、このような内容は『山海経』の記録とも一致して、事実として証明される。これによって我々民族は、ずっと以前からすばらしい刀の文化を成し遂げていたことが推測できる。
　　今日の剣道競技の原形は撃剣である。

中国の『史記』や『漢書』には、撃剣が相手と1対1で争う武術だと説明されている。我が国でも君子国を例とし、早くからこの撃剣がおこなわれたことやそれに関する記録はない。しかし、我々が世界に誇り掲げることができるのは、まさに新羅花郎達が撃剣を修練したという事実である。『三国有史』のキミュシンジョにみる"剣術を練磨し、国仙になった"という内容から、撃剣に優れていなければ最高の花郎である国仙や風月主とはみなされないことがわかる。『三国史記』や『花郎世紀』には花郎達が「月庭」のような一定の修練場に集まり、体系的に撃剣を修練しただけでなく、個人的には深い山嶽や洞窟に入り、克己訓練と心霊訓練まで受けたと記録されている。当時の剣器も、やはり激しい戦いをしながら3国すべてが東洋最高の水準に達した。

　このような刀の機能は、後代に日本に伝播され今日の剣道の母体となった。これは誰も否定できない歴史的事実である。たとえ、近代数百年間、我々のものを正しく守らず、武を敬遠し、刀に関してなおざりにしながら自愧に陥っていたとしても、中国の『武備志』に紹介された唯一の剣法である『朝鮮勢法』と現存する世界最古の剣法である『本国剣法』は世界剣道史の大きな光になっている。

　ある人は、剣道が日本のものだと考えて、白眼視したり避けたりするが、これは間違った考えである。日本が剣道をスポーツとして開発したことは我らの誇りであり、その根が我々にあることは、我々の矜持である。『武芸図譜通志』の24班武芸中「倭剣」を特に詳細に収録した我々の先祖たちの真意を忘れてはならない。西洋の騎士道を代表する武術として、現代スポーツとしても脚光を浴びているフェンシングを我々はよく知っている。その始まりは、イタリアであり、スペイン、イギリス、フランス、ドイツなどで、数百年間ずっと発展させ今日に至っている。たとえ競技用語はすべてフランス語になり、競技名称も国によってESCRIME、SCHERMA、FENCINGなどとそれぞれ違った呼び名だが、競技方法は同じである。そして、それらの国家はすべて自負心を持ち、国際的な規則に従い、それなりの技術開発をしながら、ともにこの競技を楽しみながら育てている。振り返ってみれば、現代の競技剣道が始まってわずか100余年、初めは名称も撃剣だった。大韓帝国は、日本が開発した競技方法をそのまま受け入れ、軍と警察で教科として採択し、

軍事訓練に適用させ、当時の私立学校でも青少年たちに普及・勧奨した。我々の先覚者たちは困難な時代、日帝治下でもその血脈を今日につなぐに至った。(82)

　この大韓剣道会が示す「剣道の歴史」によれば、日本剣道 KENDO がその起源とする「刀」は、韓国からその技術が日本に伝えられた。さらに、新羅時代には花郎（ファラン）と呼ばれる武士が活躍して、朝鮮半島にはその流れを汲む世界最古の剣法である「本国剣法」や「朝鮮勢法」が確立されたとする。つまり、日本は、朝鮮（韓国）から刀と剣術文化を受け入れて日本刀を生み出し、のちに日本が剣術（撃剣）から剣道を開発して、現代剣道がスポーツとして確立したとしている。

　ここでは、全剣連が日本剣道 KENDO のルーツを日本刀に求めていることから、それ以前の刀剣の歴史を持ち出し、大韓剣道会として韓国剣道 KUMDO の正統性を主張している。さらに、オリンピック競技種目であるフェンシングを例に挙げて、現在の剣道をさらにスポーツ化・国際化させる方向性も示唆している。韓国の大韓剣道会では、このような歴史認識を学生剣道大会のプログラムに掲載することで、次世代の若者らに対し、剣道の起源が韓国にあることを広く根づかせようとしている。これらの記述内容は、学術的な歴史的証明に基づく論証がいまだ確定されないにもかかわらず、「新羅花郎たちが撃剣を修練したという事実」などが記述され、朝鮮古来の武術に由来する韓国の花郎道にその起源を求める歴史観が明確に示されている。

②「朝鮮勢法」と新羅花郎の「本国剣法」

　前記で示された「朝鮮勢法」や「本国剣法」について、日本の武道史的研究の先行研究からその内容を解説しておきたい。

　現在、韓国には韓国武芸に関する史料がほとんど残存していない状況で、韓嶠『武芸図譜通志』（1598—1790年）、戚継光『紀効新書』（1584年）、茅元儀『武備志』（1621年）は、大韓剣道会をはじめとする韓国武芸界がそれぞれの起源の根拠とする数少ない史料である。『武芸図譜通志』については大石純子が(83)、『紀効新書』と『武備志』については林伯原が精緻な史料研究をおこなっている。(84) 大石と林に従い、以下にその内容を整理する。

第2章　剣道の歴史論

『紀効新書』は、戚継光（1528—88）が活躍した時代と『紀効新書』に残る史実から、『武芸図譜通誌』の重要な先行文献になっている。しかし、その剣術は日本の陰流に依拠していることが判明している。『武備志』は、中国明代（1368—1644年）の兵法書である。当時、日本刀と日本刀術は倭寇によってその優位性が証明され、中国の軍隊と民間の刀術に影響を与えたとされる。この日本刀および日本刀術の受容の過程は、以下の①から⑥に分類される。

①倭寇との戦争
②日本刀・日本刀術の優秀性の認知
③当時の軍事著書に日本刀関連の記述が多数出現
④戚継光が『影流之目録』を入手するなど
⑤軍隊での倭刀術の導入
⑥戚継光による独創的倭刀訓練法の考案

　⑤と⑥の時点で日本刀と日本刀術は中国化され、『影流之目録』の一部が『紀効新書』や『武備志』という中国剣術の武技解説書になっている。この時点で、「剣」から「刀」への明確な変容が現れていると林は考察する。『武芸図譜通誌』は、1598年に宣祖（朝鮮李朝第14代王）の命によって、中国明代の武術書『紀効新書』から刀剣や槍などの武技6種を選出して「譜」（武技の動作）として刊行したものである。1758年の英祖（朝鮮李朝第21代王）期には、竹長槍、旗槍、鋭刀、倭剣、双剣、本国剣、拳法など武技12種が、「譜」に増補される。90年の正祖（朝鮮李朝第22代王）期には、騎槍、馬上月刀、馬上双剣などの武技4種と撃毬、馬上才が加えられる。こうして、『武芸図譜通誌』は1598年の初版から1790年まで、ほぼ200年をかけて完成している。なお、「巻首」「凡例」に、「戚氏の紀効新書と茅氏の武備志を倶に是れを編の表準と為す」とあり、『紀効新書』と『武備志』の2冊が底本であることが示されている。

　また、『紀効新書』には「倭剣」の項がある。これは「日本剣」を意味し、そこには、「軍の将校金体乾という人物はすばしこく武芸に巧みであった。粛宗（朝鮮李朝第19代王。1674—1720年）のときに使臣に従って日本に入り、剣譜を得てその術を学んできた」と記される。「使臣」とは、おそらく朝鮮

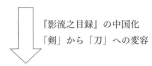

図5　韓国武芸史料の流れ

通信使だった金体乾を指すのだろうが、金体乾が学んだ倭譜は「土由流」や「運光流」などの4種とされ、日本には前記に該当する流派は存在しなかったと大石は分析する。そこで、文禄・慶長の役で、日本軍の投降兵「降倭」が朝鮮半島で「倭人ノ剣術」を指導したという事実が遠因とされる。

『紀効新書』の「鋭剣」と、『武備志』の「朝鮮勢法」、『武芸図譜通誌』の「鋭刀」は、ほぼ同じ内容である。その絵図から『武備志』（1621年）の「朝鮮勢法」では両刃の「剣」を用いているが、『武芸図譜通誌』の「鋭刀」は片刃の「刀」を用いている。『武芸図譜通誌』に「鋭刀」が加えられたのは1758年であり、この140年の間に「剣」から「刀」へ変化を促すような時代状況があったと推察される。

また、『武芸図譜通誌』には「本国剣」の項がある。「本国剣」は、新羅の花郎（青年修養団体）の長だった「黄倡郎」という人物の説話で始まる。「新羅は倭国の隣に位置しており、嘗て数千人の花郎徒が新羅にいて互いに忠信を勉励していた。其の剣器の舞は必ず相伝の術であるので考証するまでもない。今、黄倡郎を本国剣の縁起とする」と記されている。このことから、「本国剣」は新羅の花郎に由来するものとされてきた。しかし、他の記述のなかに、「今茅氏の世を離れて百数十年たっている。しかし互いに（技術を）授受しあう者は少ない。本国の人は何を自伝自留するべきであろうか。必ず武備志に期待するべきであろうが、之においてもまた伝え習うところを未だに知らない」とあり、当時の朝鮮では剣術に対する関心がなかったこと

写真11 朝鮮国　　　　写真12 朝鮮勢法
（出典：『武備志』中京大学　（出典：同書）
図書館豊田キャンパス蔵）

も記されている。これらの記述から、「本国剣」と「新羅花郎の剣術技法」との間に技術的な連続性・継続性を見いだすことは困難だと、大石は結論づけている。[86]

**③学生剣士がみた韓国剣道KUMDO**

　韓国剣道 KUMDO が日本剣道 KENDO とは異なる独自の歴史観に立ち、普及・発展してきた過程を体験的に記した資料がある。東京大学剣道部の部誌に残されている、当時の剣道部主将で法学部4年・伊藤昌孝による訪韓記録「訪韓親善使節団に参加して」である。

　　私は昭和50年8月2日から8日にかけて、関東学生剣道連盟訪韓親善使節団の一員として、韓国のソウル、大邱を訪問した。
　　この使節団派遣は、俗に「韓国遠征」と呼ばれているものだが、韓国においては「遠征」という言葉が日本よりも強い意味で使われ、秀吉の朝鮮征伐以来の日韓両国の不幸な関係を想起せしめるため、「韓国遠征」という言葉は禁句になっている。
　　訪韓親善使節団の歴史はまだ新しく、今回が2度目である。第1回使節団派遣は昭和47年11月におこなわれている。その後、48年、49年と韓国側が日本を訪れ、48年には東大の七徳堂で、49年には日本武道館

で関東学生剣道連盟と試合を行なっている。
（中略：参加メンバーの紹介）

　さて、今回の試合結果であるが、ソウルの第1戦は、遠い間合から、剣を合わさずに、スピーディーに、しかし腰を引いて、小手打ち主体に飛び込んでくる彼らの剣道に苦しめられ、10勝4敗4分という、あまり芳ばしくない成績であった。大邱での第2戦は、先生方に大いに活を入れられ、また向こうの剣道に慣れたせいもあって、14勝2敗2分の圧勝であった。

　最後に、韓国の学生剣道界の現状について記すが、大学に入ってから剣道を始める者が殆んどであって、その技倆〔技量：引用者注〕は日本の高校生クラスか、それよりやや落ちる程度であろう。突きと体当りを殆んどやらないためか、中心を割って打つということをあまり気にかけていないようである。試合においても、ひっかけ小手が中心で、さし面は殆んど打たない。胴打ちは、まだあまりできないようである。しかし遠間からの連続技や、足を2、3歩ついでの面打ち、つばぜりからのしつこいほどの連続打ちなどには、日本側も、しばしば苦しめられた。

　先程、彼らの技倆〔技量：引用者注〕は、日本の高校生レベルと書いたが、しかし彼らがこの先、剣道を続けたとしても、日本の大学の剣道のようになるとは思われない。また彼らも、そのようになろうとも思っていない。日本人は、剣道は日本古来のものと考えているが、彼らは決してそうは考えていない。韓国には、韓国の剣道があると考えているのである。それゆえ、彼らは、日本の剣道の良い点は取り入れても、それを単なる模倣で終わらせることはしないだろう。

　つまり彼らは、日本人の剣道とは別の、自分たちの剣道、いわば韓民族の剣道とでもいうものを目指しているように思われた。[87]

　1975年当時、ある学生剣道部員が直観したのは、「日本人は、剣道は日本古来のものと考えているが、彼らは決してそうではなく、韓国には韓国の剣道があると考えている」ということだった。また韓国の剣道について、「日本の剣道の良い点は取り入れても、それを単なる模倣で終わらせず、日本人の剣道とは別の韓民族の剣道とでもいうものを目指している」と明記している。現在から約40年前に、韓国剣道 KUMDO の思想やその方向性は、1人

の東大生によってすでに体験的に読み取られていたのである。

## 国際化への挑戦と剣道団体の乱立

　韓国剣道 KUMDO の特色として、積極的な競技化推進と国際化への方向を上げることができる。全国学生剣道大会プログラム（2010年）には、「国際剣道連盟」という項目を立て、国際的な韓国剣道 KUMDO の位置を次のように説明している（以下は、筆者の日本語訳による）。

　　国際剣道連盟は、1965年に国際社会人クラブが主導で始まったことが最初である。しかし、これは剣道人同士の親善試合であり、それ以上発展せず、70年に正式に世界剣道連盟が誕生する。当時会員国は15カ国だった。
　　剣道の国際名称は、漢字で剣道、英字で "kendo" であり、国際剣道連盟は "International Kendo Federation" として、すべての会員国はこれを遵守しなければならないことが慣例である。国際剣道連盟が2006年4月に GAISF 国際競技連盟総連合会（現在はスポーツアコードと改称）に加盟して、国際剣道連盟の略称が IKF からフランス語式の FIK と変わった。
　　大韓剣道会は、国際的に英文表記 "Korea Kumdo Association" で公認された。これは我々の歴史的背景を反映するものであり、国際連盟もまたすべての加盟国もこれを認めたことは、当然の処置だった。
　　1970年、第1回世界選手権大会が日本の東京で開かれて以来、3年ごとに継続されており、階級がない無階級競技としておこなわれている。
　　（中略：世界選手権大会での韓国人選手の成績）
　　1974年に始まった世界少年剣道大会は、80年にハワイで第3回大会が開かれたが、韓国は国際大会史上初めて、この大会で個人戦入賞者4人中、優勝パク・チュンチェ、3位ユン・コンギュン、全部門で個人戦メダルをさらい、団体戦では2位となって総合優勝した。しかし、この大会はその後廃止された。
　　現在、FIK 加盟国は50カ国で全世界剣道人口が急速に増加している。
　　韓国は現在、FIK の副会長国として主導的役割をしていて、多くの会員国が韓国と交流することを希望し、大韓剣道会もこれを受け入れ、剣

道を通して国際親善を図り、国威を宣揚している。

　スポーツアコード（旧GAISF）主催で計13の国際武道団体が参加するCombat Games行事が中国北京で開かれた。FIKも2010年9月3―4日の2日間剣道行事として参与することになった。大韓剣道会も剣道競技と演武競技に参加して、公開演武行事では我が国の「朝鮮勢法」を世界の武道人が見守るなか、試演する予定である。[88]

　これらの説明から見て取られることは、次の5点にまとめられる。
　①国際剣道連盟の英訳はInternational Kendo Federationであるにもかかわらず、韓国の大韓剣道会だけは、Korea Kumdo Associationと英語表記することを全加盟国が公認している。②FIKにおける顕著な活躍と日本剣道KENDOを凌駕する競技力の高さを誇示している。③青少年による世界大会として1974年に開始された世界少年剣道大会について明示している。[89] ④韓国はFIKの副会長国として主導的役割を担い、他の国々が韓国剣道KUMDOと交流することを希望している。我が国も韓国剣道KUMDOを通して国際親善を図り、国威を宣揚している。⑤2010年に開催されるコンバットゲームズにおいて、朝鮮伝統武術に由来する「朝鮮勢法」を演武として広く世界に紹介する。

　この内容から、韓国剣道KUMDOはFIKを介して、国際化の方向性をさらに積極的に提示している。

　しかし他方で、韓国剣道KUMDOの国際的飛躍の一方で、国内での普及発展に伴い、大韓剣道会以外に国内に誕生した剣道団体の乱立が次のように報告されている。[90]

　剣道がスポーツ化し、韓国選手団が国際大会に出場して、韓国剣道KUMDOの存在を世界に示すようになったのは1966年からだと龍仁大学武道研究所は認識している。この時期は、学生剣道の組織が分離され、李忠武公生誕記念大会をはじめとする各種大会が開かれるなど、大会を中心に韓国剣道KUMDOが発展した時期だった。[91] さらに88年のソウル・オリンピックの年に、大韓剣道会がソウルでWKCを開催した。それ以降は、社会体育の活性化とスポーツ化した剣道の大衆化がなされたが、他方で、あらゆる類型の剣道団体が乱立した時期でもあった。90年代は、剣道人口が急増するなかで勝利至上主義と商業主義の様相が色濃くなり、伝統剣法の保存や啓

発に対する研究不足もあいまって韓国剣道界は混乱した。このときに、大韓剣道会の剣道は、日本色の濃い剣道団体として批判され、批判した人々が韓国固有の伝統性を主張する各種の剣道団体を立ち上げる結果を招いた。これらの様々な剣道団体の形成は、根本的には、大韓剣道会の過度な竹刀中心主義の過ちから生じた現象だと、龍仁大学武道研究所は分析している。

　他の剣道団体が大韓剣道会とは異なる論理を展開する流れは、大きく分けて2つあると分析される。第1に、脱日本剣道の流れである。反日感情がどの民族よりも強い韓国社会で、脱日本剣道という論点は多くの剣道人口を確保するきっかけを作った。第2に、竹刀剣道ではない、真剣の修練に目標を置くものである。剣道が他の武道とは異なり、精神的な修練活動の助けとなる既存思想を竹刀ではない真剣に見いだしたことが人々の好奇心を呼び起こした。

　韓国国内で大韓剣道会を取り巻く状況は、韓国剣道 KUMDO が「日本文化なのか？　朝鮮（韓国）文化なのか？」という異文化対立の様相を呈している。最大の問題は、韓国剣道 KUMDO が、「剣道は日本から導入されたものである」という歴史認識を肯定し提示することで、反日思想をあおる状況を招くことである。これが、今日の韓国社会の情勢であることを同じ剣道を愛好する日本人も認識しておく必要があるのではないだろうか。

注

（1）全日本剣道連盟編『剣道の歴史』全日本剣道連盟、2003年、2―35ページ
（2）全日本剣道連盟「剣道の歴史」（http://www.kendo.or.jp/kendo/history/）［2014年2月11日アクセス］
（3）酒井利信『日本剣道の歴史――英訳付き』スキージャーナル、2010年、44―45ページ
（4）全日本剣道連盟『剣道の歴史』全日本剣道連盟、2003年、6ページ
（5）前掲『日本剣道の歴史』58―59ページ
（6）ノエル・ペリン『鉄砲を捨てた日本人――日本史に学ぶ軍縮』川勝平太訳（中公文庫）、中央公論社、1991年
（7）同書79―89ページ
（8）前掲『剣道の歴史』9ページ
（9）同書9ページ、前掲『日本剣道の歴史』160―164ページ

(10) 団野源之進の名は、榎本鐘司「幕末剣術の変質過程に関する研究——とくに窪田清音・男谷信友関係資料および一刀流剣術伝書類にみられる剣術の一変質傾向について」(「武道学研究」第13巻第1号、日本武道学会、1980年)で用いられている史料では、「団野源野進義高」とされており、男谷が直心影流第13代「的伝正統」を継いだときも、麻布狸穴ではなく「本所亀沢」に道場を構えたとされている。
(11) 的伝正統とは、正統を受け継ぐことであり、直伝を意味する。
(12) 綿谷雪『新・日本剣豪100選』(新100選シリーズ)、秋田書店、1990年、200—202ページ
(13) 中村民雄『剣道事典——技術と文化の歴史』島津書房、1994年、343—344ページ
(14) 同書155ページ
(15) 軽米克尊／酒井利信「直心陰流の分派についての一考察——長沼派・藤川派・男谷派の試合・修練形態ならびに剣道観の分析を通して」「武道学研究」第46巻第1号、日本武道学会、2013年、4ページ
(16) 同論文16ページ
(17) 榎本鐘司「講武所におけるしないの統一」、前掲『剣道の歴史』所収、293ページ
(18) この3尺8寸という長さについて、「真剣操作法としての実践的剣術から遊離しないという条件(長竹刀の弊害に陥らない長さ)と、鍛錬的効果のある実用剣術の実践(はげしく「打ち込む」という運動を確保し、且つその鍛錬的有効性を保証するものは重くて長い竹刀)という2条件を考慮に入れてのことであった」と榎本は考察している(前掲「幕末剣術の変質過程に関する研究」51ページ)。
(19) 中村民雄「撃剣興行における試合方法と礼法」、前掲『剣道の歴史』所収、296ページ
(20) 1952年に全剣連が発足すると名称を「日本剣道形」と改めた。
(21) 「アサヒスポーツ」1927年11月号、朝日新聞社(前掲『剣道の歴史』23ページ)
(22) 「アサヒスポーツ」1928年1月号、朝日新聞社(前掲『剣道の歴史』23ページ)
(23) 前掲『剣道百年』202ページ
(24) 大日本武徳会からの表彰であり、実質的には称号である。1934年に精錬証に代わって「錬士」が制定され、精錬証は廃止された。
(25) 前掲『昭和の剣聖・持田盛二』332—333ページ

（26）前掲『剣道百年』89―99ページ
（27）同書73―74ページ
（28）赤門剣友会編『東大剣道部110年の歩み』赤門剣友会、1997年、56―58ページ
（29）永木耕介「ヨーロッパにおける柔道普及と「柔道世界連盟」構想」、生誕150周年記念出版委員会編『気概と行動の教育者嘉納治五郎』所収、筑波大学出版会、2011年、188ページ
（30）同論文189ページ
（31）同論文198―199ページ
（32）永木耕介『嘉納柔道思想の継承と変容』風間書房、2008年、139ページ
（33）前掲「ヨーロッパにおける柔道普及と「柔道世界連盟」構想」199ページ
（34）前掲『昭和の剣聖・持田盛二』262―263ページ
（35）同書352―353ページ
（36）盧溝橋事件は、1937年7月7日に北京（北平）西南方向の盧溝橋で起きた日本軍と中国国民革命軍との衝突事件である。この事件が直接的な火種となり、日中戦争が勃発した。
（37）「新武道」第3巻第5号、新武道刊行会（前掲『剣道の歴史』）
（38）「新武道」第1巻第4号、新武道刊行会（前掲『剣道の歴史』）
（39）前掲『剣道事典』256―258ページ
（40）現在は全日本剣道演武大会になっている。
（41）前掲「剣道から剣術へ（後半）」18ページ
（42）同論文19ページ
（43）前掲「剣道の歴史」
（44）前掲「剣道から剣術へ（後半）」20ページ
（45）イ・ジョンリム『正統 剣道教本』サモメディア、2010年
（46）韓国스포츠（スポーツ）振興会／韓国体育100年史編纂会『韓国体育100年史』新元文化社、1981年
（47）檀国大学校附設東洋学研究所『開化期　在韓日本人　雑誌資料集朝鮮 1―9』（「東洋学叢書」第15輯）、朝鮮雑誌社、2004年
（48）前掲「日帝強占期学校体育の武道に関する研究」243―258ページ
（49）大韓体育会『大韓体育会史』（非売品）、1965年、61ページ
（50）「舊韓国官報 第2942号号外」（1904年9月27日）、『舊韓国官報』（韓国学資料叢書）、亜細亜文化社、1973年、36ページ
（51）1910年8月から45年8月までの「韓日合邦条約」締結による、大日本帝国の朝鮮半島における武断統治の期間を指す。帝国主義を全面に押し出した日

本の韓国（北朝鮮を含む）における植民地支配だった。
(52) 前掲「日帝強占期学校体育の武道に関する研究」248ページ、前掲『大韓体育会史』61ページ
(53) 金炫勇「韓国における剣道の導入期に関する一考察」「武道学研究」第46巻第2号、日本武道学会、2014年、87―98ページ
(54) 同論文96ページ
(55) 乙巳条約の締結当時の正式名称は日韓交渉条約だった。これは、日露戦争終結後の1905年11月17日に大日本帝国と大韓帝国が締結した協約であり、第2次日韓協約とも日韓保護条約ともいわれ、大日本帝国による大韓帝国の保護国化を意味するものであった。
(56) 前掲『大韓体育会史』61ページ
(57) 朴周鳳『韓国における伝統武芸の創造』（「早稲田大学モノグラフ」105）、早稲田大学出版部、2014年、17ページ
(58) 『韓国武芸史料総書12』国立民俗博物館、2007年（同書12ページ）
(59) 朝鮮総督府「朝鮮総督府官報 号外」（1914年6月10日）、国立国会図書館所蔵、200―201ページ
(60) 前掲『大韓体育会史』58、61ページ
(61) 同書61ページ
(62) 前掲「日帝強占期学校体育の武道に関する研究」254―257ページ
(63) 前掲『大韓体育会史』61ページ
(64) 檀国大学校附設東洋学研究所『開化期在韓日本人雑誌資料集 朝鮮6』「朝鮮」第46号（1910年6月1日）（「東洋学叢書」第15輯）、朝鮮雑誌社、2004年、290―296ページ
(65) 前掲「日帝強占期学校体育の武道に関する研究」253ページ
(66) 檀国大学校附設東洋学研究所『開化期在韓日本人雑誌資料集 朝鮮7』「朝鮮」第35号（1911年1月1日）（「東洋学叢書」第15輯）、朝鮮雑誌社、2004年、393ページ
(67) 檀国大学校附設東洋学研究所『開化期在韓日本人雑誌資料集 朝鮮9』「朝鮮」第45号（1911年11月1日）（「東洋学叢書」第15輯）、朝鮮雑誌社、2004年、439ページ
(68) 檀国大学校附設東洋学研究所『開化期在韓日本人雑誌資料集 朝鮮9』「朝鮮」第46号（1911年12月1日）（「東洋学叢書」第15輯）、朝鮮雑誌社、2004年、554―555ページ
(69) 前掲『「韓流」と「日流」』149ページ
(70) 同書。韓国では「民族抹殺政策」ともいわれている。

(71) 同書145ページ
(72) 同書144―145ページ
(73) 朴正熙は1961年に5・16軍事クーデターを起こし、国家再建最高会議議長に就任する。その後、63年に第5代大韓民国大統領に就任する。63年から79年まで大統領を務め、軍事独裁・権威主義体制を築く。また、日韓基本条約を批准して日韓両国の国交を正常化し、日米両国の経済支援を得て「漢江の奇跡」と呼ばれる高度経済成長を達成した。
(74) 実際には、軍事政権期には日本文化だけでなく、北朝鮮との対立構造を明確にして共産圏文化も規制の対象だった。
(75) 前掲「韓国剣道ナショナルチーム選手の剣道に対する意識」345ページ
(76) 植原吉郎「剣道はオリンピック種目になるのか」、前掲『剣道を知る事典』所収、174―175ページ
(77) 前掲『コリアンスポーツ〈克日〉戦争』260―261ページ
(78) 前掲『韓国体育100年史』713ページ
(79) このプログラムに記載されている内容は、前掲『正統 剣道教本』からの抜粋であり、一部変更された個所があることが明記されている。
(80) 「副会長国」という表現を確認しておきたい。FIKのなかで、各国に対して会長国という位置づけは存在しない。確かに、FIK会長は初代から全剣連会長が歴任し、FIKが全剣連傘下にあることは自明ではあるが、そのFIKの副会長が韓国人だからといって、「副会長国」だとか、日本は「会長国」だというような位置づけは存在しないだろう。
(81) 日本の剣道人口をその比較のために記しておく。全剣連は創立55周年記念事業として、2007年に初めて全国規模で剣道人口調査を実施した（全日本剣道連盟「剣道人口国勢調査」〔http://www.kendo.or.jp/old/column/250.html〕〔2014年7月28日アクセス〕）。

その結果、2007年9月現在の活動中の剣道人総数は47万7千人であり、そのうちの有段者は29万人だった。内訳は、一般社会人が40％、中学生以下が45％だった。また男女構成は、女性が23％と4分の1を占めた。さらに、国内の総剣道人口は166万人だと発表している。この総剣道人口で比較してみると、日本は韓国の約3倍の剣道人口になるが、現在活動中の人口比でみると、約48万人から50万人であり韓国とほぼ同じになる。なお、日本では女性の剣道人口割合が高い。
(82) 大韓剣道会「光復節記念第39回全国学生剣道大会プログラム」2010年、39―40ページ
(83) 大石純子「韓国の武術」、入江康平編著『武道文化の探求』所収、不昧堂

出版、2003年、223—228ページ
(84) 林伯原「明代中国における日本刀術の受容とその変容」、前掲「武道学研究」第46巻第2号、59—75ページ
(85) 戚継光は中国明代の武将である。「戚家軍」と呼ばれる水軍を率いて倭寇討伐に従事した。「竜行剣」と呼ばれる剣法の開祖とも伝えられている。また、『紀効新書』を残し、日本の陰流剣術の目録を研究し『辛酉刀法』を著している。
(86) 前掲「韓国の武術」227ページ
(87) 伊藤昌孝「訪韓親善使節団に参加して」、赤門剣友会編『東大剣道部80年の歩み』所収、赤門剣友会、1976年、145—146ページ
(88) 前掲「光復節記念第39回全国学生剣道大会プログラム」39ページ
(89) この大会は全剣連と FIK は公認していない。
(90) 前掲、龍仁大学武道研究所『剣道』74、95—96ページ
(91) 李忠武公とは、李氏朝鮮の将軍である李舜臣(イ・スンシン)のことである。豊臣秀吉が朝鮮出兵した文禄・慶長の役(1592年・1597年)で、朝鮮水軍を率いて日本軍と戦い活躍したことで知られ、韓国では英雄的存在の朝鮮水軍の指揮官である。

# 第3章　剣道の文化論
―― 有効打突の概念と残心から

　本章では、剣道競技で重要な有効打突の要件でもある「残心」について考察する。後述するように、残心は日本の文化的背景の象徴であるために、剣道の国際的普及の観点からも議論の的となる。

## 1　有効打突の概念

### 有効打突の条件

　有効打突の条件は、『剣道試合・審判規則』第12条に規定されている。「有効打突は、充実した気勢、適正な姿勢をもって、竹刀の打突部で打突部位を刃筋正しく打突し、残心あるものとする(1)」である。

　剣道試合で有効打突を取得するには、準備局面としての攻めや間合いの詰め合いのなかで起こる「充実した気勢と適正な姿勢」をもって、主局面として「竹刀の打突部で打突部位を刃筋正しく打突」し、さらに終局面として「残心ある」ことが要求される。これらの条件がすべて満たされなければ有効打突は成立しない。したがって、有効打突の判定では、相手の打突部位（面・小手・胴・突き）に当たったとか、打った（武術的には斬った）とかという結果だけが求められるのではないのである。

　審判員が有効打突と判定するためには、有効打突に至る一連の動作を目視し、準備局面から主局面、そして打突後の終局面に至る全過程を判定対象とする。つまり、打突動作の一連の流れで有効打突の成立を認否するような過程主義の様相を呈するのだ。

　これ対して、同じように剣を使用する西洋武術から派生したフェンシング

競技は、電気信号によってその認否をする結果主義の様相が明確である。剣道とフェンシングは、その判定基準でまったく異なる性質の競技ということになる。剣道では、試合で打突の過程や形式を重んじ、そこに競技上の技術を超えた美学を求めると仮定すれば、フェンシングのように機械的に判定することは不可能になる。このような判定基準の相違が、剣道が武道であり、フェンシングがスポーツだとされるゆえんだろう。

**打突の美学**

『剣道試合・審判規則』第12条に示された有効打突の条件を以下に分節してみると、「有効打突」には、「充実した気勢での打突部位の呼称：気」「竹刀の物打で打突部位を打突：剣」「適正な姿勢での打突動作：体」の一致に加え、「残心」の4つの要件が求められる。これらを数式のように表すと次のようになる。

　　　有効打突＝「気」・「剣」・「体」の一致した打突＋「残心」

「気」は、気合・気魄を表す。試合では掛け声や発声で表現されるため、発声による打突時の面・小手・胴といった部位呼称が求められる。「剣」は、竹刀の動きを表す。竹刀の物打（刃部の剣先3分の1もしくは、竹刀全長の先4分の1あたり）で相手の打突部位を的確に打突することが求められる。「体」は、体さばき全般を表す。特に、打突時には踏み込み足が求められる。「残心」は、打突後も油断することなく、相手に対して身構え・気構えを示すことである。

　剣道競技では、互いに攻防し打突を競い合い、有効打突に至るまでの一連の動きの過程を重んじ、そこに美学を求める特徴がある。そのため機械による判定は不可能であり、剣道の技能に熟練した人、つまり審判員だけが判定できることになる。では、その判定基準をめぐって、打突の動きの質と美には一体どのような接点があるのだろうか。

　スポーツ哲学の分野で、特にスポーツ美学を研究する樋口聡は、スポーツ観戦を例に挙げて次のように説明している。「すばらしいファイン・プレーとか劇的な試合の盛り上がりを観る楽しみの中に「すごい」と言う単純な表現以外に言葉がない様な、ある種の感情的な体験をわれわれはもち、その直

感的な体験が、美学でいう美的体験とみなされる」。各スポーツの指導者は、目の前で起こっている動きの質を直感的に見抜くことができる。これもある種の美的判断である。スポーツにおける運動の本質的な徴表が調和して、きわめて優れたパフォーマンスにまで高められたとき、運動の美が表出する。このようなスポーツの合理的で合目的な達成が「美的」とされ、その意味でも柔道や剣道などの「一本」や「メン」などといった動きの美しさを含んで勝敗が決せられるスポーツは、優れて美的なスポーツになると樋口は解説する(3)。

韓国剣道 KUMDO 八段の朴東哲は、剣道の動きの美学について「芸術としてのスポーツ」と東洋武道にみられる「行」の哲学教育を融合させた美的体験だと説明する。その具体的な美的体験として、気剣体一致の統一性による美的体験、不動の美的体験、卓越性の追求としての美的体験の3つを挙げ、さらに、これらの体験的局面を通した自身の意識−身体に自発的に体得される経験的な創造過程の教育だとも表現している(4)。

換言すると、剣道で表現される美しさは、芸術的要素と東洋武道の哲学的要素からなる動きの美的体験であり、それらの卓越性の追求を通して、修行者の意識と身体に自発的に体得される創造過程の教育だということになる。

美しさを得点化して競うという観点から、運動フォームの「美」の基準の客観的な数値化について(5)、樋口は次のように説明している。

> まず、美の存在性格を振り返ってみると、明らかである。美というようなものは、主観的なものであり、あるものを美しいと感じる人もいれば感じない人もいる。また、同じ人間でも、同じ対象に対して美を感じる場合もあれば、感じない場合もあったりする。(略)しかし、すぐれたパフォーマンスを示す熟練者の動きには誰もが納得する本質的徴表の表れとして美が成立するのであるから、そこにはやはり何か法則性があるのではないか(6)。

つまり、「美」とはあくまでも主観的であり、スポーツでは「優れたパフォーマンス」は「美しい」と言われるアナログ的な美が認められ、明確な数値で示されるようなデジタル表示とは異なる。「かたち」としての形式は、様式と関連する。樋口が言う「様式」とは、芸術で一般的に用いられている

類型的な概念ではなく、クルト・マイネルやフリードリッヒ・フェッツが捉える「優れたスポーツ実践者の運動に典型的にみられる技術的な合法則性に立脚した」かたちであり、「個性的特徴をもってなされる運動遂行の方式」だという。

　これらの美的観点から剣道の打突動作を眺めると、有効打突に至るまでの一連の動きに関わる過程主義と、その動作のかたちにこだわる形式主義が共存し、試合中のあるべき瞬間にあるべき姿で、打突として存在していることに美学が求められる。そのために、打突の評価を機器で測定し判定することは不可能であり、その技能に熟知した審判員が「美」を含めて認否し、判定することになる。したがって審判員は、競技者よりも高段者であり、優れたパフォーマンスのあるべき美しさを的確に、かつ即時に認識し、有効打突の条件にのっとって判定することになる。特に、「適正な姿勢」での打突動作を見極めることになるのだろう。では一体、何をもって「適正な姿勢」とするのかが問われることになる。結果として、打突の美的完成度の評価者となる審判員は、必然的に剣道の修行者であり体得者でなければならない。

**審判員の間主観的判断**

　剣道の試合では、気剣体の一致した打突とともに、打突後に残心として、その姿勢や態度に形式美と相手への尊敬の念を求める。したがって、試合の判定には、この打突の全過程を見極めたうえで、有効打突の判断が下せる人（審判員）が必要になる。茂木健一郎は、人工知能の研究からコンピューターと人間の脳の大きな違いを、「ロボットには広い意味での状況判断ができないが、人間はそれを当たり前のようにする」と述べている。現在までに計算能力や記憶能力を身につけたロボットは開発されているが、人間のような高次の状況判断力を持つロボットは存在しない。つまり、知性や感性を含めた状況判断力こそが人間としての証明であるという。

　打突の一連の流れの状況判断は、ロボットではなく人間でなければ不可能である。さらに言えば、残心には相手への敬意を含む「精神性」が含まれていて、単に打突部位を竹刀の物打で打ち、相手に正対し構えたというような目に見える現象の判断だけではない。例えば、剣道の試合を見ていると、竹刀で相手の打突部位を打っているにもかかわらず、審判員の旗が上がらないことがある。これは、当たっただけでは有効打突にはならないという「精神

第3章　剣道の文化論

性」についての判断がなされている。有効打突の判定には、相手の打突部位を竹刀で打つという物理的要素と同時に、「精神性」の評価が含まれることになる(9)。そのため、この判定には審判員の主観が入ることになる(10)。人の主観を伴う技の判定には、段位制の権威に従って、競技者よりも上段位者が試合で審判員を務めるという暗黙の了解がある。これは競技者よりも下段位の未熟練者では、この「精神性」の評価ができないということでもあるだろう。そもそも剣道の審判は、江戸時代から戦後まで、弟子の試合をその師匠が判定するという流派的気風があり、一審制だった。武徳会はさらに武術的であり、教士や範士の試合に審判をつけることは試合者を冒瀆するという思想が残存していた(11)。剣道で相互審判が原則だという点では、スポーツ本来の考え方と同じであり、剣道試合の審判員は後から登場したのだ。

　武道の技の本質には次のように芸術的な側面が含まれるため、一般的にはその技の価値の判定は審判員の権威によるしかないと中林信二は指摘する(12)。ここでいう権威とは、社会的・形式的なものではなく、審判員個人に備わるものである。中林が考える審判員は、「自身が技術的に秀れ、人格的にも高潔で、常に修行・研究し、しかも正確で素早い判断を下せる経験の豊かな人」である。結局は、競技者が審判員を信頼し納得して試合ができなければ、試合は百害あって一利もないとも指摘する(13)。

　また中林は、武道の判定基準とその客観性について、「武道の試合が、いくら客観的に合理的に規定され行われたとしても、やはり武道では審判者の主観的要素が大きなウエイトを占めるという特性がある」と明言する。さらに、「武道の技術は、相手との極限的な緊張場面に瞬間的に決定されるものであるが、自己のすべてを技に表現するという芸としての特性がある。それに客観的な評価を下すことは、実際には不可能なのかもしれない」と判定の困難さを吐露している(14)。村山もまた、客観的に公平な審判が要求され、人格高潔で経験豊かな審判が望まれるが、それでも審判の恣意は誤判を招く危険がある(15)としている。

　そのため剣道では、その打突を生み出した競技者の動きの美しさを正しさと捉え、一連の流れの形式美を3人の審判員による間主観的判断で承認しようと試みてきた(16)。『剣道試合・審判規則』第24条に、「審判員は、主審1名、副審2名を原則とし、有効打突およびその他の判定については、同等の権限を有する」と規定し、3人の審判員の主観的判断による間主観的判断の判定

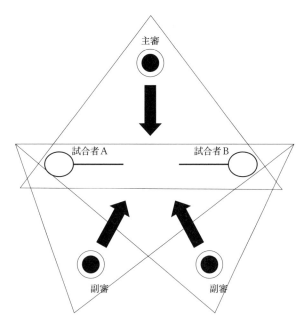

図6　試合者と審判の間にある間主観性

を採用している。

　平凡社の『哲学事典』では、哲学用語である間主観性（Intersubjectivity）とは「複数の主観に共通に成り立つこと」と定義され、「科学は間主観的な事象を対象」とし、エトムント・フッサールによれば「共同主観的または相互主観的ともいい、一個の主観を越えて多数の主観に共通することを示す語」[17]である。剣道試合の判定では、3人の審判員がそれぞれ3方向から1組の試合者の打突などの事象を見極め、審判員の間主観的判断が有効打突判定に採用されている、といえる。

　ここでは、剣道試合の3審制による審判員の間主観的判断を次の2点から考察する。

### ①試合者と審判の間にある間主観性（図6）

　3人の審判員が、それぞれ有効打突の判定基準を基にして試合者A・Bの有効打突を見極める。このとき、試合者A・Bと各審判の間に間主観性が出

第3章　剣道の文化論　　　101

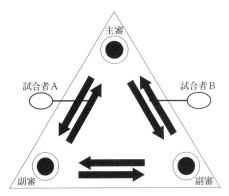

図7　3者の審判間にある間主観性

現する（図6の三角形）。

　また同時に、審判は、試合者と同様に剣道を修業した上段者として間身体性も有している。

### ②3者の審判間にある間主観性（図7）

　3人の審判それぞれの判断の間に間主観的判断が存在する。

　その意思表示は、3人の多数決の原理に従って即座に決定される。また、この3人の審判間にも高段者としてふさわしい間身体性が存在する。

　このような剣道試合における判定は、科学的で客観的な判断に代わる判定システムとして、伝統的に用いられてきた英知といえるだろう。

　他方、韓国剣道 KUMDO では国内で独自に、学生剣道連盟を中心として従来の3審制を5審制にする客観性の実験的検証を実施したり、実業団連盟ではビデオを用いた映像判読を導入したりして、より信頼性がある客観的判定を試みようとする努力がみられる。

## 2　残心の美徳

### 残心にみる抑制の美学

　剣道競技には、打突後の姿勢を問題にして有効打突を取り消すという、ス

ポーツ競技としてみたときには大変ユニークなルールが存在する。『剣道試合・審判規則』の規則第27条と細則第24条は、「有効打突の取り消し」を次のように規定している。

　（有効打突の取り消し）
　第27条　試合者に不適切な行為があった場合は、主審が有効打突の宣告をした後でも、審判員は合議の上、その宣告を取り消すことができる。

　細則第24条　規則第27条（有効打突の取り消し）は、次のとおりとする。
　1. 打突後、相手に対して身構え気構えがない場合。
　2. 打突後、必要以上の余勢や有効などを誇示した場合。

　細則第24条の第1項に示された打突後の「身構え」とは、「身体全体に意識を配り、相手に対し即座に対応できる体勢」を指す。また、「気構え」とは「打突に先んじて、相手の心身の動きをとらえ、いつでも対応できるように体のすみずみまで神経を行きわたらせている心の状態」を指す。
　有効打突を取得したということは、その打突は充実した気勢、適正な姿勢が備わった完璧な技であり、相手の反撃は本来ないはずである。仮に、反撃があるような不十分な打突だったならば、審判員は規則上「有効打突」として判定してはならないはずである。つまり、論理上、あるはずがない反撃に対して残心を示し、この残心が反撃への備えだとすることには論理的矛盾が生じることになる。この点からも、剣道の残心とは、もはや相手の反撃に対する武術的側面ではなく、相手に対する礼儀や思いやりを示す道徳的側面を表現するものであることがわかる。この残心が示す「身構え」や「気構え」には決められた形があり、打突後にその形式をとることが要求される。この形式とは、一般的に、相手に対し構えをとることである。
　また、第24条の第2項は、技術的内容ではなく判定後の態度や心構えを問題にしている。剣道では相手に対する尊敬や敬意を重視し、勝ち誇ったガッツポーズやハイタッチを禁止している。この細則第24条第2項によって規則第27条を適用し、不適切な行為があった場合は有効打突が取り消されるのである。新渡戸稲造の『武士道』でいう「惻隠の情」を試合規則に反映しているといえる。つまり、試合規則にある有効打突の評価基準として、残心本

来の「反撃への備えとしての身構え、気構え」を超越した日本の伝統的・文化的、さらに教育的思想の保持と継承を競技規則に明記して求めているといえる。

ところが、1999年4月1日改訂の『剣道試合・審判規則』から、細則第24条は次のように改定された。

　細則第24条　規則第27条（有効打突の取り消し）
　不適切な行為とは、打突後、必要以上の余勢や有効などを誇示した場合などとする。

これまでの「有効打突取り消しの条件」だった「身構え気構えがない＝残心がない」ことが、その反撃に備えた姿勢を問うことよりも、さらに明確に、判定後の態度や心構えを要件にしたことになる。つまり、有効打突の判定の際に、勝利の誇示を慎み、より相手に対する尊敬や敬意の重視が明文化されたといえる。

剣道における「勝利の誇示」について、西村秀樹は次のように考察している。

　ガッツポーズなどの示威行為は、感情の誇大な表現は慎まなければならないという意味だけでなく、打突後は常に身体的にも精神的にも次の動作に移れる態勢を整えていなければならないという意味、つまり、「残心」の意味でも禁じられるのである。（略）しかし、いつの間にか余勢や有効を誇示する「歓喜・示威」自体も「人間形成」の理念に反するということで「不適切」とされるようになったのである。すなわち、「見苦しい引き揚げ」は「実用的」な意味だけではなく、「モラル的」な意味をも有するようになったのである。このように勝ち鬨の示威や歓喜のパフォーマンスの抑制は、伝統的な不文律として存在しており、それが「剣道理念」の制定を通して1979年に明文化されるに至ったのである。武道を含めたスポーツにおいても、勝ち鬨のパフォーマンスの禁止を明文化しているのは剣道だけである。柔道や大相撲では、ガッツポーズなどは黙認されるに至っている。

実際の剣道競技で、中学生や高校生、大学生といった若い選手が中心となるインターハイやインターカレッジに絡むような団体戦などでは、試合が白熱し、チームの勝敗を決定づけるような一本が決まった瞬間、示威に当たるような動作や、チームメンバーが歓喜し抱擁する場面を目にすることがある。実際の取り消し場面としては、団体戦でチームの勝敗がかかった試合で、打突をした選手がその有効性を自己判断し相手に対して十分な残心を示さなかったり、即座にチームメイトに向かって勝利の示威を示す場合などがある。
　また、小学生のように幼い選手のなかには、試合に負けて竹刀を床に叩きつけたり、悔しがったり、試合終了時の相手への礼をせず試合場を出ようとしたりする場面などがある。このような場合には、審判員は必ず双方の礼が完了するまで確認し、礼法に関する同様の指導を各監督にも求める。指導者は、相手への礼を欠くような態度を示した選手に対して、「悔しくても礼もせずに戻ってくる姿は、試合で負けるよりも恥ずべき姿である」という共通認識をもって指導に当たっている。「礼に始まり礼に終わる」武道では、これが相手に対する礼儀であり、残心の徴表だと日本剣道KENDO界では考えられている。
　さらに興味深いことに、剣道ではこのような抑制の美学を観戦者にも求める。一般的に剣道大会での応援は拍手だけが認められ、声援は禁止されている。原則的に観戦者に対する規則はないが、剣道大会では暗黙の了解となっている。万が一、会場の観戦者が会場でざわつくような場合には、「応援は拍手をもっておこない、声援はおやめください」とアナウンスで注意を喚起し周知される。剣道は、大会会場を静粛に保つために、観戦者にも「抑制の美学」を求める競技なのである。

**残心と引き揚げ**

　武術的な見地からすれば、敵を切り倒した後に、倒した敵はもちろんのこと、他の敵の襲撃に備え「気構え」や「身構え」をとるといった残心は必要不可欠なものだったといえるだろう。文献上の残心の初出は不明だが、宮本武蔵の『兵法35箇条』には「残心・放心の事」[24]として記載がある。残心は剣術の極意であり、心法につながっている。また1912年に、全国に点在する剣道諸流を統一して作られた大日本帝国剣道形にも残心が取り入れられている。このことから、各諸流にも「気構え」や「身構え」を示す残心があっ

たと推察される。

　現代用語としては、『日本国語大辞典』で、残心とは「心を残すこと。もしくは、心が残ること」「剣道と弓道で用いられる心構えを指す言葉(25)」と明記される。

　剣道の試合規則にある残心は、元来「引き揚げ」が関連している。では、引き揚げとは何だろう。引き揚げとは、試合で余勢や有効を誇示し、打突後に相手から必要以上に遠ざかることを指す。現在の試合規則では、不適切な行為として有効打突が取り消される場合がある。引き揚げの出現には、榊原鍵吉の撃剣興行が関わっているとされる。1873年2月頃、榊原の撃剣興行は全国的に広まっていた。撃剣興行では、見せ物としての派手な引き揚げが横行していたことが記録されている。

　他方、興行ではない、当時の学校教育と課外活動で実施された剣道倶楽部ではどうだったのだろうか。1872年に学制が公布され、近代化のために教育制度が整備され、全国に8つの大学と1大学区につき32の中学校、その学区下に210の小学校が整備・設置された。その後、79年の教育令によって師範学校や専門学校などが設置された。86年には、小学校令、中学校令、師範学校令、帝国大学令の勅令が公布され、各学校の設置基準が整えられていく。明治期に教育環境が整備されるなかで、特に大学では倶楽部活動として同好の有志が集まり野球倶楽部、漕艇倶楽部、剣道倶楽部などが創設された。

　剣道倶楽部と言えば、1882年に、東京大学で榊原鍵吉を師範とする撃剣会が発足して稽古が始まった(26)。89年には、第一高等中学校に撃剣会が発足して、翌年には撃剣部と改称された(27)。92年には、慶應義塾大学が慶應義塾体育会を結成し、剣術部が創設され、94年には、学習院大学でも撃剣会が創設されている。各大学の剣道部は、学内での稽古だけでなく、他校との対抗試合を積極的に実施した。個々の大学同士の対抗試合から、次第に対外試合が地域に広がり、さらには全国大会が開催されるようになった。こうして、1913年には第1回全国高等・専門学校剣道大会が開催された。

　全国大会では母校の名誉をかけて「勝つこと」が当然のように求められ、「勝つ」ための方法として、打突後の引き揚げが撃剣興行にならって横行していたようである。引き揚げに形の美しさはなく、敵の反撃に備える「気構え」や「身構え」もない。打突の有効を誇示しながら敵に背を向け逃げ去る行為など、当時の勝利至上主義的な引き揚げ行為は、武士道精神を引く剣道

精神に反するものとして批判され、ついには引き揚げ防止策がとられるようになった。

　重岡昇は、この引き揚げと残心との関係を、過去の『剣道試合・審判規則』に照らし次のように整理している。

　　○高野佐三郎「剣道」大正4（1915）年刊
　　「打った後残心があること」
　　○武徳会会報24号　大正8（1919）年8月号
　　「対手者を確実に撃突したる場合と雖ども、構えを崩し、引き揚げを為す者は勝ちに算せざるものとす」
　　○大日本武徳会試合審判規定　昭和2（1927）年
　　「3. 残心ナキ動作ヲ為シ反ツテ撃突セラレタルトキハ後ノ撃突者ヲ勝トス」
　　○大日本武徳会試合審判規定　昭和9（1934）年
　　「4. 違反ノ引揚ゲヲ為シ反ツテ撃突セラレタルトキハ、有効ナル撃突アリトモ之ヲ勝ト認メス」(28)

　この引き揚げの禁止と残心を含めた審判規定の変遷については、大塚忠義の先行研究を引くことができる。「昭和2（1927）年の試合審判規定（以後、昭和2年規定とする）」について大塚は次のように提示している。

　　第6条「引揚げはこれを禁ず。違背するときは審判員において注意を与え、尚違背する時は試合を停止す。（参考）本条において引揚げと称するは有効なる激突の有無にかかわらず備えを崩し、気勢を弛め試合を中断する動作を謂う。残心を以て直ちに後の備を為すものは抱合せず」

　　第7条「撃突後気勢を弛め残心無き動作を為し反って撃突せられたる時は後の撃突者を勝とす」(29)

「引き揚げの禁止（第6条）」については、「剣術講習規定」（1902年）や「剣道試合に関する心得」（1919年）にもあるが、昭和2年規定の改訂が、真に「引き揚げを禁止するため」のものだったと大塚は解説する。「残心（第7条）

は武術的観念からの「残心のすすめ」であり、先に打突した者に残心がない場合は、後者の打突が有効になる。引き揚げと残心の弁別は微妙だが、昭和2年規定が、引き揚げ禁止を趣旨とする改訂だったために、その対として残心の規定を成文化せざるをえなかったと、大塚は推論している。

加えて、昭和2年規定以前の「剣術講習規定」(1902年)には、次のように引き揚げと残心の関係性が示されている。

> 試合中対手者を撃又は突きたりと思料し声を掛けて引上るときの体勢を疎慢にするは不虞を儆めざる者にして最も注意すべき事とす。これ古来残心の教えある所以なり。しかるに近来引上るとき後を向く者往々これあり疎虞も亦甚しいといふべし。かくの如き行動に対してはたとい審判員に於いて撃刺の事実を認めたる場合といえども勝の数に算せざるものとす。

つまり、自分の打突後に、相手の反撃を防御し警戒するために必要以上の距離を取り続けることや、相手に背を向ける、また横を向くなど特有の防御の姿勢をとることを禁止している。こうして、昭和2年規定から引き揚げの禁止が明文化されるとともに、打突後の動作に残心として一定の形と態度を要求する思想が明確にされ、この残心の概念が現代剣道の試合規則へとつながることになる。

『小学生中等学生 剣道読本』(1937年)には、学校剣道での残心を次のように教示している。

> 敵を撃ち突きし時、よし充分であつたと思ひましても、敵がどんなにして立ち向かつて来るかもしれませんから、心を残して油断せずに充分に注意を払ふことを残心といひます。
> 　古人も『斬るときは心残りなきやう、斬りたる時は心残すやう』と教えてゐます。(略)試合の時に早くも心を許して、体勢や構えを崩す如きことなく、正しく敵に対して残心するやうに平素から稽古することが必要であります。

つまり、武士社会のなかで指導されていた残心には、相手の反撃に備える

という武術的な観点と「打ち切る・捨て切る」といった「実用的」な意味があった。しかし、戦後の剣道試合規則では、この「実用的」概念を継承しながら、「対戦相手に対する敬意や思いやり」といった「モラル的」な意味が含まれるようになり、勝者の示威への抑制が残心に包含されることになった。

恵土孝吉らは、現代剣道の残心の理解について、「身構え」と「気構え」であることを理解したうえで、競技者にその形式美と敗者への敬意を「心構え」として具現化することを提案し、全剣連にもその明文化を求めている。<sup>(34)</sup>

**芸道における残心と残身**

剣道では引き揚げの禁止との関連から残心が存在してきた。しかし、剣道以外にも残心の思想を継承している文化領域がある。例えば、茶の湯の世界である。幕末の大老であり日本の開国と近代化を断行した井伊直弼は、禅、武術、茶の湯、能楽などの芸道に精通していたことで知られる。特に茶道では、その著『茶湯一会集』のなかに「独座観念」<sup>(35)</sup>を著し、そこで「余情残心」という言葉を残している。茶会を開いた亭主が客人を見送った後も即座に片付けるのではなく、残心としてその場の余韻を大切にしながら、亭主が茶室に戻り心静かに独座して、今日の「一期一会」を振り返るもの、としている。日本文化には物事をおこなった後に格別の心情を持ち、その余韻を楽しむという特徴がある。このような特徴が、武術や武芸の思想になって、茶の湯に代表されるような芸道の作法とつながり、その思想や哲学に通じる言葉として用いられ、それぞれの「道」で継承されている。

また、弓道にも残心がある。『弓道教本』には「残心（残身）」を次のように説明している。

> 残心（残身）は、矢の離れたあとの姿勢をいい、離れによって射は完成されたのではない。なお残されたものがあり、精神でいえば「残心」、形でいえば「残身」である。
> 「残心（残身）」は「離れ」の結果の連続であるから、「離れ」の姿勢をくずさず、気合のこもったまま体は天地左右に伸張し、眼は矢所の着点に注いでいなければならない。
> 「残心（残身）」は射の総決算である。体形厳然として、縦横十文字の規矩を堅持していなければならない。<sup>(36)</sup>

弓道では、意識的に気構えを「残心」、身構えを「残身」として用語を区別して使っている。また、残心（残身）が射の総決算であり、この残心がなければ弓道として完結しないと明言する。

## 3　日本文化としての剣道の特徴

### 形（form）と型（pattern）

　茶道や華道などの芸道と同様に、剣道では「天の構え」や「地の構え」など、その空間的配置としての「形（かたち）」のなかに哲学や美学が要求される。
　「かた」には「形（form）」と「型（pattern）」の2つがある。武道で重視されるのは「型」ではなく、世阿弥の『風姿花伝』（1400年）でも伝えられる芸道における「形木」の「形」であると、星川保は述べる。
　日本古来の武道では、かたちとしての形（form）が非常に重視されてきた。武道には昇段制度があり、この昇段審査の主要条件は、まさに「かたち」である。例えば、弓道では、足踏み→胴造り→弓構え→打起こし→引分け→会→離れ→残心という一連の形ができていることが、矢を的に当てる以上に重要とされる。これらの過程をアーチェリーと比較すれば、弓道で「形」がどれだけ強調されているかがわかる。同様に、剣道では有効打突の条件を「充実した気勢、適法な姿勢をもって竹刀の打突部で打突部位を刃筋正しく打突し、残心あるもの」と規定している。スポーツの得点の認否について得点方法の「形」を規定したものはない。同じ格闘技でも、ボクシングの有効打の判定に打撃姿勢は関係ない。
　要するに、日本人は「かたち」のなかに、「かたち」が持つ美しさを感じ取る感性と、あるべき「かたち」のなかに哲学を求める。剣道では、打突する意志のもとに打突が起こり、その「かたち（form）」や姿勢に心のありようを問うのだ。
　華道では、花瓶にただ花を入れるのではなく、天・地・人や陽・陰といった哲学のもとに花を活ける。茶道では、ただ茶を賞味・飲用するのではなく、作法という形式を通じてその内に流れる精神性の体現を試みるのである。

富木は「形は美的形体である(40)」とする。形は芸術作品として、美の追求によって生まれたものではなく、機能性と合理性を追求して到達した形体が自らの美を構成したものだと説明する。つまり、そこに用と美の一致をみることができる。身体活動で力強くあるためには、常に体の統一（安定性）が必要とされ、同時にその活動が活発であるためには、その体が変化（活動性）に富むことを意味する。したがって、統一を欠く変化は弱く、変化に乏しい統一は十分に機能しないことになる。統一と変化とを具体的形体のなかに同時に持たなければ形としての意義がない。富木がいう安定性と活動性を伴った形式美が体現化された所作(41)が、剣道では適正な姿勢や適正な打突動作となり、その形式美が動きのなかに求められる。ここに、武道のなかに芸道に通じる日本文化が見いだされる。

　星川は、「武道には形や作法を厳守し、反復することによって、作法の洗練、習熟は勿論のこと、形や作法を超越し、その背後にある精神性を体現するねらいがある(42)」とする。換言すると、武道、華道、茶道などで作法やかたちを重視するのは、作法やかたちが物理的形状として存在するのではなく、作法やかたちに哲学や思想が内在するからである。この点で、形（かたち）が持つ様式美を求め、その背景にある哲学を思考する形式主義がある。剣道では、その思想が残心に色濃く反映され、有効打突の概念が形成されるといえる。

## 形式主義と合理主義

　前述したような「形」に形式美を求める日本的な思想から、武道である剣道には形式主義や過程主義の特徴があることをここまでの議論で明らかにしてきた。この特徴をスポーツと比較すると、例えば、サッカーやアイスホッケーでは、味方が自陣ゴールに蹴り込んだり、ディフェンスに触れたりしたボールでもゴールに入れば得点になるという点で決定的な相違がある。野球では打者の意志とは関係なく、インフィールド内にボールが落ちればヒットになる。まして、蹴ったフォームや打撃フォームは、得点やヒットの成立には一切関わらない。得点やヒットは結果によってだけ判定される。つまり、西洋スポーツは明確な合理主義・結果主義だといえる。

　これとは対照的に、剣道では「面（メン）」「小手（コテ）」「胴（ドウ）」「突き（ツキ）」と、打突者がその打突の意志を気勢ある発声で呼称し、適正

な姿勢で打突部位を打突し、しかも打突後に残心を表さなければ有効打突として認められない。たとえ的確に打突部位に竹刀が当たっていたとしても、そこに形式美の体現化による精神性が伴っていなければ、有効打突とはならないのだ。ここに、剣道の形式主義と西洋スポーツの合理主義の明確な相違をみることができる。

　剣道では、現在でも「美しい剣道」や「正しい剣道」という形式美を求め、その形のなかに内在する精神性や哲学を問う。武道の形式主義とスポーツの合理主義が、剣道や柔道のなかでうまく共存することは可能なのだろうか。

　1964年の東京オリンピックで柔道が正式競技種目になって以降、武道である柔道がJUDOという国際競技スポーツへと変貌を遂げた過程について玉木正之は以下のように考察している。

　日本人の多くが、「日本の柔道」と「世界のJUDO」は「別物」と考えるようになった。JUDOはまるでレスリングのタックルのようだといい、例えば、「朽ち木倒し」「双手刈り」といったレスリングのタックルに似た技は、いまでは禁止されるようになった。しかし、もとは嘉納が柔道の技として認知し命名したものである。にもかかわらず、日本柔道界では、美しくない技として評価が低かった。その一方で、試合に勝つための技術となれば、美しさは関係ないと外国人選手が多用し始めた。かつて外国人選手の間では、日本人選手と試合をするとき判定に持ち込まれると勝てないという声があった。柔道は国際的になったものの、審判の判定などは日本人の判断基準に教わるしかなく、外国人選手が少々有利に試合を進めても「開催地に有利な判定」「母国に有利な判定」あるいは「宗主国判定」で、日本人の判定勝利が多かったという。そこで、たとえ美しくなくても相手を倒したことがはっきりとわかるタックルのような技で勝利することに外国人選手は専念した。このやり方に対して、日本人はレスリングのような柔道を「JUDO」と呼び、一本を取る「真の柔道」とは異なるものとした。だが、外国人選手たちはルール違反や反則行為をおこなったわけではない。ルールの範囲内で、柔道宗主国である日本選手に勝つ方法を賢明に模索した結果だった。その結果を「美しくない」「正しい柔道ではない」と評価する日本人の態度に玉木は疑問を呈している。(43)

## 4　日本剣道KENDOの残心と韓国剣道KUMDOの存心

### 韓国剣道KUMDOの存心

　第1節で明らかにしたように、日本剣道KENDOでは、『剣道試合・審判規則』（1999年）第12条で有効打突が定義され、その要件の一つに「残心あるもの」と明文化されている。剣道における残心の意味と解釈は、「油断せず、相手の反撃に備えること。芸道・武芸に通じる余韻を残す形式主義に基づく。相手への礼儀と配慮を重視し、自身を抑制する意味での引き揚げの禁止」と理解できる。

　一方、韓国剣道KUMDOの『剣道競技・審判規則』では「残心Zan-shin」は用いられず、「存心Jon-shim」という別の用語が使われている。競技規則第12条の有効打突（有効撃刺）の条件と細則第24条の取り消しについては、次のように示されている。

　　（有効撃刺）
　　第12条　有効撃刺は、充実した気勢（기세）と適正な姿勢をもって、竹刀の打突部で打突部位を刃筋正しく打突し、<u>存心（존심）</u>を持たなければならない。〔下線は引用者〕

　　（細則　第24条）
　　規則第27条（有効撃刺の取り消し）は、次のとおりとする。
　　1. 撃刺後、<u>存心がない場合</u>。〔下線は引用者〕
　　2. 撃刺後、必要以上の奇声や行動で会場の秩序を乱した場合。

　韓国の競技規則第12条の有効打突（有効撃刺）は、日本のそれとほぼ同様である。ただし、細則第24条では、日本の試合規則で「身構え、気構え」と記されていたものを、存心と書き換えている。つまり、規則運用上は残心と存心は同一の機能を持っていて、韓国でも存心がなければ有効打突は取り消しになる。では、残心と存心の違いは何だろう。そして、なぜ残心が存心になったのだろうか。存心の意味を『朝鮮語辞典』で調べてみると、存心

(존심：Jon-shim）とは「①心に刻んで忘れないこと。②存心、所存、心中の思い」とある。他方、残心は『朝鮮語辞典』には見いだせなかった。
　現・大韓剣道会会長であるイ・ジョンリムは、韓国剣道 KUMDO における存心を次のように解説している（以下は、筆者の日本語訳による）。

　　存心と放心（油断）：存心の反対語は放心（油断）であり、油断は、心が風に吹かれて飛んでいく雲のような状態になり相手に対処することができないが、存心は常に心に刻んで本心を失わないことである。
　　日本で使う剣道用語に残心があるが、この言葉は、日本の国語辞典にもない言葉であり、その意は存心と同じである。つまり、攻撃するときあるいは攻撃後にも、終始一貫した心構えで相手に対処していくという意である。存心は形式的にも大変重要なものである。(47)

　残心と存心を、競技規則上は同一のものとして有効打突の条件に位置づけている。しかも、存心は残心と同様に、形式的に大変重要だと述べている。他方、相違点として挙げられるのは、存心の対義語として放心という用語が使われていることだろう。韓国剣道 KUMDO には放心という用語が明確に存在している。この放心は、現在の日本の剣道用語としては、ほとんど使われない。また意味するところも、韓国では「放心＝油断」であり、日本では放心と油断は同義にはならない。さらに、イが記した「「残心」という言葉は、日本の国語事典にもない」という記述は正しくないだろう。『日本国語大辞典』（小学館）、『大辞林』（三省堂）、『広辞苑』（岩波書店）の各辞書に「残心」は掲載されている。ちなみに、『デジタル大辞泉』（小学館）で「残心」をひくと「①心をあとに残すこと。心残り。未練。②武芸で、1つの動作を終えたあとでも緊張を持続する心構えをいう語。剣道で打ち込んだあと相手の反撃に備える心構え。弓道で、矢を射たあとの反応を見極める心構え」と明記されている。剣道や武芸などの一部にみられる専門用語として使用されることが主である。また、同辞書には存心も記載されており、「心に思うところ。考え。存意」とある。
　韓国剣道 KUMDO における「存心 Jon-shim」は、油断がない心構えを示し、孟子の言葉に由来する「心をとどめおくこと」であり、通常は自尊心の一部として「誇りやプライド」を意味する。

韓国剣道 KUMDO では、意識的に日本の残心ではなく、孟子が説く存心を用いていることについて、その意味するところをひもといてみたい。
　加賀栄治によれば、「孟子において、人の本性は天与のものとして善であるとはいえ、肉体とそれに伴う五官のはたらきも天与のものであったから、五官からひきおこされる欲望をできるだけ少なくすることが、四端の心を養い、善性を完成する道であった」(49)とする。つまり、孟子の性善説は、修養論を必須とする。この孟子の修養論で用いられる語としては、「心を養う」の「養」のほか、四端の善性を備えている心を「存」し、その心を放置することなく常に「求」めよという、「存」「求」が用いられる。これら「存心」「求放心」が、孟子の修養論の特徴的用語である。孟子の「存心」とは、「本心を存して失わないようにする」意である。加えて、孟子の「存心」「求放心」は、孔子の古語に基づく用語であることも明らかにされている。こうして、孟子が唱えた「存心」から、前述の『朝鮮語辞典』や大韓剣道会会長のイの定義にある「存心は常に心に刻んで本心を失わないこと」の語義が導出されていると理解できるだろう。

## 日本語の放心（Ho-shin）と韓国語の放心（Pan-shim）

　前述の韓国剣道 KUMDO の放心について、その出自を確認したい。放心は、日本語では「Ho-shin」、韓国語では「Pang-shim」という。放心は韓国語で「油断」を意味する。日本剣道 KENDO の「残心 Zan-shin」から派生した「放心 Ho-shin」は、剣道用語としては現在ほとんど用いられないにもかかわらず、韓国剣道 KUMDO では専門用語として放心が残っている。
　宮本武蔵が説いた「残心・放心の事」(50)について、馬場は放心を次のように解釈している。

> 放心とは満心の勇気を振つて思う存分に撃つて心が残らないやうに行うのを云ひます。
> 即ち撃つたり突いたりした後に心を残さないのであります。心を残さず撃ちますと心よく残ります。全身の気力を傾けてしまつて少しも心を残さず撃込んで行つてこそ、自然に敵に対して油断なき心が残ります。これが放心で即ち残心なき残心であります。(51)

つまり、放心を「残心なき残心」と説き、全身の気力で思い切り打ち込み、心を残さないようにすること。放心に基づく打突の後には、自然に相手に対する油断のない心が残るものと捉える。馬場の「残心と放心」に対する理解は、武蔵が説いた「残心・放心の事」とその意を一にするだろう。ところが、韓国剣道 KUMDO における放心は存心の対義語であり、「油断」を意味する。これは日本剣道 KENDO の放心とは意味が異なる。

**残心と存心の対立**

　時代の流れや文化の相違によって言葉や語意が変化することは言語学上も当然のことだろう。しかし、剣道で有効打突の最も重要な要件の一つである日本の残心が、韓国で存心に置き換わった要因を考えるとき、韓国剣道 KUMDO の歴史について再度確認しておく必要がある。

　第2章で述べたように、日本からの韓国への剣道の伝播は1910年の日韓併合に依拠する。日韓の歴史と文化ヘゲモニーを背景として、残心が存心に置き換わった歴史的必然性を認識する必要がある。友添秀則は、「学校武道や武道は、戦争やミリタリズムと親和的関係にあったという事実と、武道や武士道精神は、時には偏狭なナショナリズムと結びつき、天皇制イデオロギーを伝達する装置として利用された事実」を指摘する[52]。このことからも明らかなように、それぞれの歴史や、文化的背景に基づく用語の解釈や思想性の相違は、重大な摩擦や軋轢を生む可能性がある。

　その一端が、2012年にイタリア・ノバラで開催された WKC で表出したように思われる。日本対韓国の男子団体決勝戦のことだった。決勝の先鋒戦で敗れた韓国選手が、審判の判定を不服として蹲踞し納刀しようとしなかった。日本側は韓国選手のこの行為を問題視し、まさに残心がない礼儀を欠く態度と捉えた。また、剣道観戦にはないはずの韓国チームからの声援や、団体戦終了時の相互の礼に進もうとしない態度に対して、WKC 決勝での国家代表選手としてその態度が問題視されることになった。しかし、韓国チーム側では、この大会の団体決勝戦だけではなく、前日の男子個人決勝戦での有効打突の判定に対する不服を引きずっていた。この「面返し胴」の判定をめぐっては、まさに打突後の残心を問うものでもあった。「一本であるはずの返し胴が有効打突として評価されなかった」ことに対し、その判定の正誤を問う質問が審判会議で韓国チーム側から提議された。しかし、「有効打突の

判定は、試合中の3人の審判員の判断に委ねられていて、審判会議は試合中の有効打突の正誤を取り扱う場ではない」として取り上げられなかった。この韓国チーム側の主張は、これまでのWKCの運営全般に関わる審判員制度への不信感の現れでもあった。このような審判員制度への不信感は、剣道が剣道として存続する権威そのものを問う重要なものである。2012年のWKCで韓国チームは、審判員の判定基準とその配置に鋭い指摘と激しい批判を表出させた。視点を変えれば、このような批判は、韓国国内に広がる韓国剣道KUMDOにおける審判員に対する不信感の表れであるようにも思える。だからこそ、韓国では3審制を5審制でチャレンジしたり、ビデオを用いた映像判読を試みたりと、その公平性や客観性に敏感にならざるをえない状況がある。これは、スポーツが国際化される過程では当然の状況なのだろう。

このように異なる文化背景から、残心が存心という用語に変換されたことで、実践の場である試合での判定をめぐって、互いのナショナリズムの対立に発展することがないように、審判規則の整備と、有効打突の判定基準に対する共通理解が必要になる。

**剣道文化変容のジレンマ**

剣道の有効打突の条件には、目にみえる技術的事象と同時に、目にみえない精神性を含んでいる。1964年にオリンピック競技として国際化される以前の柔道にも、多分にこの精神性が存在していたと考えられる。その証しとして、1899年の「柔道試合審判規定」作成にかかわった嘉納は、「柔道の試合は技の優劣だけで判定すべきではない。むしろ、勝負する双方の心の動きをしっかりと見比べて判定しなければならない(53)」と述べている。柔道の試合には「勝負」「体育」「修心」の3要素があり、とりわけ「修心」の面から判定することが重要だと明言している。嘉納が指摘する「教育的試合観」こそが、今日の武道の試合観や、試合審判規定に大きな影響を及ぼしているようだ。剣道は柔道の影響を受けて、剣術（撃剣）から剣道になり、「道」を尊重するがゆえに、引き揚げの禁止や残心といった独特のルールが生み出された。これが人間形成的教育観に立脚する剣道の試合観のルール化である。この試合観は、先に大塚が指摘した1927年の試合審判規定で定められたと、中村も同様に指摘する(54)。

しかし、他方で武道がスポーツとして国際化されると、目に見える事象として の勝敗の結果だけが価値の対象になりやすく、柔道でさえも日本的な文化的背景は希釈されてしまった。事実、現在の柔道JUDOでは、日本選手でさえ勝利するとガッツポーズをして畳の上で欣喜雀躍する様子がみられる。この観点からすると、柔道JUDOはすでにスポーツ的に文化変容し、嘉納の「教育的試合観」がなおざりにされつつあるのが現実ではないだろうか。国際化が進展していくなかで、その競技性に日本文化特有の道徳観や倫理観といった理念を持ち込むことはきわめて困難だろう。

　中村敏雄は、スポーツが他国に伝播・普及・発展する際の2つの意味を提示している(55)。一つは、スポーツそれ自体の普遍性を明確にすることであり、もう一つは、スポーツを受け入れる側の条件や理由を明らかにすることである。この視点から日本剣道KENDOの残心と、韓国剣道KUMDOの存心を考察すると、競技的な意味で、「打突後も油断しない」という点に普遍性が見いだされる。しかし、受け入れ側である韓国では、日本の歴史観や武道観に基づく残心ではなく、孟子に由来し朝鮮武術に依拠する存心に結び付けた自国内的解釈がおこなわれたものと推察される。ここでは、「日本文化」や「日本武道」を根拠とするのではなく、韓国にも共通する剣道の教育性や普遍性、つまり武術的意味での油断がない状態と、道徳的意味での相手への敬意の表現とする普遍性が、「残心と存心」に求められる。

　この解釈をめぐっては、日本剣道KENDOの文化変容に対するジレンマが起こる。それは、国際スポーツと日本武道とのはざまで起こるジレンマであると同時に、武道がナショナリズムやミリタリズムへとつながるおそれを含んでいることへのジレンマでもあるだろう。たとえ文化帝国主義によって剣道が朝鮮半島に導入されたという事実があったとしても、戦後、韓国剣道KUMDOという文化は韓国に残され、継承されてきた。そこに存在する文化的価値を認識することが、剣道の国際的発展には不可欠だろう。

　日本剣道KENDOの残心は、占領国からの脱皮という歴史的必然として、韓国剣道KUMDOで存心に置き換えられた。残心の根拠を剣道の本質として、油断がない状態とともに相手への配慮や礼儀の形式として存続するという共通理解が必要になる。有効打突の概念とともに、残心の根底に流れる過程主義や形式主義と、そこに剣道の美学や教育的哲学があることへの理解を、韓国をはじめとする他国の剣道愛好者に求めなければ、剣道の国際的普及は

困難になるだろう。

注

（１）『剣道試合・審判規則／剣道試合・審判細則』全日本剣道連盟、1999年、6ページ
（２）ここに示される「美学」は、『大辞泉』（松村明監修、小学館大辞泉編集部編、小学館、2012年）に示される「美の本質、美的価値、美意識、美的現象などについて考察する学問」や「美しさに関する独特の考え方や趣味」に従い、さらに樋口聡が『スポーツの美学――スポーツの美の哲学的探究』（不昧堂、1987年）で示す「スポーツにおける美的現象を論理的に考察する」ことを指す。つまりここでは、有効打突に表出する美的現象を指す。
（３）樋口聡「うごきの質・かたちの美――スポーツ美学からの断章」「体育の科学」1985年11月号、杏林書院、819―822ページ
（４）朴東哲「剣道の動きの美学」「武道・スポーツ科学研究所年報」第6号、国際武道大学、2001年、207―211ページ
（５）ここでは、運動の「形」を意味する「動きのかたち」を示す。ただし、ここでは樋口が「フォーム」と使用していたため、そのまま用いた。
（６）前掲「うごきの質・かたちの美」819―822ページ
（７）体育原理専門分科会編、樋口聡「運動の経過」『体育原理――運動の概念』不昧堂、1984年、155―158ページ
（８）茂木健一郎『感動する脳』（PHP文庫）、PHP研究所、2009年、18―22ページ
（９）「精神性」の評価とは、残心に代表されるような相手に対する敬意の徴表の有無、打突に至る「攻め」の強さや「三殺法（気を殺し、剣を殺し、技を殺す）」、打突による身体の崩れがないか、などを含めて評価する。
（10）これは、競技者と審判員が別々のキャリアとして成立し、ルールブックに精通し、選手経験とは別の審判経験のキャリアを積んで審判を務める西洋スポーツの審判制とは異なる。近代社会における西洋スポーツの評価は、主観を排除し客観をより重視する。
（11）村山輝志「審判規定の変遷からみた武道（柔・剣道）の性格」「武道学研究」第9巻第1号、日本武道学会、1976年、10―19ページ
（12）中林信二『武道のすすめ』島津書房、1994年、233―235ページ
（13）同書233―235ページ

(14) 同書233―235ページ
(15) 前掲「審判規定の変遷からみた武道（柔・剣道）の性格」10―19ページ
(16) 間主観的判断とは、ある事柄が複数人の同意から成り立っていることを指す。この状態は、一般的には、主観性と客観性の間に位置づけられ、主観的であるよりも優れ、客観的であるよりも劣っているとみなされる。ただし、美的感覚や美の基準が客観的にはなりえない。
(17) 『哲学事典』平凡社、1971年、271ページ
(18) 『剣道試合・審判規則／剣道試合・審判細則』全日本剣道連盟、1995年、16ページ
(19) 1995年4月1日改訂の『剣道試合・審判規則』から、第27条の条文は、「試合者に不適切な行為があった場合」と改めているが、改訂以前には「残心がなかった場合」としていた。つまり、「残心がなかった場合には、有効打突を取り消す」から、「試合者に不適切な行為があった場合には、有効打突を取り消す」と改訂された。
(20) 全日本剣道連盟編『剣道指導要領』全日本剣道連盟、2008年（「気構え」158ページ、「身構え」166ページ）
(21) 新渡戸稲造『武士道 新装版』奈良本辰也訳・解説、三笠書房、1997年、49ページ
(22) 前掲『剣道試合・審判規則／剣道試合・審判細則』1999年、16ページ
(23) 西村秀樹『スポーツにおける抑制の美学 ―― 静かなる強さと深さ』（Sekaishiso seminar）、世界思想社、2009年、86―89ページ
(24) 宮本武蔵、渡辺一郎校注『五輪書』（岩波文庫）、岩波書店、1985年、152ページ
(25) 小学館国語辞典編集部『日本国語大辞典』小学館、1972年、334ページ
(26) 前掲『東大剣道部110年の歩み』210ページ
(27) 同書210ページ
(28) 「表8 有効打突内容・条件の変遷」、重岡昇監修、村山輝志／国分国友『剣道試合審判規則 ―― 全剣連・警察の変遷史』所収、スキージャーナル、1976年、157ページ
(29) 大塚忠義『日本剣道の歴史』窓社、1995年、80―85ページ
(30) この武術的観念とは、相手の反撃に備える意味での残心を指す。
(31) 前掲『日本剣道の歴史』84―85ページ
(32) 同書81ページ
(33) 馬場豊二『小学生・中等学生剣道読本』田中宋栄堂、1937年、160―161ページ

(34) 恵土孝吉／渡邊香／小田佳子「剣道における残心再構築」、前掲「武道学研究」第45巻別冊、35ページ
(35) 井伊直弼、戸田勝久校注『茶湯一会集／閑夜茶話』（岩波文庫）、岩波書店、2010年、132—133ページ
(36) 『射法篇（改訂増補）序論・射法』（「弓道教本」第1巻）、日本弓道連盟、1953年、121—122ページ
(37) 「形木（かたぎ）」を「基準」として捉える。ここで用いられた「形」を基準として、そのかたちを「型」(pattern)ではなく、「形」(form)としている。世阿弥、表章／小山弘志／佐藤健一郎校訂・訳『風姿花伝／謡曲名作選』（〔「日本の古典をよむ」第17巻〕、小学館、2009年）55ページを参照。
(38) 星川保「武道においてなぜ形が重視されるのか――剣道を中心として」「体育の科学」1985年11月号、杏林書院、1985年、832—833ページ
(39) 天・地・人とは、世界を形成する要素。宇宙間に存在する万物、三才を指す。また、陰陽とは、中国古代の思想で天地間にあり、森羅万象、宇宙のあらゆる物事を様々な観点から陰と陽の2つに分類することである。陰と陽は互いに対立し、依存し合いながら万物を形成している属性を持った2つの気である。これらの宇宙観が、1つの空間に気として存在しているという考え方を指す。松村明監修、小学館大辞泉編集部『大辞泉［第二版］』（小学館、2012年）を参照。
(40) 富木謙治『武道論』大修館書店、1991年、54ページ
(41) 所作とは決まった作法や振る舞い、動作や身のこなしを指す。
(42) 前掲「武道においてなぜ形が重視されるのか」831—835ページ
(43) 玉木正之『スポーツ体罰東京オリンピック』NHK出版、2013年、110—111ページ
(44) 前掲『剣道試合・審判規則／剣道試合・審判細則』1999年、6ページ
(45) 『剣道競技・審判規則／剣道競技・審判細則／剣道競技審判運営要領2010年度版』大韓剣道会、2005年（「有効撃刺」6ページ、「有効撃刺の取り消し」16ページ）
(46) 韓国・金星社共同編集『朝鮮語辞典』小学館、1993年、1574ページ
(47) 前掲『正統 剣道教本』157ページ
(48) 前掲『日本国語大辞典』334ページ
(49) 加賀栄治『孟子』（「Century books 人と思想」第37巻）、清水書院、1980年、178—181ページ
(50) 前掲『五輪書』152ページ
(51) 前掲『小学生・中等学生剣道読本』160—161ページ

(52) 友添秀則「思考実験としての武道――武道とスポーツの比較文化」、前掲「現代スポーツ評論」第21号、15―16ページ
(53) 前掲『今、なぜ武道か』271ページ
(54) 同書270―271ページ
(55) 学校体育研究同志会編『スポーツの技術と思想』(学校体育叢書)、ベースボール・マガジン社、1978年、13―14ページ

# 第4章　剣道の技術論
## ──「試合・審判規則」から

　武道の本質は「わざ」の存在である。しかし、「わざ」には危険性が伴うため、その危険性を排除するために制限を加える必要があり、競技上、危険な「わざ」をそのままにすることは許されなかった。こうして、武道は一定のルールの下で競技として成立することになる。

　現代剣道の技（技術）は、「試合」として競技化されたなかで発展し展開され、その技を競い合うことで最も修練されるもの、と捉えられる。したがって剣道では、時代の推移による試合規則の変遷によって、用いられてきた技も異なる。

　この点に着目して、本章では、国際的な剣道試合（競技）の基準や方法の相違を技術論として考察する。すなわち本章の目的は、日韓剣道の「試合・審判規則」の比較から、両国剣道の技術論を検討することである。日本剣道 KENDO と韓国剣道 KUMDO の試合規則（ルール）の間には、どのような相違点があるのかを具体的に明らかにする。その際、両者の相違を FIK が発行する国際版ルールと照らし合わせながら、日本剣道 KENDO と韓国剣道 KUMDO との間に生じる文化摩擦や軋轢も明らかにしたい。

　本章で用いる資料は、韓国の大韓剣道会が発行する『剣道競技・審判規則』（以下、①韓国版と表記）と、FIK が発行する『剣道試合・審判規則』（以下、②国際版と表記）および全剣連が発行する『剣道試合・審判規則』（以下、③日本版と表記）の3つとする。なお、本書で扱う「試合・審判規則」は、2012年の第15回 WKC を基準大会とし、以下の①から③を対象とする。

　①韓国版は、筆者の日本語訳による。記述内容の比較言語は、原則、日本語を基準にするが、②国際版では、その比較に必要な場合にかぎり英語を用いることにする。

①韓国版：
大韓剣道会『剣道競技・審判規則　剣道競技・審判細則　剣道競技・審判運営要領』2005年1月27日改訂版[1]

②国際版：
国際剣道連盟（FIK）『The Regulations of Kendo Shiai and Shinpan, The Subsidiary of Kendo Shiai and Shinpan、The Guidelines for Kendo Shiai and Shinpan: 剣道試合・審判規則／剣道試合・審判細則／付剣道試合・審判運営要領』2006年12月7日改訂版[2]

③日本版：
全日本剣道連盟『剣道試合・審判規則／剣道試合・審判細則／付剣道試合・審判運営要領』2009年4月1日改訂版[3]

## 1　「試合・審判規則」の目次

　まず、①韓国版、②国際版、③日本版それぞれの「試合・審判規則」の目次を比較した。その結果は、表3のとおりである。目次で異なる用語が使用されている個所は網掛けで示した。
　目次で数カ所の網掛けは確認できるが、語意が異なる用語はない。
　ただし、②国際版には次のような序言が付記されている。

　　此のIKF規則集は（財）全日本剣道連盟の最新の規則集の英語版である。目的とするところは日本語を解さない剣道家が、競技者として、また審判員として剣道試合に参加するにあたり、それに関する理念や方法を容易に理解できるようにすることにある。

　　2、3の文章は対応する日本語のそれを逐語的に翻訳したものではないが、文言はすべて為すべきこととその方法について正確に述べている。

表3 「試合・審判規則」の目次の比較

| ①韓国版 | ②国際版 | ③日本版 |
|---|---|---|
| 目次 | 目次 | 目次 |
| 剣道競技・審判規則 | 剣道試合・審判規則<br>以下、「規則」という | 剣道試合・審判規則<br>以下、「規則」という |
| 第1条　本規則の目的 | 第1条　本規則の目的 | 第1条　本規則の目的 |
| 第1編　競技 | 第1編　試合 | 第1編　試合 |
| 第1章　総則 | 第1章　総則 | 第1章　総則 |
| 第2条　競技場<br>第3条　竹刀<br>第4条　防具<br>第5条　服装 | 第2条　試合場<br>第3条　竹刀<br>第4条　剣道具<br>第5条　服装 | 第2条　試合場<br>第3条　竹刀<br>第4条　剣道具<br>第5条　服装 |
| 第2章　競技 | 第2章　試合 | 第2章　試合 |
| 第1節　競技に関する事項 | 第1節　試合事項 | 第1節　試合事項 |
| 第6条　競技時間<br>第7条　勝負の決定<br>第8条　団体試合<br>第9条　競技の開始、終了<br>第10条　競技の停止、再開<br>第11条　競技の中止要請 | 第6条　試合時間<br>第7条　勝負の決定<br>第8条　団体試合<br>第9条　試合の開始、終了<br>第10条　試合の中止、再開<br>第11条　試合の中止要請 | 第6条　試合時間<br>第7条　勝負の決定<br>第8条　団体試合<br>第9条　試合の開始、終了<br>第10条　試合の中止、再開<br>第11条　試合の中止要請 |
| 第2節　有効撃刺 | 第2節　有効打突 | 第2節　有効打突 |
| 第12条　有効撃刺<br>第13条　竹刀の撃刺部<br>第14条　撃刺部位 | 第12条　有効打突<br>第13条　竹刀の打突部<br>第14条　打突部位 | 第12条　有効打突<br>第13条　竹刀の打突部<br>第14条　打突部位 |
| 第3章　禁止行為 | 第3章　禁止行為 | 第3章　禁止行為 |
| 第1節　禁止行為事項 | 第1節　禁止行為事項 | 第1節　禁止行為事項 |
| 第15条　薬物使用<br>第16条　無礼な言動<br>第17条　その他の禁止行為 | 第15条　薬物使用<br>第16条　非礼な言動<br>第17条　諸禁止行為 | 第15条　薬物使用<br>第16条　非礼な言動<br>第17条　諸禁止行為 |
| 第2節　罰則 | 第2節　罰則 | 第2節　罰則 |
| 第18条　規則第15条、第16条<br>第19条　規則第17条1号<br>第20条　規則第17条2号ないし7号 | 第18条　規則第15条、第16条<br>第19条　規則第17条1号<br>第20条　規則第17条2号ないし7号 | 第18条　規則第15条、第16条<br>第19条　規則第17条1号<br>第20条　規則第17条2号ないし7号 |
| 第2編　審判 | 第2編　審判 | 第2編　審判 |
| 第1章　総則 | 第1章　総則 | 第1章　総則 |
| 第21条　審判員の構成<br>第22条　審判長<br>第23条　主任審判<br>第24条　審判員<br>第25条　係 | 第21条　審判員の構成<br>第22条　審判長<br>第23条　審判主任<br>第24条　審判員<br>第25条　係員 | 第21条　審判員の構成<br>第22条　審判長<br>第23条　審判主任<br>第24条　審判員<br>第25条　係員 |

| | | |
|---|---|---|
| 第2章　審判 | 第2章　審判 | 第2章　審判 |
| 第1節　審判事項 | 第1節　審判事項 | 第1節　審判事項 |
| 第26条　有効**撃刺**の決定<br>第27条　有効**撃刺**の取り消し<br>第28条　有効**撃刺**などの錯誤<br>第29条　審判の方法 | 第26条　有効打突の決定<br>第27条　有効打突の取り消し<br>第28条　有効打突などの錯誤<br>第29条　審判方法 | 第26条　有効打突の決定<br>第27条　有効打突の取り消し<br>第28条　有効打突などの錯誤<br>第29条　審判方法 |
| 第2節　審判の処置 | 第2節　審判の処置 | 第2節　審判の処置 |
| 第30条　負傷または事故<br>第31条　棄権<br>第32条　試合不能者・棄権者のの既得スコア<br>第33条　加害者の既得スコア、既得権 | 第30条　負傷または事故<br>第31条　棄権<br>第32条　試合不能者・棄権者の既得本数<br>第33条　加害者の既得本数、既得権 | 第30条　負傷または事故<br>第31条　棄権<br>第32条　試合不能者・棄権者の既得本数<br>第33条　加害者の既得本数、既得権 |
| 第3節　合議・意義の申し立て事項 | 第3節　合議・意義の申し立て事項 | 第3節　合議・意義の申し立て事項 |
| 第34条　合議<br>第35条　異議の申し立て<br>第36条　疑義の申し立て | 第34条　合議<br>第35条　異議の申し立て<br>第36条　疑義の申し立て | 第34条　合議<br>第35条　異議の申し立て<br>第36条　疑義の申し立て |
| 第3章　宣告と旗の表示 | 第3章　宣告と旗の表示 | 第3章　宣告と旗の表示 |
| 第37条　宣告<br>第38条　旗の表示 | 第37条　宣告<br>第38条　旗の表示 | 第37条　宣告<br>第38条　旗の表示 |
| 第4章　補則 | 第4章　補則 | 第4章　補則 |
| 第39条　補則 | 第39条　補則 | 第39条　補則 |
| 別表（審判員の宣告と旗の表示方法）<br>表（竹刀の**規格**）<br>図（**競技場**）<br>図（竹刀各部位の名称）<br>図（**防具・撃刺**部位・**競技者**の名札・審判旗などの規格） | 別表（審判員の宣告と旗の表示方法）<br>表（竹刀の基準）<br>図（試合場）<br>図（竹刀各部位の名称）<br>図（剣道具・打突部位・試合者の名札・審判旗などの規格） | 別表（審判員の宣告と旗の表示方法）<br>表（竹刀の基準）<br>図（試合場）<br>図（竹刀各部位の名称）<br>図（剣道具・打突部位・試合者の名札・審判旗などの規格） |

読者の便宜の為に、通常日本語のままで使用される幾つかの日本語の語句はそのままイタリック体で示し、最後の頁に語彙集としてそれ等の相応する英語表現を記載した。

　この序言からも明らかなように、②国際版は、③日本版を翻訳した英語表記にほかならない。「(財)全日本剣道連盟の最新の規則集の英語版」とあるが、②国際版の初版は、1997年3月26日発効の全日本剣道連盟規則を翻訳したものである。97年以降も全剣連は何度か改定をおこなっているが、②国際版には全剣連の詳細な改訂が反映されず、1997年版のままの個所が残る。このことから、日本の国内規則からみれば、②国際版は必ずしも③日本版の最新の日本語版の翻訳ではないことを踏まえておく必要がある。
　規則の目次から全体構成をみるかぎり、すべての章立てと第1条から第39条に至る条項がまったく同じである。このことから、①韓国版もまた、②国際版か③日本版を基準として韓国語に翻訳・作成されたものであることが推察できる。

## 2　規則の目的

　第1節の「試合・審判規則」の目次と全体構成に続き、本節では、①韓国版、②国際版、③日本版のそれぞれの「本規則の目的」にみられる相違点を示す。ただし、下線は引用者による（以下、規定内の下線も同じく引用者による）。

　①韓国版
　（本規則の目的）
　第1条　この規則は、(記載なし)剣道競技につき、剣の法に基づいて公明正大に試合をし、適正公正に審判することを目的とする。

　②国際版
　(The Purpose of the Regulations)
　Article 1: The purpose of the Regulations to get *Shiai-sha* to play fair

at *Shiai* of INTERNATIONAL KENDO FEDERATION in accordance with the principles of the sword and to properly referee the *Shiai* without prejudice.

（本規則の目的）

第1条　この規則は、<u>全日本剣道連盟</u>の剣道試合につき、剣の理法を全うしつつ、公明正大に試合をし、適正公正に審判することを目的とする。

③日本語版

（本規則の目的）

第1条　この規則は、全日本剣道連盟の剣道試合につき、剣の理法を全うしつつ、公明正大に試合をし、適正公正に審判することを目的とする。

　この①から③については、以下に相違点がある。

　まず、「本規則の目的」で、②国際版の日英対訳で示されている意味内容が異なっている。日本語訳では、「全日本剣道連盟の剣道試合につき」と示されているが、英語では「国際剣道連盟の剣道試合につき」となっている。②国際版は、全日本剣道連盟の試合審判規則を底本にしているが、国際組織FIKの審判委員会の承認を得た試合規則であることから、日本語訳は「国際剣道連盟の」と対訳されてしかるべきだろう。

　一方の①韓国版は、上記の組織名を削除し、さらに「剣道試合」ではなく「剣道競技」という用語を使用している。「公明正大に試合をし、適正公正に審判すること」については、そのまま明記されているが、③日本版が示す「剣の理法」は「剣の法」に置換されている。

## 3　試合規則

　本節では、それぞれの第1編試合編に記載されている第1項・総則、第2項・試合、第3項・禁止行為について、特に、①韓国版と③日本版との相違点を確認する。

**総則**

まず、〈服装〉の項目で①韓国版には次のように記されている。

　〈服装〉第5条　服装は、剣道鍛錬服の上下とする。

　③日本版の剣道着・袴とはあえて表記せずに「剣道鍛錬服」と示し、日本の着物に由来する袴などは用いていない。大韓剣道会独自の「白地に紺の縦線が入った腰板のない袴」を、「剣道鍛錬服の下」と表現している。②国際版では、③日本版の「袴」をそのまま Hakama とローマ字表記している。②国際版と③日本版は同一だが、①韓国版はこれとは別に規定されたことになる。
　腰板がない服装の着用義務化については、1998年に韓国学生剣道連盟が通達し、これを受けて大韓剣道会でも2000年から導入している(4)。ただし、イ・ジョンリムの『正統　剣道教本(5)』の後付にある WKC 韓国代表チームの写真をみると、1994年の WKC パリ大会の韓国選手団の剣道着はすでに白で統一されている。このことから、国際大会に出場する韓国の国家代表選手は94年頃からすでに白地の剣道鍛錬服を着用していたことがわかる。
　次に、「試合者の区別」についてである。①韓国版では（細則第4条）で、青白色の帯を目印として試合者（韓国版では、競技者）を区別している。

　（細則　第4条）競技者の区別は、青・白の帯（70×5センチ）とし、試
　　合者の後ろの胴紐が交差する位置に折りたたんで結ぶ。

まず確認すべきこととして、①韓国版では試合者はすべて競技者となっている。この試合者の目印は、②国際版と③日本版では同様に紅白色のタスキを付ける。榎本鐘司によれば、戦後日本の剣道試合で紅白の目印と審判旗が用いられたのは、1949年10月22日の第1回ジャパニーズフェンシング都市国鉄対抗試合（名古屋市栄町日活スタジアム）だったという(6)。この根拠とするところは、当日の審判団の一員だった小川正亮の随想に「観衆に勝敗が分かりやすいように、審判員は紅白の旗を持ち、旗を揚げて判定しました。審判旗を考案して使用したのはこの時が初めてで、全剣連より早く実施したことは我々の密かな誇りです」(7)とあったからだ。
　日本では古くから紅白戦が多かったのに対し、①韓国版では通常、青白が

第4章　剣道の技術論

写真13　ソウル特別市警察局剣道師範講習会記念（ピウォン剣道場、1953年）
（イ・ジョンリム『正統 剣道教本』サモメディア、2010年、348ページ）

写真14　韓国役員選手団（第9回 WKC〔フランス、1994年〕）
（同書356ページ）

用いられ、韓国独自の伝統に由来する色として1995年から目印を青白色に変更している。同時に、95年から「검도시합（剣道試合）」が「검도경기(8)（剣道競技）」に用語変更されている。さらに、韓国国内でテレビ放送される全国規模の公式大会では、対戦する選手が観客からも識別しやすいように、番号付きの色目印を左右の垂に装着している。そのうえ、剣道鍛錬服の色については、SBS杯全国剣道王大会の準決勝以上の試合では、柔道競技のように、剣道鍛錬服の上下をそれぞれ紺色（主審の右側）と白色（主審の左側）に着替えさせて対戦するよう規定されている。ここに韓国剣道 KUMDO が

競技性を重視し、95年頃を境として明確な韓国色を提示した様子を見て取ることができる。

**試合**

　試合（競技）をするうえで、最も重要な課題になる有効打突に関する記述については、①韓国版には（有効撃刺）の項目で次のように記されている。

　　（有効撃刺）第12条　有効撃刺は、充実した気勢（기세）と適正な姿勢をもって、竹刀の撃刺部で撃刺部位を刃筋正しく撃刺し、存心（존심）を持たなければならない。

　一方、②国際版と③日本版では、次のように規定されている。

　　（有効打突）第12条　有効打突は、充実した気勢、適正な姿勢をもって、竹刀の打突部で打突部位を刃筋正しく打突し、残心あるものとする。

　ここで確認しておきたいのは、漢字表記でも異なる用語の差異だ。①韓国版は、②国際版と③日本版で用いられている「有効打突」という用語を「有効撃刺（유효격자）」としている。一体なぜだろう。この撃刺という用語は、もともと日本で、剣道が「剣道」と呼称される以前の明治期に「撃剣」と呼ばれていた頃の名残と考えられる。1945年の日帝解放後に韓国で剣道が再開された際に、かつての「撃剣」以来、「撃刺」だった用語を「打突」に変更する統一を意識的におこなわなかったのではないかと推察される。というのも、その理由が、大韓剣道会会長のイ・ジョンリムの発言からもうかがわれるからだ。

　　最近、我々が用いる검도（剣道）という用語がスポーツ的競技種目を称するようになったのは日本から始まったことである。そして、我々がおこなっている검도の原型は'격검（撃剣）'である。

　イは自身の剣道観から、韓国剣道KUMDOのルーツは「撃剣」にあると明示する。加えて、加藤の指摘によれば、「韓国において展開した剣道は韓

第4章　剣道の技術論

国国内の諸情勢の影響を受けて、日本語表記をはじめとした日本的要素を払拭した剣道KUMDOとして再生されたが、近年は、元来朝鮮半島にあった剣の文化である撃剣が、（略）韓国固有の剣道KUMDOとしておこなわれ、韓国国内はもとより世界に敷衍している」という。そのため「試合・審判規則」でも①韓国版は、「打突」ではなく「撃刺」が用いられることになったのだろう。

　有効打突（有効撃刺）の規定内容に戻ると、剣道試合で有効打突（ポイント）を取得するには、ただ単に竹刀を用いて相手を打突するのではなく、まず準備局面での「充実した気勢と適正な姿勢」が必要であり、次いで主局面での「竹刀の打突部で相手の打突部位を刃筋正しく打突」することが求められる。さらに、終局面として「残心（存心）」が要求される。第3章でも述べたように、剣道では、ただ「当たった」「入った」という事象の結果が問われるのではなく、そのポイントに至る競技者の動きの全過程（攻めを含む）とともに、その後の心身の状態を表す姿勢までを問う。この原則については、①韓国版、②国際版、③日本版ともに差異はない。この有効打突の条件は、「気剣体の一致」と残心もしくは存心であり、その概念は国際的にも合意形成されていると考えられる。

　ところが、前述したように韓国剣道KUMDOでは「残心Zanshin」ではなく「存心Jonshim」という、②国際版や③日本版とは異なる用語が使われている。

　さらに、日本剣道KENDOでは、残心の解釈と見極めについて『剣道試合・審判・運営要領の手引き』（以下、『手引き』と略記）に次のように明示されている。

　　　残心とは一般的に打突後の気構えと身構えの総称である。
　　　打突後、必要以上の余勢や有効を誇示した場合は有効打突を取り消す。打突後の体制や態度なども観察しながら、打突行為を総合的に捉えて見極めることが大切である。なお、「先」の技をきめてからの残心と、応じ技をきめてからの残心とでは、残心の内容に違いがある。例えば、応じ技などは瞬間的に残心をとる場合もある。

　この「気構え」とは、「打突に先んじて、相手の心身の動きをとらえ、い

つでも対応できるように体のすみずみまで神経を行きわたらせている心の状態」を指す。また「身構え」とは、「身体全体に意識を配り、相手に対し即座に対応できる体勢」を指すと、『剣道指導要領』に示されている(12)。例えば、柔道では、現在は他のスポーツと同様に勝利に伴う選手のガッツポーズなどがみられる。しかし、剣道ではそのような行為は禁止行為とされ、試合場では決しておこなわれない。剣道におけるガッツポーズは、『手引き』の見極めに示された「必要以上の余勢や有効を誇示した示威行為」とされ、「有効打突」の取り消しの対象になる。「打突後、相手に対して身構え、気構えがない」ことは「残心がない」と同義と判断されるからだ。

　この『手引き』は2002年に初版が出版されているが、公式には日本国内でだけ発行され、いわゆる日本語版しか存在しない。いまだに FIK も英語版を発刊していない。国際版であるはずの英語版がない状況は、誤解や問題を引き起こす要因になる。つまり、日本国内では審判講習会を通して、全剣連の『手引き』が解説されるが、WKC の審判講習会では③日本版や『手引き』が、そのまま国際版であるかのように認識され、英語で明記された『手引き』がないにもかかわらず、世界各国から参加した審判員にもその理解が求められることになっているからだ。実質的には、この『手引き』は、カナダ剣道連盟の一員が独自に英訳したものが、現在出回っているだけである。

　反則やポイントに関する相違点として、①韓国版の「第7条　勝負の決定」は、次のように示されている。

　　5. 判定により勝負を決する場合は、反則の機能を優先し、次に試合態度に応じて判定する。

　この個所について、③日本版（②国際版も同じ）では、「判定により勝負を決する場合は、技能の優劣を優先し、次いで試合態度の良否により、判定する」とある。この判定基準の相違点は、①韓国版が、あくまで反則の機能を優先するポイント制を重視している点であり、一方の③日本版・②国際版では、技能の優劣を優先するとしたうえで、試合態度の良しあしによってという価値基準を加味している点が特徴的である。

　（細則　第11条）では、「次の場合は、有効とすることができる」として、次

に示すように、③日本版と②国際版にはない記述が①韓国版にある。

　　4. 試合終了と同時に加えた打突。

　①韓国版、②日本版、③国際版の三者ともに、「1. 竹刀を落した者に、直ちに加えた打突。2. 一方が場外に出ると同時に加えた打突。3. 倒れた者に、直ちに加えた打突」はあるが、さらに、①韓国版には、4として上記のような規定が付加されている。
　試合終了の合図は、主審の「止め」の号令で宣告される。ただし、時計係と主審の号令の間に生じた時差は、これまで主審の号令が優先していたが、2011年の全剣連主催の審判講習会では、口頭で、「時計が優先する」に改定されたと告げられた。しかし、文書による改定や①韓国語版にある記述は示されていない。
　次に「竹刀の打突部」に関わる用語についての差異である。規則第13条（竹刀の打突部）では、①韓国版と③日本版（②国際版も同じ）との間に用語の相違がみられる。
　①韓国版は次のとおりである。

　　（竹刀の打突部）
　　第13条　竹刀の打突部は、<u>有効部</u>を中心とした刃部（<u>등줄의 반대側</u>）をいう。

③日本版（②国際版も同じ）は次のとおりである。

　　（竹刀の打突部）
　　第13条　竹刀の打突部は、<u>物打</u>を中心とした刃部（弦の反対側）とする。

　このことから、③日本版（②国際版も同じ）では、日本の刀剣思想を反映させた「物打 *Monouchi*」の用語が用いられているのに対して、①韓国版では「有効部」とされ、さらに、刃筋を説明するために用いられる弦についても、韓国語の専門用語に置き換えられている。
　続いて、打突部位のカテゴリー分類に関しても、①韓国版と③日本版（②

国際版も同じ）との間に明確な相違がみられる。
　①韓国版は次のとおりである。

　　（第14条）　撃刺部位は、次のとおりとする。（第3図参照）
　1. 撃部
　　　頭部（前部、左部、右部）
　　　手首部（右手首、左手首）
　　　腰部（右腰、左腰）
　2. 刺部
　　　首部

　③日本版（②国際版も同じ）は次のとおりである。

　　（第14条）　打突部位は、次のとおりとする。（細則第3図参照）
　1. 面部（正面および左右面）
　2. 小手部（右小手および左小手）
　3. 胴部（右胴および左胴）
　4. 突部（突き垂れ）

　まず、①韓国版では、撃部と刺部の2つのカテゴリーに分けられ、撃部には、それぞれ頭部（前部、左部、右部）と手首部（右手首、左手首）と腰部（右腰、左腰）の3カ所を示したうえで、刺部として首部の1カ所が示されている。
　これに対して③日本版（②国際版も同じ）では、打突部位を総称として、「1. 面部（正面および左右面）」「2. 小手部（右小手および左小手）」「3. 胴部（右胴および左胴）」「4. 突部（突き垂れ）」と4カ所を列挙している。
　以上のことから、①韓国版のほうがより詳細にカテゴリー分けをおこない、打突部位をそのまま身体部位の名称に合わせている。この点では規則として、さらに整理されていると言えるのではないだろうか。
　また、③日本版（②国際版も同じ）では、面部、小手部、胴部がそれぞれ甲冑部位の名称であるのに対し、突部だけは突くという動作の名称を用いるという齟齬がみられる。さらに、第3図参照として、各部位の図を示す個所

第4章　剣道の技術論

で、③日本版にだけ(細則第3図参照)と挿入されているが、この「細則」は、誤植だろう。

**禁止行為**

　禁止行為について、①韓国版には、(細則15条)規則第17条4号の「場外」に、次のように示されている。

　　2. 倒れた時に、体の半分くらいが境界線外に出た場合。
　　3. 体が場外に出ることを回避しようと竹刀や腕で境界線外をつく行為。

　この個所について、③日本版(②国際版も同じ)では、「2. 倒れたときに、身体の一部が境界線外に出た場合。3. 境界線外において、身体の一部または竹刀で身体を支えた場合」と記述されているのに対して、①韓国版は、より具体的に、反則になる「場外」場面での身体の一部がどの程度出ると反則なのかなどについて提示されている。
　さらに、①韓国版では「(細則16条)規則第17条7号の禁止行為は次の各号などをいう」として、8番目の項目を挙げている。

　　8. その他、試合の公正を害する行為。

　③日本版(②国際版も同じ)には8の記載はない。ただし、ここで①韓国版が示す「試合の公正を害する行為」にあたる具体例が不明である。
　この他、③日本版で修正すべき個所が、規則第20条「禁止事項」の「罰則」である。なお、②国際版の対訳式の日本語は③日本版と同じであるため英語だけを表記する。
　①韓国版は次のとおりである。

　　第20条
　　①競技者が第17条2号〜7号の行為をした場合は、反則とし、2回犯した場合は、相手に1本を与える。

　②国際版は次のとおりである。

（Others）
Article 20:
1. In case *Shiai-sha* has committed two *Hansoku* stipulated under Article 17, Items 2 to 7, the opponent shall be given one point. ….

③日本版（②国際版も同じ）は次のとおりである。

　第20条　試合者が第17条2号ないし7号の行為をした場合は、反則とし、2回犯した場合は、相手に1本を与える。

　まず、①韓国版には罰則に対して「競技者が第17条2号〜7号の行為をした場合は、」と2号から7号の行為をした場合と明記されている。②国際版でも英語表記で「Items 2 to 7,」と示され、同じように「2から7の行為」と明記されているが、③日本版では、「2号ないし7号」と表記されている。この個所の意味は、「2号もしくは7号」と解釈されるおそれがある。しかも、①韓国版と②国際版には、この条文が最初の第1項に表記されているが、③日本版には第1項の表記がなく第2項から始まる。さらに、①韓国版と③日本版の第20条だけが項目数字を○囲みで示している。○囲み数字を用いていない②国際版には「(Others)」が表記されている。これは、これまでに述べられた「罰則」にさらに加えて、「その他」の罰則事項として挙げられていると理解できる。

## 4　審判規則

　本節では、第2編審判規則から第1項・総則、第2項・審判、第3項・宣告と旗の表示について、①韓国版と③日本版の相違点を②国際版を参照しながら確認する。

**総則**

　まず、①韓国版は、審判員の服装を次のように示している。ただし、下線

は引用者による(以下、規定内の下線も同じく引用者による)。

　(細則第23条)審判員の服装は、次のとおりである。ただし、大会要項に基づいて変更することができる。
　1. 上：黒・紺 季節や会場の状況に応じて、上着の着用については、審判長の判断に一任する。
　2. 下：黒・紺(ただし、夏にはオフホワイト)
　3. ワイシャツ：白(ただし、夏には半袖)
　4. ネクタイ：マゼンタ(紅紫色)
　5. 靴下：黒・紺

審判の服装に関する③日本版(②国際版も同じ)の記述は次のとおりである。

　(細則第23条)審判員の服装は、次のとおりとする。ただし、その大会で定められた場合は、この限りではない。
　1. 上衣は紺色(無地)
　2. ズボンは灰色(無地)
　3. ワイシャツは白色(無地)
　4. ネクタイはえんじ色(無地)
　5. 靴下は紺色(無地)とする。

　上記の内容の明確な相違点は、①韓国版では、審判員の服装は基本的に黒色もしくは紺色のスーツの上下の着用に対し、③日本版(②国際版も同じ)では、紺色の上着と灰色のズボンに固定されている。上着の着用について、①韓国版では、「季節や会場の状況に応じて、上着の着用については、審判長の判断に一任する」と明記されているが、③日本版(②国際版も同じ)にはその記載がない。しかし慣例として、明記されていない日本でも通常、「季節や会場の状況に応じて、上着の着用については、審判長の判断に一任」されている現状である。また、①韓国版は、靴下も黒色または紺色となっているが、③日本版(②国際版も同じ)は紺色だけである。韓国審判員のネクタイの色は、日本で用いられる「えんじ色」ではなく「マゼンタ」であ

り、より鮮やかな紅紫色と推察される。夏季のワイシャツについては、①韓国版は「夏には半袖」と示されているが、③日本版（②国際版も同じ）には記述がなく、「全剣連では半袖のシャツをワイシャツとは言わない」という内容が、2007年の各都道府県剣道連盟の公式大会で審判員に通達された。[13]しかし実際には、日本でも半袖が着用されている。また、韓国剣道 KUMDO では、日本剣道 KENDO にはみられない特色として、大会役員が地区剣道連盟ごとに制服のような既定の服装を着用することがある。

　本章の第3節で前述した『手引き』の「残心の解釈と見極め」に関する有効打突の取り消しについて、①韓国版には次のように示されている。

　　（有効打突の取り消し）
　　第27条　競技者に不適切な行為があった場合は、主審が有効打突の宣告をした後でも、審判員は合議のうえ、その宣告を取り消すことができる。

　　（細則第24条）規則第27条（有効撃刺の取り消し）は、次のとおりとする。
　　1. 撃刺後、存心がない場合。
　　2. 撃刺後、必要以上の奇声や行動で会場の秩序を乱した場合。

　しかし、②国際版では、細則は次のように示され、用語や表現が異なっている。

　　（細則第24条）規則第27条（有効打突の取り消し）は、次のとおりとする。
　　1. 打突後、相手に対して身構えや気構えがない場合。
　　2. 打突後、必要以上の余勢や有効を誇示した場合。

　つまり、残心とは打突後の身構えや気構えを表すとの解釈から、①韓国版では、「身構え」や「気構え」という用語を使わずに、「存心＝気構え、身構え」として、韓国で独自に用いられている「存心がない場合」としている。韓国では、競技上、日本の残心と韓国の存心を同義と捉えている。また、②国際版に示されている「余勢や有効を誇示する」という表現は、「奇声や行動で会場の秩序を乱す」という別の表現を用いている。競技者が打突後に示

す態度としての「余勢や有効の誇示」と、「規制や行動で会場の秩序を乱す行為」とでは、その認識は異なる。この認識の相違が、残心と存心に反映されるのではないだろうか。さらに、②国際版の細則第24条は、1996年版の日本版のままである。

ところが、1999年改正の③日本版は細則第24条を次のように改定していることを確認しておきたい。

> （細則第24条）規則第27条（有効打突の取り消し）<u>不適切な行為とは、打突後、必要以上の余勢や有効を誇示した場合などとする。</u>

これまでの「1. 残心」「2. 余勢」と有効の誇示という分類ではなく、規則第27条に示されている不適切な行為は、その行為の説明に変更されている。つまり、打突の際に引き揚げとして、打突者自身の有効打突を必要以上に誇示する姿勢を禁止している。そのことによって「残心がない」と判断されれば、その有効打突は取り消される。この記述の変更から③日本版は、対戦相手に対する礼儀や思いやりといった心構えを示す姿勢をとることを重視して、自己の勝利や有効を誇示する姿勢を戒めることが強調されたと捉えられる。

**審判**

第2章の審判規則のなかで、細則27条「試合者の刃筋に関わる指導」については、①韓国版、②国際版、③日本版のいずれの規定でも、異なる記述が確認された。

まず、①韓国版には、次のように示されている。

> （細則第27条）
> 審判員は、<u>競技者の竹刀のドゥンジュル（弦）が上になっていない場合（刃が正しくない場合）、競技を中止させ</u>、主審を介して明確に指導する。以降その行為が続く場合は有効撃刺としない。

②国際版は、次のように示されている。

> （細則第27条）

審判員は、試合者の竹刀の弦が上になっていない場合、それを主審が明確に指導する。以降その行為が続く場合は有効打突としない。

　この①韓国版と②国際版を比較すると、①韓国版は②国際版よりも明確に説明しているといえる。例えば、「竹刀の弦が上になっていない場合」とは、「刃（の方向）が正しくない場合」と説明を挿入している。さらに、主審が指導する前に、「競技を中止させ」という手順も入れている。
　一方で、③日本版は1999年4月1日から次のように改定されている。

　（細則　第27条）
　<u>主審</u>は、試合者の竹刀の弦が上になっていない場合、<u>1回のみ明確に指導する。</u>

　当該規則の改定については、1995年7月1日から実施されているが、細則第27条については、99年の①日本版だけ再度改訂されている。そのために、95年以降の改定は①日本版だけに反映され、②国際版では改定されていない。細則第27条は、「主審は」と主語を変えることで、主審に権限を与え、他の審判員（副審）との裁量権に軽重をつけている。
　以下は、（有効打突などの錯誤）に関する規則である。
　①韓国版には、次のように示されている。

　（有効打突などの錯誤）
　第28条　審判員が有効打突の判定に<u>疑問</u>がある場合は、合議の上、その是非を決定する。

③日本版（②国際版も同じ）では次のようにある。

　（有効打突などの錯誤）
　第28条　審判員が有効打突の判定に<u>疑義</u>がある場合は、合議の上、その是非を決定する。

　ここでは、「疑問」と「疑義」の用語に相違がある。すなわち、もともと

1996年発行の①韓国版でも③日本版（②国際版も同じ）と同様に「疑義」が用いられていたが、2005年発行の①韓国版から、「疑義」は「疑問」に変更されている。この変更については、韓国剣道 KUMDO でだけ採用されている映像判読訴願制度との関連が推察される。[14]

**宣告と旗の表示**

「宣告」について、以下に①韓国版と②国際版および③日本版を示す。
　①韓国版は、別表内の宣告をすべて韓国語でおこなっている。

　　第37条　審判員の宣告は、開始、終了、再開、中止、分かれ、有効撃刺、勝敗、合議、反則などをおこない、その要領は別表のとおりとする。ただし、特に宣告する場合に、必要に応じて、その理由を言うことができる。

　③日本版（②国際版も同じ）は次のように示している。ただし、②国際版も別表の宣告をすべてローマ字読みの日本語で用いている。

　　第37条　審判員の宣告は、開始・終了・再開・中止・分かれ・有効打突・勝敗・合議・反則などについて行い、その要領は別表のとおりとする。ただし、とくに宣告に際し必要とする場合は、その理由を述べることができる。

　上記の「宣告」で用いられる言語が示すように、韓国国内ルールの剣道競技では、すべて韓国語でおこなわれている。そのため、①韓国版では、審判の宣告から打突部位の呼称まで、すべての剣道用語は韓国語に置き換えられている。他方、②国際版では、審判の宣告から打突部位の呼称に至るまで、ほぼすべての剣道用語で日本語が用いられている。日本語を剣道界の国際語としているのである。

## 5　規則改定の変遷（補則）

第5節では、規則改定に伴って補則や付則に示されたそれぞれの経過と施行期日を示す。なお、③日本版の〔　〕内の西暦の加筆と下線は引用者による。

①の韓国版の補則は以下のようである。

付則
1. 大会の規模、内容など特別の事情がある場合には、この規則および細則の目的が損なわない範囲内でこれに従わないことがある。
2. この規則は1996年8月1日から施行する。
3. この規則は2003年5月23日から施行する。
4. この規則は2005年1月23日から施行する。

②の国際版の付則は以下のようになっている。

付則
1. 大会の規模、内容など特別の事情がある場合には、この規則および細則の目的を損なわない限り、これによらないことができるものとする。
2. この規則は1997年3月26日から施行する。
3. この規則は2000年3月23日から一部改訂し施行する。
4. この規則は2006年12月7日から一部改訂し施行する。

③の日本版の付則は以下のとおりである。

付則
1. 大会の規模、内容など特別の事情がある場合には、この規則および細則の目的を損なわない限り、これによらないことができるものとする。
2. この規則は平成7年〔1995年〕7月1日から施行する。
3. この規則（一部改訂）は平成11年〔1999年〕4月1日から施行する。
4. この規則（一部改訂）は平成14年〔2002年〕9月29日から施行する。
5. この規則（一部改訂）は平成19年〔2007年〕3月14日から施行する。
6. この規則（一部改訂）は平成21年〔2009年〕4月1日から施行する。

上記のように、①韓国版と③日本版（②国際版も同様に）の改訂期日はそれぞれ異なるが、書式内容の相違はない。施行年月日だけをみると、順序としては③日本版が1995年に、次いで①韓国版が96年に、最後に②国際版が97年と1年遅れで施行されている。
　また、いずれの規則にも第4章「補則」として次の事項が定められている。「第39条　この規則に定められていない事項が発生した場合は、審判員は合議し、審判主任または審判長に図って処理する」。続いて「付則」として、前述の施行日が示されている。しかし、2005年改訂以前の①韓国版では「付則」の個所で「補則」という用語が用いられていたが、現在は変更されている[15]。
「付則」と「補則」の意味を『広辞苑』で確認すると次のとおりである。

　　付則：ある規則を補うために付加した規則。〔法〕法令の主たる事項に付随する必要事項を定める規定の名称。経過規定や施行期日・細目の定め方などに関する規定がその例。
　　補則：法令の規定をおぎなうために設けた規則[16]。

　両方の語意から、これらはいずれも法的専門用語だが、改訂の経過を示すのであれば、「付則」を用いたほうがいい。ただし、①韓国版の本項目1の「大会の規模、内容など特別の事情がある場合には、この規則および細則の目的を損なわない範囲内でこれに従わないことがある」を主たる内容とするのであれば、「補則」と表記しても記述内容は語義と合致することになるだろう。
　第4章の補則で、規則の改訂と施行は、②国際版では常に③日本版に依拠し実施されている。ただし1997年以降の②国際版では、必ずしも③日本版の改訂に準拠していない[17]。さらに、竹刀の基準について、①韓国版では、②国際版と③日本版で採用されている竹刀の太さに関する記載がないにもかかわらず、表4の「表1　竹刀の基準」では「太さ」の規定を追加している。

## 6　蹲踞と礼法

「礼に始まり礼に終わる」武道の根幹をなす剣道の礼法に関しても、韓国剣道 KUMDO と日本剣道 KENDO の間には相違点がある。その一つが「蹲踞」の有無である。本節では、蹲踞に着目して「試合・審判規則」の記載事項の経緯を歴史的に考察したい。

①韓国版、②国際版、③日本版の「試合・審判規則」には、それぞれ「付剣道試合・審判運営要領（The Guidelines for Kendo Shiai and Shinpan）」として、同一冊子のなかに運営要領が差し込まれている。そこには、「試合者要領」と「審判員要領」が併記され、「開始」と「終了」の礼法を含めた試合手順が示されている。以下、下線部は引用者による。

①韓国版の「開始」は次のように示されている。

 1. 競技者は、競技を開始するとき、立礼の場所に出て<u>ドゥンカル</u>の姿勢で相互の礼をする、<u>腰の剣</u>の姿勢で3歩進んで開始線で、竹刀を抜いて合わせた後、主審の宣告で開始する。

③日本版（②国際版と同じ）の「開始」は次のとおりである。

 1. 試合者は、試合を開始する場合、立礼の位置に進み、<u>提げ刀</u>の姿勢で相互の礼を行い、<u>帯刀</u>し、3歩進んで開始線で竹刀を抜き合わせつつ、<u>そんきょ（蹲踞）し</u>、主審の宣告で試合を開始する。

①韓国版の「終了」は次のとおりである。

 1. 競技者は、競技が終わったとき、開始線でお互いに中段をとり、主審の宣告の後、<u>挿し剣</u>し、礼の位置まで後退し<u>ドゥンカル</u>の姿勢となり相互の礼を行う。

③日本版（②国際版と同じ）の「終了」は次のとおりである。

 1. 試合者は、試合を終了する場合、開始線で相中段に構え、主審の宣告の後、<u>そんきょ（蹲踞）して納刀</u>し、立ち上がり帯刀姿勢で立礼の位置まで後退し、<u>提げ刀</u>の姿勢となり相互の礼を行う。

第4章　剣道の技術論　　145

上記に示されるように、①韓国版では、蹲踞の姿勢を省略する形式をとり、運営要領から削除している。
　では一体なぜ、韓国剣道KUMDOでは、「蹲踞」を削除したのだろうか。蹲踞の省略については、剣道の礼について書かれた唯一の書とされる『剣道礼儀考』に次のような記述がある。

> 　軍隊は大体立礼をして、直ちに抜せて蹲踞せぬのが普通である。練兵場又は庭の如き地面では、誰でも蹲踞せぬが現代的であらうし、又地面で袴ならば、股立にとるべきである。以前は板間でも、昔の地面並に不便な平袴の遺風で、股立ちを取つて、稽古した者が多かつた。因に今の稽古袴は、馬乗り用で裾が高く、平袴は梓用の袴で裾が低くて不自由だつた。[18]

　この記述にみられるように、「軍隊では大体立礼をして、直ちに抜刀し、蹲踞しないのが普通」とされ、「明治39（1906）年に大日本武徳会が剣術形を制定した時、礼式は警察礼式の立礼を採用し、蹲踞礼をとらなくなった」[19]と中村は言及する。つまり、蹲踞については、明治期に日本の「撃剣」が韓国に導入された際に、当時すでに「蹲踞」を採用していなかった可能性がある。こうなると、最初から「蹲踞」がなかった韓国剣道KUMDOにとって、戦後になって日本式礼法の「蹲踞」を導入することはきわめて困難だっただろう。
　韓国剣道KUMDOでは、最初と最後に立礼で相手に対して礼をしている以上、さらに日本式礼法である「蹲踞」を導入する理由がないことになる。とはいえ、WKCではFIKの国際規定に従わなければならない。②国際版の試合規則とともにその運営要領には、試合礼法として「蹲踞」がある。したがって、韓国の代表選手がWKCで試合をおこなう場合にも、「蹲踞」を実施している。ここに韓国選手が、国際規定と言いながらも日本剣道KENDOの礼法に従わざるをえないジレンマが生じることになる。
　このように韓国と日本の間には、それぞれが伝統文化的作法を重んじるがゆえに、その礼法に異なる歴史的意味を込めることがある。このような状況や礼法の一つひとつを日本剣道KENDOと韓国剣道KUMDOの双方、また

他の国々の剣道愛好者が共通に理解していく必要があるだろう。例えば、国際的には「蹲踞」が意味するところが不明確であったり、異なっていたりすることによって、試合開始の宣告の瞬間に、開始姿勢である「蹲踞」からの攻撃法が考案されるという状況が発現している。そのような行為を全剣連が日本国内でご法度であると声高に叫んでみても、国際的には共通理解が得られないだろう。

## 7　「試合・審判規則」の相違点の要諦

　これまでに明らかにした①韓国版、②国際版、③日本版の「試合・審判規則」にみられる相違点を表4にまとめた。

表4　「試合・審判規則」にみる日本剣道KENDOと韓国剣道KUMDOの相違点

| ①韓国版 | ②国際版 | ③日本版 |
|---|---|---|
| 第1編　競技<br>第1章　総則 | 第1編　試合<br>第1章　総則 | 第1編　試合<br>第1章　総則 |
| （竹刀）<br>第3条　竹刀は4つ割の竹や化学製品で造られたものとする。 | （竹刀）<br>第3条　竹刀は竹または全日本剣道連盟が認めた竹に代わる化学製品で造られたものとする。 | （竹刀）<br>第3条　竹刀は竹または全日本剣道連盟が認めた竹に代わる化学製品で造られたものとする。 |
| （太さに関する記載なし） | 2.… The diameter of Shinai shall refer to the minimum diameter of the tip of Sakigawa.<br>（1996年版に記載なし） | （細則　第2条）<br>規則第3条（竹刀）は、次のとおりとする。<br>2。竹刀の基準は、（略）。太さは、先革先端部最少直径とする。 |
| （服装）<br>第5条　服装は、剣道鍛錬服の上下とする。 | （服装）<br>第5条　服装は、剣道着Kendo-gi・袴Hakamaとする。 | （服装）<br>第5条　服装は、剣道着・袴とする。 |
| （細則　第4条）<br>競技者の区別は、青・白の帯（70×5センチ）とし、試合者の後ろの紐が交差する位置に折りたたんで結ぶ。 | （細則　第4条）<br>試合者の目印は、全長70センチメートル、幅5センチメートルの赤および白の2色とし、試合者の胴紐の交差する位置に二つ折りにして着ける。 | （細則　第4条）<br>試合者の目印は、全長70センチメートル、幅5センチメートルの赤および白の2色とし、試合者の胴紐の交差する位置に二つ折りにして着ける。 |

| 第2章　競技 | 第2章　試合 | 第2章　試合 |
|---|---|---|
| （試合時間）<br>第6条　試合時間は、（略）延長の場合は制限時間なしで行う。 | (Duration of Shiai)<br>Article 6; The standard duration of Shiai..., and Encho shall be three minutes. | （試合時間）<br>第6条　試合時間は、（略）延長の場合は3分を基準とする。 |
| 第7条　勝負の決定は、次のとおりとする。<br>5。判定により勝負を決する場合は、反則の機能を優先し、次に試合態度に応じて判定する。 | 第7条　勝負の決定は、次により行う。<br>5。判定により勝負を決する場合は、技能の優劣を優先し、次いで試合態度の良否により、判定する。 | 第7条　勝負の決定は、次により行う。<br>5。判定により勝負を決する場合は、技能の優劣を優先し、次いで試合態度の良否により、判定する。 |
| （団体試合）<br>第8条　団体試合は、次によるほか、その大会で定められた方法により行い、勝敗を決する。<br>1。勝者数法は、勝者の数によって団体の勝敗を決する。（略）代表者戦によって勝敗を決する。代表者戦は制限時間なしで一本勝負とする。 | （団体試合）<br>第8条　団体試合は、次によるほか、その大会で定められた方法により行い、勝敗を決する。<br>1。勝者数法は、勝者の数によって団体の勝敗を決する。（略）代表者戦によって勝敗を決する。（記述なし） | （団体試合）<br>第8条　団体試合は、次によるほか、その大会で定められた方法により行い、勝敗を決する。<br>1。勝者数法は、勝者の数によって団体の勝敗を決する。（略）代表者戦によって勝敗を決する。（記述なし） |
| （有効撃刺）<br>第12条　有効打突は、充実した気勢（기세）と適正な姿勢をもって、竹刀の撃刺部で撃刺部位を刃筋正しく打突し、存心（존심）を持たなければならない。 | （有効打突）<br>第12条　有効打突は、充実した気勢、適正な姿勢をもって、竹刀の打突部で打突部位を刃筋正しく打突し、残心あるものとする。 | （有効打突）<br>第12条　有効打突は、充実した気勢、適正な姿勢をもって、竹刀の打突部で打突部位を刃筋正しく打突し、残心あるものとする。 |
| （細則　第11条）<br>次の場合撃刺も有効である。<br>4.試合終了と同時に加えた打突 | （細則　第11条）<br>次の場合は、有効とすることができる。<br>4.（記載なし） | （細則　第11条）<br>次の場合は、有効とすることができる。<br>4.（記載なし） |
| （竹刀の撃刺部）<br>第13条　竹刀の撃刺部は、有効部を中心とした刃部（등줄の反対側）をいう。 | （竹刀の打突部）<br>第13条　竹刀の打突部は、物打を中心とした刃部（弦の反対側）とする。 | （竹刀の打突部）<br>第13条　竹刀の打突部は、物打を中心とした刃部（弦の反対側）とする。 |
| （第14条）　撃刺部位は、次のとおりとする。（第3図参照）<br>1.撃部<br>頭部（前部、左部、右部）<br>手首部（右手首、左手首）<br>腰部（右腰、左腰）<br>2.刺部<br>首部 | （第14条）　打突部位は、次のとおりとする。（細則第3図参照）<br>1.面部（正面および左右面）<br>2.小手部（右小手および左小手）<br>3.胴部（右胴および左胴）<br>4.突部（突き垂れ） | （第14条）　打突部位は、次のとおりとする。（細則第3図参照）<br>1.面部（正面および左右面）<br>2.小手部（右小手および左小手）<br>3.胴部（右胴および左胴）<br>4.突部（突き垂れ） |

| 第3章　禁止行為 | 第3章　禁止行為 | 第3章　禁止行為 |
|---|---|---|
| （細則15条）<br>第15条 規則第17条4号の「場外」は、次のとおりとする。<br>2.倒れた時に、体の半分くらいが境界線外に出た場合。<br>3.体が場外に出ることを回避しようと竹刀や腕で境界線外をつく行為。 | （細則15条）<br>第15条 規則第17条4号の「場外」は、次のとおりとする。<br>2.倒れたときに、身体の一部が境界線外に出た場合。<br>3.体が場外において、身体の一部または竹刀で身体を支えた場合。 | （細則15条）<br>第15条 規則第17条4号の「場外」は、次のとおりとする。<br>2.倒れたときに、身体の一部が境界線外に出た場合。<br>3.体が場外において、身体の一部または竹刀で身体を支えた場合。 |
| （細則16条）<br>規則第17条7号の禁止行為は次の各号などをいう。<br>8.その他、試合の公正を害する行為。 | （細則16条）<br>規則第17条7号の禁止行為は次の各号などをいう。<br>8.（記載なし） | （細則16条）<br>規則第17条7号の禁止行為は次の各号などをいう。<br>8.（記載なし） |
| 第19条　第17条1号の禁止行為を犯した者は、次の各号により処置する。<br>2.前号の処置は、不正用具使用発見以前の試合までさかのぼらない。ただし、個人戦リーグの場合は、リーグすべての試合を敗とする。<br>4。両者同時にしたときは、両者とも敗とし、それぞれの既得得点および既得権を認めない。 | 第19条　第17条1号の禁止行為を犯した者は、次の各号により処置する。ただし、両者同時になしたときは、両者とも負けとし、それぞれの既得本数および既得権を認めない。<br>2.前号の処置は、不正用具使用発見以前の試合までさかのぼらない。（記載なし）<br>4.（記載なし） | 第19条　第17条1号の禁止行為を犯した者は、次の各号により処置する。ただし、両者同時になしたときは、両者とも負けとし、それぞれの既得本数および既得権を認めない。<br>2.前号の処置は、不正用具使用発見以前の試合までさかのぼらない。（記載なし）<br>4。（記載なし） |
| 第20条<br>①競技者が第17条2号～7号の行為をした場合は、反則とし、2回犯した場合は、相手に1本を与える。<br>②第17条4号の場合（略）。 | (Others)<br>Article 20:<br>1. In case Shiai-sha has commited two Hansoku stipulated under Article 17, Items 2 to 7, the opponent shall be given one point.⋯<br>2. In Hansoku stipulated in Article 17、Item 4, ⋯ | 第20条　試合者が第17条2号ないし7号の行為をした場合は、反則とし、2回犯した場合は、相手に1本を与える。（略）<br>②17条4号の場合（略）。 |

| 第2編　審判<br>第1章　総則 | 第2編　審判<br>第1章　総則 | 第2編　審判<br>第1章　総則 |
|---|---|---|
| （細則　第22条）<br>規則第25条の係員の構成と任務は次のとおりである。<br>1. 各係は、主任1名、係員2名以上を原則とする。<br>2. 計時係は、競技時間の計時に取り組んで、試合時間終了の合図をする。<br>3. 表示係は、（略） | （細則　第22条）<br>規則第25条の係員の構成と任務は次のとおりである。<br>1. 時計係は、原則として主任1名、係員2名以上とし、試合時間の計時にあたり試合時間終了の合図をする。<br>2. 掲示係は、原則として主任1名、係員2名以上とし、審判員の判定の掲示（略） | （細則　第22条）<br>規則第25条の係員の構成と任務は次のとおりである。<br>1. 時計係は、原則として主任1名、係員2名以上とし、試合時間の計時にあたり試合時間終了の合図をする。<br>2. 掲示係は、原則として主任1名、係員2名以上とし、審判員の判定の掲示（略） |
| （細則　第23条）<br>審判員の服装は、次のとおりである。ただし、大会要項に基づいて変更することができる。<br>1. 上：黒・紺<br>季節や会場の状況に応じて、上着の着用については、審判長の判断に一任する。<br>2. 下：黒・紺（ただし、夏にはオフホワイト）<br>3. ワイシャツ：白（ただし、夏には半袖）<br>4. ネクタイ：マゼンタ（深紅色）<br>5. 靴下：黒・紺 | （細則　第23条）<br>審判員の服装は、次のとおりとする。ただし、その大会で定められた場合は、この限りではない。<br>1. 上衣は紺色（無地）とする。<br>2. ズボンは灰色（無地）とする。<br>3. ワイシャツは白色（無地）とする。<br>4. ネクタイはえんじ色（無地）とする。<br>5. 靴下は紺色（無地）とする。 | （細則　第23条）<br>審判員の服装は、次のとおりとする。ただし、その大会で定められた場合は、この限りではない。<br>1. 上衣は紺色（無地）とする。<br>2. ズボンは灰色（無地）とする。<br>3. ワイシャツは白色（無地）とする。<br>4. ネクタイはえんじ色（無地）とする。<br>5. 靴下は紺色（無地）とする。 |
| （細則　第24条）<br>規則第27条（有効撃刺の取り消し）は、次のとおりとする。<br>1. 撃刺後、存心がない場合。<br>2. 撃刺後、必要以上の奇声や行動で会場の秩序を乱した場合。 | （細則　第24条）<br>規則第27条（有効打突の取り消し）は、次のとおりとする。<br>1. 打突後、相手に対して身構えや気構えがない場合。<br>2. 打突後、必要以上の余勢や有効を誇示した場合。<br>(1996年版のまま) | （細則　第24条）<br>規則第27条（有効打突の取り消し）不適切な行為とは、打突後、必要以上の余勢や有効を誇示した場合などとする。<br>(1999年版からの変更) |
| （細則　第25条）<br>規則第28条（有効撃刺などの錯誤）は、次のとおりとする。<br>1. 有効撃刺者を錯誤して判定した場合。 | （細則　第25条）<br>規則第28条（有効打突などの錯誤）は、次のとおりとする。<br>1. 有効打突または反則を錯誤して判定した場合。 | （細則　第25条）<br>規則第28条（有効打突などの錯誤）は、次のとおりとする。<br>1. 有効打突または反則を錯誤して判定した場合。 |

| 第2章　審判 | 第2章　審判 | 第2章　審判 |
|---|---|---|
| （細則　第27条）<br>審判員は、試合者の竹刀のドゥンジュル（弦）が上になっていない場合（刃が正しくない場合）、競技を中止させ、主審を介して明確に指導する。以降その行為が続く場合は有効撃刺としない。 | （細則　第27条）<br>審判員は、試合者の竹刀の弦が上になっていない場合、それを主審が明確に指導する。以降その行為が続く場合は有効打突としない。 | （細則　第27条）<br>主審は、試合者の竹刀の弦が上になっていない場合、1回のみ明確に指導する。 |
| （有効打突などの錯誤）<br>第28条　審判員が有効打突の判定に疑問がある場合は、合議の上、その是非を決定する。 | （有効打突などの錯誤）<br>第28条　審判員が有効打突の判定に疑義がある場合は、合議の上、その是非を決定する。 | （有効打突などの錯誤）<br>第28条　審判員が有効打突の判定に疑義がある場合は、合議の上、その是非を決定する。 |
| （異議の提起）<br>第35条　何人も、審判員の判定に対し、異議の提起をすることができない。<br>第36条　監督は競技規則の適用に関して疑問があるときは、その試合者の試合終了までに、主任審判または審判長に対して、異議を申し立てることができる。 | （異議の申し立て）<br>第35条　何人も、審判員の判定に対し、異議の申し立てをすることができない。<br>第36条　監督はこの規則の実施に関して疑義があるときは、その試合者の試合終了までに、審判主任または審判長に対して、異議を申し立てることができる。 | （異議の申し立て）<br>第35条　何人も、審判員の判定に対し、異議の申し立てをすることができない。<br>第36条　監督はこの規則の実施に関して疑義があるときは、その試合者の試合終了までに、審判主任または審判長に対して、異議を申し立てることができる。 |
| 第3章　宣告と旗の表示 | 第3章　宣告と旗の表示 | 第3章　宣告と旗の表示 |
| （宣告）<br>第37条　審判員の宣告は、開始、終了、再開、中止、別れ、有効撃刺、勝敗、合議、反則などを行い、その要領は別表の通りとする。ただし、特に宣告する場合に、必要に応じて、その理由を言うことができる。<br>※別表の宣告は全て韓国語を用いている。 | （宣告）<br>第37条　審判員の宣告は、開始・終了・再開・中止・分かれ・有効打突・勝敗・合議・反則などについて行い、その要領は別表のとおりとする。ただし、とくに宣告に際し必要とする場合は、その理由を述べることができる。<br>※別表の宣告は全て日本語を用いている。 | （宣告）<br>第37条　審判員の宣告は、開始・終了・再開・中止・分かれ・有効打突・勝敗・合議・反則などについて行い、その要領は別表のとおりとする。ただし、とくに宣告に際し必要とする場合は、その理由を述べることができる。 |
| 表1　竹刀の基準<br>竹刀の重量<br>「太さ」規定の追加 | 表1　竹刀の基準<br>竹刀の重量変更[21]<br>「太さ」規定の追加 | 表1　竹刀の基準<br>竹刀の重量変更[22]<br>「太さ」規定の追加 |

| 第4章　補則 | 第4章　補則 | 第4章　補則 |
|---|---|---|
| 付則<br>1. 大会の規模、内容など特別の事情がある場合には、この規則および細則の目的が損なわない範囲内でこれに従わないことがある。<br>2. この規則は1996年8月1日から施行する。<br>3. この規則は2003年5月23日から施行する。<br>4. この規則は2005年1月23日から施行する。 | 付則<br>1. 大会の規模、内容など特別の事情がある場合には、この規則および細則の目的を損なわない限り、これによらないことができるものとする。<br>2. この規則は1997年3月26日から施行する。<br>3. この規則は2000年3月23日から一部改訂し施行する。<br>4. この規則は2006年12月7日から一部改訂し施行する。 | 付則<br>1. 大会の規模、内容など特別の事情がある場合には、この規則および細則の目的を損なわない限り、これによらないことができるものとする。<br>2. この規則は平成7（1995）年7月1日から施行する。<br>3. この規則（一部改訂）は平成11年（1999）4月1日から施行する。<br>4. この規則（一部改訂）は平成14年（2002）9月29日から施行する。<br>5. この規則（一部改訂）は平成19年（2007）3月14日から施行する。<br>6. この規則（一部改訂）は平成21年（2009）4月1日から施行する。 |

## 8　規定の相違がもたらす現実的課題

　前節の「試合・審判規則」の相違点を踏まえたうえで、実際に、日本の全日本剣道選手権大会と韓国のSBS杯全国剣道王大会、また国際大会であるWKCでみられる現実的課題について考察したい。

　まず、韓国国内での試合では「蹲踞がない」のに対して、WKCでは礼法として「蹲踞」が求められる。そのため、韓国の国家代表選手にとっては、最も緊張する試合開始の瞬間に、国内規則にはない「蹲踞」の姿勢をとることに違和感や強制感を覚えるだろう。加えて、WKCでは審判員の宣告や有効打突の呼称など、国際規定の用語はすべて日本語である。このため韓国代表選手は、これまで韓国国内では感じることがなかった日本の文化的背景を色濃く残す剣道に対する心理的「抵抗」が生じることになる。国際ルールが日本ルールを踏襲する形で成立しているため、韓国代表選手にとっては国内ルールと国際ルールとの相違に現実的なジレンマが生じる。

　日本剣道KENDOと韓国剣道KUMDOの間で、技術的な相違として見て取れるのは「間合い」だろう。日本剣道KENDOでは、比較的遠間から攻めながら一足一刀の間合いまで詰め、打突を繰り出す。とはいえ、近年の学生剣道の試合を観ていても、かなり近間の選手が多いと感じることがある。一方の韓国剣道KUMDOでは、いわゆる近間や中間を得意とし、つばぜり合いからの引き技とその後に繰り出される連打がある。これらの技術論は、「試合・審判規則」からは読み取ることができない。

　さらに、近年では全剣連の指導で、日本国内の審判講習会などで、部位呼称時の発声を「メン」「コテ」「ドウ」と明確な日本語でおこなうよう指導が徹底されている。FIKの国際規定でも打突呼称は日本語とされるため、WKCに参加する韓国代表選手にとっては瞬間的に無意識に発現される技の呼称を日常使わない言語でおこなうことは負担が大きい。ちなみに、2015年のWKC東京大会では、韓国選手は明確に「メン・コテ・ドウ」と部位呼称していた。よほどその呼称訓練をしてきた様子がうかがえる。通常、無意識のうちに展開されているパフォーマンスを、意識して発声を改めることは簡単ではない。これは、競技者であれば容易に理解できるだろう。韓国国

内の韓国剣道 KUMDO では、通常、「モリ」「ソンモッ」「ホリ」と韓国語で呼称されている。SBS 剣道王大会などを観ていると、例えば、面を打突した選手が、打突後にさらに「モリ、モリ、モリ、モリ〜ッ」と連呼していた。この行為は、数十年前には日本剣道 KENDO にも観られたが、現在では指導が入る行為であり、いわゆる見苦しい引き揚げとして、相手に対する敬意がない、つまり残心がない行為と判断される。しかし韓国では、まったく問題視されることなく有効打突として認められていた。(23) こうなると、日本剣道 KENDO と韓国剣道 KUMDO とでは、残心を含む有効打突の基準が異なることになる。有効打突の条件の一つである残心に対する概念も、国際基準として統一されているとは言いがたい。

　審判法や審判基準をめぐる矛盾や齟齬が生じないように、定期的に FIK が主催する、世界大会のための審判講習会が世界各地で開催されている。2012年5月にイタリアで開催された第15回 WKC の前には、同年2月に千葉県成田市で審判講習会が開催されている。各国から選出された WKC 審判員は、この審判講習会への参加が義務づけられていて、講習では「公明正大に」を基本とした審判員の公正が謳われていた。国際審判員としての心構えとしては肝に銘じているものの、事前の講習会で日本選手と韓国選手の WKC 決勝戦をイメージするようなスピードと緊張感がある試合場面は想定されにくいと、第15回 WKC で決勝審判を務めたルイ・ピタリス氏（オランダ：七段）は証言している。加えて、世界各国から集結した審判員は、通常、自国の大会や試合で審判経験を積んでいるものの、日本人と韓国人を除けば WKC 決勝戦と同程度のスピードや技術で試合を展開する選手の審判をすることがないことも事実である。さらに前述のように、有効打突の基準が各国によって微妙に異なり、判断が曖昧にもなるのだろう。だが一方で、このような事態の改善のために、大会ごとに審判講習会が企画されている。審判講習会の企画・運営には、各大会のレベルに見合った課題と状況を判断し、判定基準の設定を明確にする必要がある。

　ここで、剣道の特色である師弟同行の精神性が現れている慣例を紹介しておきたい。WKC の審判講習会といえども、世界中から参加する各国審判員は、それぞれ個々に剣道具を持参してくる。これは、審判講習会とともに合同稽古会が実施されるからだ。剣道では、出場選手だけではなく、審判員といえども自らの剣道技能の向上を審判技術とともに目指す。交剣知愛の精神

で互いに切磋琢磨しようとする「剣道の理念」に沿った考え方が定着している証でもある。

　大会会場の雰囲気を大きく左右する「声援」についても、日本と韓国、もしくはWKCでは大きく雰囲気が異なる。日本では「声援」は厳に慎むべきとして、実際に禁止されている。剣道大会が開催されている体育館や武道館の雰囲気は、観客の声援を選手や競技への後押しとするスポーツとは大きく異なり、静寂のなかに観客は競技者と一体化し、同じ呼吸で息をのむように観戦する一種独特の雰囲気がある。そのためか、剣道を知らない人が観戦するというよりも、少年剣道の応援から始まり、観客でありながら有効打突を判定するような観客審判が多い。国際的なWKCでも、声援はできるかぎり慎もうとする共通認識が見受けられるが、ときおり一部の声援や口笛による応援がみられる。しかし、ひとたび日韓戦のWKC決勝戦となると、例えば2012年WKCでは韓国チームへの「テハンミング・ファイティーン」の大声援が際立っていた。一方、15年WKCは東京開催ということもあってか、前大会のような目立った声援は見受けられなかった。逆に、大多数の日本チームを応援する観客が、全日本選手権大会などでは決して聞かれないような「ウォーッ!」というどよめきのような歓声を上げ、異様な雰囲気を醸し出していた。韓国国内での剣道KUMDOの声援による応援風景はSBS杯でもみられ、一部の審判員は、「声援」を慎むよう観覧席に促してはいたが、実際には徹底されず大声援になっていた。特に、テレビ放送が中継される場合には、観客を放映用に向こう正面に集め、応援の歓声とともに試合の熱狂や興奮が映し出されるように会場演出がなされた。

　大会会場である競技場に関しても、日本と韓国では環境が異なる。韓国には、いわゆる道場が存在しないため、体育館内にコートを示す色つきテープを貼って競技場が特設される。剣道の試合場というよりも、プロバスケットボールのコートのように、カラフルな大会ロゴが床に描かれていたりする。また、体育館であるために、選手や審判、大会役員が土足で競技場内を歩く。日本では、道場に土足で踏み入ることなど考えられない。そのため、たとえ試合場が体育館であっても、道場を想定して履物を脱いで体育館に入場する。当然、試合場内は土足厳禁であり、飲食物を競技場内に持ち込むこともない。しかし、この日本的「道場」感覚も、国際的にみれば日本人特有のものであり、そもそも各種スポーツがおこなわれるアリーナを道場と見立て、その感

覚で稽古することを国際的な剣道基準にすることは難しい。同様に、剣道着や剣道具の着装についても、日本の着物や甲冑を国際的なスタンダードにすることは難しい。また道場では、正座の姿勢を当然としているが、この正座を国際的なスタンダードとしていくことも不可能に近い。特に、韓国では正座は謝罪や懺悔を示す姿勢であることも理解しておきたい。一つひとつの礼儀作法について、剣道の伝統的行動様式として国際的に理解を求めるのであれば、日本武道だからそうすべきであるとか、日本のやり方が正しいのだという物言いではなく、その伝統と普遍性を丁寧に説明し、少しずつ理解を求める必要があるだろう。

　FIKは国際的な剣道組織として、全剣連が主導して誕生した。剣道が国際的に広がりつつあるなかで、これまでのように従前の日本剣道KENDOの諸作法を説明もなく押し付けるだけでは、今後も多くの文化摩擦を生みトラブルの原因となる可能性がある。国際的な発展を望むためには、正統であるとする日本剣道KENDOの理念や修練法が、日本基準の押し付けではなく、剣道の本質や普遍性にかなっていると世界中の剣道関係者に理解される必要がある。そうでなければ、日本剣道KENDOは国際的に孤立し、今後、他国の剣道文化との矛盾関係をはらむことになるだろう。

　本章で扱った「試合・審判規則」の日韓の相違点をまとめると、「試合・審判規則」の①韓国版は、②国際版を韓国語にほぼすべて翻訳し、国際版で剣道術語として用いられている打突部位の呼称や審判宣告などの日本語をすべて削除して、韓国語に置換している。そのなかで日本語表記と韓国語表記とで明らかな相違があると確認された用語を抜粋すると表5のようになる。

　また、①韓国版には、剣道着や審判の服装、審判旗、反則行為など、特定の個所について異なる記述が確認された。これらは、目にみえる色や個所で、日本剣道KENDOではない韓国独自の文化性を反映させようとする韓国剣道KUMDOの試みが認められた。

　反則行為や有効打突などのポイントに関わる内容については、③日本版よりも①韓国版のほうが、より明確・明瞭に記載されていた。主観的で曖昧なものではなく、より客観的なポイントを重視するスポーツ競技に傾倒した韓国剣道KUMDOの特徴をよく表している。

　韓国剣道KUMDOは、独特の文化性を形成しようとしているものの、日

表5　剣道術語の日本語表記と韓国語表記

| ③日本版 | | ①韓国版 |
|---|---|---|
| 試合 | → | 競技 |
| 有効打突 | → | 有効撃刺 |
| 残心 | → | 存心（존심） |
| 本数 | → | 得点（득점） |
| 勝ち抜き法 | → | 勝者連戦法 |
| 相打ち | → | 相撃（상격） |
| 中段の構え | → | 중단세 |
| 構え | → | 대적세 |
| 審判主任 | → | 主任審判 |
| 合議 | → | 合意 |
| 既得本数 | → | 既得スコア（점수） |
| 物打 | → | 有効部 |

本剣道KENDOと大きく異なる新ルールを提示しているわけではない。しかし、②国際版が③日本版を底本としていることから、①韓国版との相違によって、韓国剣道KUMDOにとっては国内ルールと国際ルールが並存していることになる。この両者の間にある相違が、韓国独自の競技化に傾倒する国内ルール（①韓国版）と、日本剣道KENDOの伝統武道に傾倒する国際ルール（③国際版）との間に生じる摩擦・軋轢だと推察される。

注

（1）『剣道競技・審判規則　剣道競技・審判細則　剣道競技・審判運営要領』2005年1月27日改訂、大韓剣道会、2005年
（2）『The Regulations of Kendo Shiai and Shinpan, The Subsidiary of Kendo Shiai and Shinpan、The Guidelines for Kendo Shiai and Shinpan: 剣道試合・審判規則／剣道試合・審判細則／付剣道試合・審判運営要領』2006年12月7日改訂、国際剣道連盟、2006年
（3）『剣道試合・審判規則／剣道試合・審判細則／付剣道試合・審判運営要領』2009年4月1日改訂、全日本剣道連盟、2009年
（4）加藤純一「韓国剣道連盟（大韓剣道会）の動向について――剣道に対する認識」第46回日本武道学会配布資料、筑波大学、2013年
（5）前掲『正統 剣道教本』356―358ページ

（6）榎本鐘司「戦後剣道復活過程における愛知県のスポーツ剣道について──「ジャパニーズフェンシング」の実態」『東海武道学雑誌』第7・8巻合併号、東海武道学会、2005年、22ページ
（7）愛知県剣道連盟五十周年記念誌編集委員会編『財団法人愛知県剣道連盟五十周年記念誌』愛知県剣道連盟、2002年、66ページ
（8）1994年発行の韓国剣道出版物の『実践剣道』（オソン出版社）中で紹介されている大韓剣道会『剣道試合・審判規則』では、審判旗がまだ紅白だったことが確認できる。95年1月1日に発行された大韓剣道会『剣道競技・審判規則』14ページでは、審判旗が青白に変更されている。
（9）前掲「韓国剣道連盟（大韓剣道会）の動向について」の発表資料として、加藤が、大韓剣道会機関誌「剣道」第69号（大韓剣道会、2006年、3ページ）を日本語に訳したものである。
（10）前掲「韓国剣道連盟（大韓剣道会）の動向について」
（11）全日本剣道連盟編『剣道試合・審判・運営要領の手引き』全日本剣道連盟、2003年、8ページ
（12）全日本剣道連盟編『剣道指導要領』全日本剣道連盟、2008年、158、166ページ
（13）2007年の夏季に開催された石川県の中体連・高体連での公式大会に際し、石川県剣道連盟から審判員・大会役員に通知が送られた。しかし、その一方で、熱中症対策として、愛知県では6月から9月までの審判員のシャツは半袖とする慣例があるなど、実際は各都道府県剣道連盟の裁量に任されている。
（14）加藤純一「韓国における剣道試合の有効打突に関する一考察──韓国実業剣道連盟による映像判読訴請規定制定までの流れとその実施過程を踏まえて」『武道学研究』第45巻第1号、日本武道学会、2012年、1─21ページ
（15）本研究で用いた①韓国版（2005年）を入手する前の予備調査段階で、大韓剣道会の公式ウェブサイトから「試合・審判規則」をダウンロードした時点（2011年11月）では、1996年8月1日発行の①韓国版であった。
（16）新村出『広辞苑 第3版』岩波書店、1983年（「付則」2103ページ、「補則」2208ページ）
（17）①韓国版は、大韓剣道会の公式ウェブサイト上で公開されている「試合・審判規則」の補則で改訂が提示されている日時が、必ずしも一致していない。このことから、「規則」の改訂にあたり、どのような手続きが踏まれているのかは不明である。
（18）堀正平『剣道礼儀考』剣道考古館、1941年（中村民雄「撃剣興行における試合方法と礼法」、前掲『剣道の歴史』所収、524ページ）

(19) 前掲『今、なぜ武道か』121—122ページ
(20) 「疑義」から「疑問」へ用語が変更されている。
(21) 1996年には記載なし。
(22) 1999年から変更される。
(23) こうした状況の延長線上に、2012年の世界選手権大会男子団体決勝では、審判の判定を不服とする韓国人選手が残心を示さず、納刀をしないという事態が生じた。

# 第5章　剣道文化の未来志向

## 1　武道とスポーツのはざまの剣道

**剣道は武道かスポーツか**

「剣道はスポーツである」という主張に対し、日本の剣道愛好者の多くは「剣道は武道であって、スポーツではない」と反論するだろう。これらの相反する主張の根拠はどこにあるのだろうか。本項では、この古くて新しい命題を考察したい。

　富木謙治の『武道論』を編集した志々田は、この命題に次のように答えている。

　武道を体育の文化として完成させ、伝統の美点や長所を新しい教育のなかに生かすための最善の方法は、「武道を競技化することである」と。ただし、競技化する際には、武道の本質となる「わざ」の存在が問題となることを指摘する。武道の「わざ」には危険性が伴うために、その危険性を排除するための制限が必要となる。危険防止の観点から、武道は一定のルールの下で競技として成立することになる。武道に新たなルール（制約）を作って、それに従って競技することは、武道をスポーツに作り変えることになるだろう。なぜならスポーツは、身体活動によって課題に伴う技術性を追求するものだからだ。お互いに修練した技を競い合うことを「競技」と定義すると、柔道や剣道といった現代武道は、まさに「競技」であり、スポーツもしくはスポーツ的ということになる。

　さらに、「武道の競技化」について志々田は次のように説明する。

現代の柔道や剣道は、古流の柔術や剣術が多くの流派に分かれて、技術的にも不統一であったものを集大成し、近代化によって「試合」ができるようにしたものである。つまり「競技」化である。「試合」を通して武道を鍛練することは、「わざ」を磨く上で最善策であり、攻防の「わざ」の理を究めるためにも、欠くことのできない方法である。ことに勝負の場に身をおくことが「こころ」の修養に大いに役立つものであることを知らなければならない。しかし、このように試合をする武道は、いわゆるスポーツであり、精神の修養にはならないと主張し、競技化されていない他の古流派武術の方が精神的であるように誤解するものが出現している。
(2)

つまり、競技化され「試合」を通して互いに競い合うことで、攻防の「わざ」は最もよく修練され、同時に「こころ」も鍛えられる。その一方で、勝負に依拠しない古流派武術を修練することは、競技化された武道を修練するよりも精神性が高まるとの誤解を払拭すべきだと論じている。また、この武道の精神性に着目し、「武道かスポーツか」という二項対立の様相にある成立過程について、次のように説明する。

　武道では「こころ」の面を重く見た結果、武道は「精神」であって「技術」ではないという印象を与えた。そして戦前の学校教育では、「武道」と「体操・スポーツ」と厳しく分け、「武道」は精神の教育であり、「体操・スポーツ」は保健や娯楽の方法であるとした。当然、その指導者に対する資格附与についても別個に取り扱われた。しかし、戦後新しい体育教材となった柔道や剣道は、体操やダンスと併立され、スポーツ種目に加えられることとなる。その結果、戦前に行なわれていた柔道や剣道と、戦後の柔道や剣道とが、多少のルールの相違があるにせよ同じことをしていても、まるで別のものであるかのような印象を与えてしまった。そして、武道はスポーツか否かという論議に花を咲かせることになる。
(3)

上記のように、学校教育のなかでその「精神性」をめぐって、第2次世界大戦を境に「武道はスポーツか否か」が論議の的になった。

第5章　剣道文化の未来志向

戦後、剣道にスポーツ科学のメスを入れた三橋秀三は、「剣道は日本古来の剣術の修練をスポーツの形式で行うものである」と明言している。つまり、「現代剣道は日本古来の剣術を基盤にした伝統的スポーツであって、日本刀に代わる「しない」を用いて約束部位を打突し合う競技」であり、「日本民族の創造による平和を理念とした遺産スポーツである」という。三橋は、現代剣道の特性として、「伝統的側面」と「スポーツ的側面」の2つの側面を指摘している。

　これに対して、菊本智之は、「日本で育まれてきた「武道」と欧米諸国で培われた「スポーツ」は多くの共通点を持ちながらも、本来、文化的に異質なものであると認識する必要がある」と論じる。菊本の主張によれば、現代の「武道」は、戦前のような国家的・軍事的な理念や意味合いは薄れたものの、外来の「スポーツ」とは異質であり、柔道・剣道・弓道などを示す総称として一般化しているという。つまり、武道を運動学的な意味で身体運動文化と捉えるならば、武道は「スポーツ」に包摂されるだろうが、身体運動文化が育まれた風土的・文化的背景の相違に着目すれば、「スポーツ」と「武道」は明確に、別々に分類されることになる。

「スポーツ」という名辞を歴史的にみると、「運動競技」を意味する言葉として日本で「スポーツ」が初めて使われたのは1912年の新聞報道だったとされる。その後、レスリング、ボクシング、バスケットボール、バレーボールなどが日本に導入され、25年には、「スポーツ」という用語が三省堂の『広辞林』に登場した。このことから、日本人が「スポーツ」を名辞として使い始めたのは、昭和期に入ってからと推察される。つまり、現在の「武道がスポーツか否か」という議論も、当然ながら「スポーツ」という名辞が認識されるようになった昭和期以降、しかも戦後の議論ということになる。

　「スポーツ」の定義について、アレン・グッドマンは「近代の競技スポーツ」を以下の①から⑦の7点で特徴づけたうえで、さらに宗教的なものから距離を置くという点で、スポーツはその原点になった民族遊技からも区別されるとしている。

①世俗化　②競争の機会と条件の平等化　③役割の専門化　④合理化　⑤官僚的組織化　⑥数量化　⑦記録万能主義

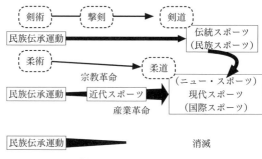

図8　スポーツの諸相
（出典：前掲「思考実験としての武道」をもとに筆者作成）

　グッドマンが提示した近代の競技スポーツの定義を通して「武道」を眺めてみると、剣道や柔道といった現代武道は、①世俗化、②競争の機会と条件の平等化、④合理化、⑤官僚的組織化、⑥数量化でスポーツの特徴を備えていると考えられる。しかし、グッドマンが補足した宗教的なものから距離を置くという点で、特に剣道は仏教の禅と親和的関係にあり、スポーツとは異なる特徴があるといえる。歴史的に剣道と禅の関わりは深く、山岡鉄舟に代表される「剣と禅」の親和性は明白であり、大森曹玄の『剣と禅』、佐江衆一『剣と禅のこころ』、渡辺誠『禅と武士道』など、多数の出版物からもその精神性と深い関わりを見いだすことができる。他にも、剣道に限れば、④合理化、⑥数量化、⑦記録万能主義については「柔道」とも異なる特徴を示し、第3章で論じた剣道試合で競い合う「有効打突」の判定方法からも明らかなように、合理化や数量化とは異なる判定基準をいまなお貫いている。以上のことから、武道と近代競技スポーツの特徴とは必ずしも一致しないことがわかる。そのために、武道がスポーツか否かといった議論が今日も継続しているのではないだろうか。

**スポーツの日本化と武道のスポーツ化**

　前項で紹介した「武道はスポーツか否か」という議論をさらに深めるうえで、友添の近代スポーツと民族伝承運動の関係を参考にして、図8に剣道や柔道を当てはめてみた。
　そもそも剣道や柔道といった日本武道は、他のスポーツ種目と同様に「民族伝承運動」だった。しかし、柔道は「民族伝承運動」から図8の中央の

第5章　剣道文化の未来志向　　163

「近代スポーツ」の流れに乗り、オリンピック競技化を境に「現代スポーツ（国際スポーツ）」へと移行したと考えられる。これに対して剣道は、「民族伝承運動」で始まったものの、柔道のようにオリンピックには向かわずに図8の上段の流れのままであり、1970年にFIKが発足すると同時にWKCも開催しているが、中央の「現代スポーツ」への移行は果たしていない。この意味で剣道は、「伝統スポーツ（民族スポーツ）」として日本国内で独自の道を歩んできたと考えられる。

　しかし、現在では図8の右上段にあるように「伝統スポーツ」から「現代スポーツ」へという矢印方向の力が一部にある。「伝統スポーツ」にとどまるか、それとも「現代スポーツ」へ移行するかの議論になる。国際的な剣道界の議論としては、「現代スポーツ」への移行は日本国内での議論というよりも、むしろ日本剣道KENDOに対する海外からの外圧ともいえる力であり、まさに韓国剣道KUMDOの目指す方向性になる。つまり、オリンピック競技化を含めたこの議論の争点が、日本剣道KENDOと韓国剣道KUMDOとの相克につながっているといえるのではないだろうか。

　では、もともと「民族伝承運動」だった「武道のスポーツ化」は、どのように展開してきたのだろうか。

　明治期に次々と日本に紹介された「スポーツ」の時代背景を考えると、イギリスで発展した「人格陶冶型スポーツ」は、日本の伝統的な身体運動文化となじみ深かったといえる。つまり、これらを「武道」的なイメージで捉えられることが自然な流れだったと菊本は考察している[13]。イギリスで発祥した「近代スポーツ」は、当時のイギリスの国家戦略や植民地政策とともに、「チームスポーツは高貴な品位や人格を陶冶するもの」という「アスレティシズム[14]」とも調和し、「人格陶冶型スポーツ」として高い評価を得ていた。さらに、エリート階級が作り出した「一切の見返りを期待しない純粋スポーツ愛好主義」、いわゆる「アマチュアリズム」がその担い手だった新興ブルジョアジーの社会上昇志向ともつながった。こうして「近代スポーツ」は、イギリスの海外進出と連動して世界各地へ広がっていった[15]。

　イギリスで育まれた「スポーツ」は、教育的に「人格を陶冶するもの」として社会からすでに高い評価を得ていたが、日本にはすでに「武芸」「武術」という修行が存在し、この修行に人格陶冶機能があることは当然のことと考えられていた。そこで導入された「近代スポーツ」に、それまでの日本

的な伝統的心身観や修行観を組み込み、熟成させながら日本人のスポーツ観を作り出していった。

　実際には、明治期にとどまらず現在でも日本人が「スポーツ」をおこなうときに、「スポーツ」本来の原義に含まれる「play（遊ぶ）」という観念以上に、日本特有の心身観や修行観にのっとって「スポーツ」を捉える傾向がみられる。例えば、各種競技でグラウンドやコートに入るときに一礼をしたり、一生懸命に練習に打ち込んだり、競技の技術習得に専念し集中したりすることを「道」的・「修行」的に捉えるなど、日本人特有の感覚が「スポーツ」に浸透している。その例を追加するならば、『菊とバット』に代表されるように、アメリカから導入された「ベースボール＝野球」は、日本では「野球＋武士道」として理解され、「野球道」と称されるようになった。アメリカから導入された「ベースボール」は、日本では「野球」として最も早くプロ化されたスポーツだが、現在でも武道的性質を色濃く残す姿が垣間みられる。

　これらの状況は、菊本がいう「スポーツ」の武道的解釈と捉えられる。このように明治期に「近代スポーツ」が日本に導入され、日本武道の近代化とともに「スポーツの日本化」という文化変容が起こり、日本では「武道」と「スポーツ」が相互に影響を及ぼし合いながら発展してきたといえる。

　当時、「スポーツの日本化」が促される一方で、帝国主義や軍国主義的色合いが濃くなると、「スポーツ」は敵対国の身体文化として次第に敬遠されるようになった。また、これとは対照的に、「武道」は日本の精神性やナショナリズムを高揚するものとして重視され、戦時中には不可欠なものとして「武道」が扱われるようになった。大正末期から昭和前期にかけて、「スポーツ」という概念が大衆に浸透していった後も、「武道」と「スポーツ」は別々の概念として捉えられていた。

　しかし、戦後、その状況は一変する。「スポーツ」はアメリカの民主教育の一環として教育に積極的に導入され、「武道」もスポーツ化を条件に復活を果たすことになった。だが、この「武道のスポーツ化」については、2つの批判があると富木は指摘する。

　第一に、人類が戦争で絶滅しないかぎり、戦争の一要素としての実戦的武道は奨励されなければならない。国家が軍事力を有するかぎり、「武力」と「武道」が求められるのではないか。たとえ戦争が根絶しても、我々の社会生活から暴力が根絶しないかぎり、自己防衛や護身術としての「武道」が必

要とされるのではないかという疑問である。

　第二に、武道のスポーツ化に付随する技術の問題である。スポーツ化によって武道の本質が失われ、特に技術が退化するという点である。

　これらの批判に対して富木は、「武道の技術はスポーツ化することによってのみ、現代的鍛練ができ、そのためにその本質を磨き、将来に発展するものである」(18)と断言する。事実、これまでスポーツ化されなかった多くの古流武術は現代ではほとんど忘れ去られ、その内容も退化しつつある。したがって、現代で武道が生き延びるためには、ルールによる近代化が要求される。

　多木浩二は、「あるスポーツがゲームとして成立するのは、どこでも、だれでもが理解できるし概ね守ることのできるコードを基盤にしていることが条件である」とし、「ルールは世界的に共通し、文化的には中性的なコードになっていく」(19)と主張する。多木によれば、個々の文化に閉じた身体技法や儀礼には、その文化に従ってしか理解できない習慣的意味がある場合が多いが、現代スポーツのルールには、もはやこうした固有の文化に閉じた象徴的意味はない。なぜなら、こうしたローカルな意味に代わって、コードが世界的・普遍的な視野のなかでグローバルに構成されるからである。その格好の例が、民族的な競技が国際的スポーツになる過程にみられる。この場合、スポーツに含まれるコードの民族性は漂白されなければならない。かつては民族的なスポーツだった柔道が世界的なスポーツに変貌していった過程でも、そこに含まれている日本のナショナルな精神的伝統や非近代的な文化の残滓を払拭しなければならなかった。この払拭のために体重制や点数制などが導入され、ゲームのコードは変化したのである。

　元来ローカリティーに縛られていた身体競技がスポーツ化するには、地方性も脱しなければならないということだ。(20)つまり、武道（剣道）が示すコードが、ローカルで文化的な意味や権力関係を完全に払拭して、中性化した規則になったときにはじめて、身体的な競争がスポーツになるということだろう。剣道のスポーツ化や国際化には、その地方性を脱することが条件とされ、中性化する必要がある。しかし、剣道が日本の伝統文化であることを矜持とする全剣連としては、当然ながら剣道の中性化、つまりスポーツ化が容認できない。そこで全剣連は、剣道の「国際化」ではなく、あえて「国際的普及」と表現することで、日本文化としての剣道を死守しようとしているようにも映る。

**武道とスポーツの位相の相違**

　現代スポーツでは、オリンピックや世界選手権、ワールドカップなどに代表される「チャンピオンシップ・スポーツ」が注目されている。特に戦後、アメリカはスポーツ界にも多大な影響を及ぼし、スポーツをイベント化する「ショー・スポーツ」という新しい領域を開拓した。1984年のロサンゼルス・オリンピック（第23回オリンピック競技大会）が、国際的スポーツ・イベントとして成功を収めたことを契機に、スポーツ界では情報化や商業化、勝利至上主義の傾向に一層拍車がかかった。大企業は、急速な情報化社会の波に乗り、スポンサー・シップによってスポーツ界に進出した。各種スポーツと企業資本が結び付いた結果、大規模で商業主義的な国際大会の開催が増えていった。

　日本は明治期の文明開化によって、欧米文化としてのスポーツと、はじめて出合う。フレデリック・ウィリアム・ストレンジは、1883年に『アウト・ドア・ゲームズ』と題した小冊子を出版して、ベースボール、フットボール、ホッケー、テニス、陸上競技（ヤード競走、棒高跳び、ハンマー投げなど）の様々な西洋スポーツを紹介した。さらに85年には、この小冊子を参考にして21種類のスポーツ競技を紹介した『西洋戸外遊戯法』が出版された。そこでは、「ゲーム」が「遊戯」と訳され、「スポーツ」には「遊猟」「鈎猟」「競馬」「遊戯」「娯楽」などの様々な訳語が作られた。しかしこれ以降は、「スポーツ」に存在する「戯れ」や「遊び」といった要素が消えていくようになる。その理由の一つは、文明開化ののち「富国強兵・殖産興業」政策が推し進められた時代のなかで、新しい近代日本を建設するために「スポーツ」を「楽しむ」ことや「遊ぶ」ことができなかった時代状況があったためだろう。もう一つの理由は、文明開化以前の日本独自の「身体文化」である武術の精神性の影響もあり、スポーツをただ単に楽しむのではなく、実生活における「闘い」に有効な身体鍛錬や精神修養として利用するという思想が影響していたためと思われる。[21]

　スポーツの伝来以前から、日本には独自の「身体文化」があった。相撲、剣術、拳法、空手、そしてのちに柔道として国際的スポーツに発展する柔術など、様々な「武道」の存在がそれである。ただし、これらの武道には明確な目的意識があったと玉木はいう。[22] つまり、実生活に「闘い」があり、その

「闘い」に勝利する目的で武術をおこなう。武術は、武士として生きるための精神鍛錬の道具としておこなわれていたとするが、武士が存在しえなくなった現代で武術は武道に変換され存在することになる。その武道の存在意義とスポーツとの融合が可視化され理解される必要がある。

　富木は、従来、武道は真剣勝負の技術であり、スポーツは遊びや興味のための技術であるからまったく異質のものであると仮定したうえで、「武道のスポーツ化は、不可能であって、武道は旧時代のものとして現代教育から追放されなければならないものなのか」と問う。つまり、武道は道徳規範としても技術としても戦場の場を想定していて、その背景には軍国主義的思想をもっているが、今日のスポーツは民主主義的思想に基づいておこなわれなければならないとする。その前提に立てば、武道とスポーツとは大きく対立することになる。究極的には、その技術を発揮する場が「実戦の場」であるか「スポーツの場」であるかに収斂すると、富木は指摘する。現代社会に「実戦の場」は想定できない。つまり、「武道」と称しても「スポーツの場」という空間でだけ存在しうることになるだろう。「現代武道は、世界を1つに結ぶことをもって理想とする」とし、そのためには、誰もが納得できるような「合理性と客観性をもつスポーツの「力」の場」を武道が持つことが重要である。「実戦の場の「力」を、スポーツの場の「力」に純化し昇華して表現することには崇高な意義がある」と、富木は結論づける。

　武道の現代化については、1960年代に盛んに議論されている。60年代における武道界の議論は大きく2つの立場に分かれたと志々田は分析する。一つは「武道は武道であってスポーツではない」という立場であり、もう一つは「武道は過去の武道であってはいけない。スポーツになるべきである」という立場だった。だが、前者は事実（「武道はスポーツではない」）であり、後者は当為（「武道はスポーツになるべきである」）であることから、事実認否と当為論の混同が指摘される。前者のなかでもスポーツに拒否的な人のなかには、学問的というよりも信念に支えられた感情論が根強かった。当時の武道界では有識者でさえ、武道が「スポーツ」か否かという論議に際し、「武道」実践者としての信念が優先してしまう状況があったと、志々田は証言している。

　阿部哲史は、「スポーツ」と「武道」の世界観を異なる視点から次のように分析している。「スポーツの世界観」は、近代から現代にかけて欧米社会

で進歩した科学技術に後押しされ、近代スポーツが発展した。哲学的にはデカルトの二元論的な世界観が、あらゆる分野での合理主義的な思考を欧米人に浸透させた。そのために、近代スポーツ理論も二元論的な世界観のうえに成り立っているといえる。二元論によって心と身体、主体と客体、人間と自然といった事象を分離的な方向へと導く発想が、根本原理として内在している。

　他方、「武道の世界観」は、日本の中世後期から近世期に発達して、武芸者の体験知や仏教、儒教、道教などの中国哲学の影響を含む宗教的な理論が基礎になっている。その特徴は、一元論的な世界観にある。近世の武芸論では「気」を重要な概念と認識し、「気」を媒介として天と地と人の三者は一体と捉えられてきた。「武道の世界観」は、心身一元論に基づく「心身一如」の教えにつながる。

　このように一元論か二元論かに基づく世界観の相違が、「武道」か「スポーツ」かという議論に反映されている。

「心身一如」について湯浅康雄は、西田幾多郎の身体観に従って次のような述べている。意識（心）の主体性と身体の客体性は不可分に結合しているにもかかわらず、主体性と客体性として互いに区別されうる存在様相を示している。この様相を日常的経験の次元でいうと、心のはたらきと身体のはたらきが完全に1つにはなっていないことを意味する。技術におけるコツを例としていえば、コツを会得していない者は、「心」でこうしたいと思っても「身体」の動きがそれについていかない。つまり、「身体」は「心」の動きに抵抗する重いものとなり、自己の人間としての主体性を拘束する基本的制約としての客体性を示す。しかし、繰り返しその技術習得の訓練を反復することで、心の動きと身体の動きは次第に一致するようになる。

　西田の解釈を別の例えでいえば、優れた音楽家が熟練した演奏をするとか、優れた画家が感情のおもむくままに「筆おのずから動く」境地のような状況になれば、「心のはたらきと身体のはたらきは一体となり、その理想的状態においては「身心一如」の名人芸の境地にまで至る」のである。これは、武道の「技」の習得のための訓練による「洗練」に通じるものがある。

「武道」に代表される日本の伝統的な「道」の思想には、「道は一つ」という考え方がある。この「道」は日常生活にあるものであり、「スポーツ」のように日常から解放されたり、非日常的な活動としておこなわれたりするも

のではない。つまり、生活修練の中核として「武道」の修行を捉えるところに大きな特性があるといえるだろう。「道」としての認識は、人としての全生活へとその領域が拡大されることである。「平常心是道」という言葉は、「武道」に生きる人の日常生活の行為について用いられ、平常の心構えが技の修行に集約され、また「武道」の修行が日常生活にそのまま現れると考えられている。したがって、「武道」の修行は、道場の稽古だけにあるのではなく、日常生活のすべてが「道」につながっているとする。例えば、武道では道場での礼法や道具の取り扱い、履き物の整え方など、身近な生活について指導される。これも日常生活で心身を磨くという伝統的な思考が受け継がれているからだろう。日常生活と「武道」の修行が相即することで、その「道」に熟達してくるものとされ、修行者はおのずと落ち着き、気品や隙のなさなども備わってくるとされる(30)。ここに生活のすべての秩序が「道」として実現されていくという総合的・修道的な「武道」の意義や特性がある。

　他方、「スポーツ」の原義は、日常生活から一線を画して、その厳しさや圧力から解放された「気晴らし」「遊び」「楽しみ」などの要素を持つ文化である。

　これらの議論では、「西洋と東洋」の哲学的対立軸である「心身二元論と心身一元論」を適用して、「スポーツと武道」が捉えられているといえるだろう。

　武道とスポーツは位相を異にする。日本の民族伝承運動だった武術が近代化され「武道」と称され、同時に競技化され「伝統スポーツ」としての特徴を備えるようになった。その背景にある日本の伝統性を失うことなく維持するために、「伝統スポーツ」として「現代スポーツ」から距離をとりバランスを保ちながら存在しようとしているのが、現代の日本剣道KENDOなのだろう。

## 2　アマチュアリズムと剣道

### 日本剣道KENDOのアマチュアリズム

　日本剣道KENDOを組織し運営する全剣連は、剣道がプロスポーツ競技団体ではなく、アマチュア競技団体であることを自負している。そのため、

全剣連が主導するFIKに世界各国から加盟を望む団体からの問い合わせがあっても、商業的でプロ志向が明らかな場合には、これらの団体を積極的に排除してきた経緯がある。

　ところがこの方向性とは対照的に、韓国剣道KUMDOは、オリンピック競技化を推進し、韓国国内では剣道競技のプロ化も積極的におこなっているようだ。その背景には、韓国で国技とされるテコンドーが1988年のソウル・オリンピックから公開競技となり、シドニー・オリンピックで正式種目になっていることがある。他にも韓国の新興武芸と目される海東剣道など、韓国では武道団体とスポーツ団体の普及や展開の間に、プロとアマチュアの境界線を単純に引くことが難しい状況にある。では、韓国と日本では、WKCに出場させるような国家代表選手をどのように育成しているのだろうか。また、育成システムにどのような違いがみられるのだろうか。

　韓国剣道KUMDOの国家代表選手の多くは、務安郡や京畿道など特定の市役所などに所属している。この場合、公務員として身分は保障されているものの、勤務内容の実態は剣道の練習であり、大会などで競技実績を上げることが求められる。いわゆる自治体の広告塔のような役割を担っているようだ。当然、競技の第一線から身を引いた後や代表選手引退後は、公務員としての地位は失効され、その結果、選手の多くが生計を立てるために道場経営などによって選手育成にあたることになる。

　他方、日本の国家代表選手としてWKCに出場している選手の大半は警察官である。彼らもまた、各都道府県の警察署に配属され、公務員として勤務している。彼らは警察機動隊内の特別訓練生（以下、特練と略記）と称し、勤務の実質は訓練と称して剣道の稽古をおこなっている。特練は、将来の警察幹部候補生でもあり、警察官が必要とする柔道・剣道を基本とした逮捕術など特別な訓練を実施する。

　このように、日本剣道KENDOの代表選手は警察官、韓国剣道KUMDOの代表選手は市役所職員と、どちらも公務員として剣道競技に集中できる環境があるという点では同様であり、いわゆるステート・アマ（国家アマ）選手がWKCに出場していることになる。

　しかしその一方で、明確な相違点もある。日本の警察官は終身雇用の公務員であり、選手の間は特練として活躍するが、選手を引退した後は警察官としての公職が保障されている。また、競技成績が優秀で顕著な結果を収めた

選手は、のちに師範になって、専門家として指導に携わることも可能になる。
　韓国の国家代表選手（候補を含む）はどうだろう。韓国では、最長35歳まで代表候補であるかぎりは市役所職員としての身分保障はされているが、選手を引退すると公務員としての職をも失う。つまり韓国では、期限付き公務員の特別枠としてスポーツ競技選手が採用されていて、競技実績が伴わなければ、資格も失効され解雇されてしまう現実がある。この状況は、プロスポーツ選手の戦力外通告と同様であるようだ。このように、剣道選手のセカンド・キャリアに対する保障に、日本剣道KENDOと韓国剣道KUMDOでは相違がある。この違いこそ、日本剣道KENDOが「アマチュアリズム」を堅持し、他方、韓国剣道KUMDOがプロスポーツ的な「プロフェッショナリズム」を志向する分岐点になると思われる。加えて日本では、剣道や柔道といった武道が、警備面や治安面で歴史的に尊重されてきた伝統や習慣があるが、韓国にはそのような武道に対する優遇措置のような習慣が存在しない。
　日本剣道KENDOの「アマチュアリズム」の起源を探るため、日本人のアマチュアリズム信奉の経緯を玉木の論考から探ってみよう。
　「日本人とアマチュアリズムとの出会い」はオリンピック大会に始まる。近代オリンピックを創始したピエール・ド・クーベルタンがアマチュアリズムを支持し、オリンピックをアマチュアの大会として定着させた。その思想が日本では美化され、受け入れられた。(31)明治期に帝国大学の学生を中心とするエリート層が、欧米文化である「スポーツ」を積極的に受容した。スポーツは一般大衆化される前に学生の間に広がり、エリート学生たちが余暇活動としておこなうものという考えが定着した。同時に、学生ならばアマチュアであることが当然であり、金銭が絡むプロ興行は「不純」だという考え方も育まれた。「神聖なアマチュア」という日本人のスポーツ観は戦後になっても引き継がれ、強固になっていった。(32)
　日本のアマチュアリズムは、「ミスター・アマチュア」と呼ばれたアベリー・ブランデージの影響が大きい。1964年の東京オリンピックと72年の札幌オリンピック（第11回オリンピック冬季競技大会）が日本で開催されたとき、ブランデージは当時のIOC会長だった。ブランデージがIOC会長を務めた期間（1952―72年）、オリンピック大会は参加国、参加人数、競技種目数ともに増えて規模が拡大していた。大会の拡大に伴って競技レベルも向上し、アマチュア選手間の競争が激化した。ここに出現したのが、旧ソビエト連邦

や東欧諸国の「ステート・アマ」と呼ばれる選手たちだった。社会主義諸国では、優秀なスポーツ選手は国家の英雄として生活が保障され、国威発揚のシンボルとしてスポーツに専念することができた。体育系大学で競技に専念する「スクール・アマ」や軍隊に所属する「ミリタリー・アマ」として、メダル獲得をねらう競技者も出現した。

このような「ステート・アマ」に対して、資本主義諸国でも同様の制度を活用して対抗する「企業アマ」が現れた。一流のスポーツ選手が、企業に就職し、企業から給料をもらうことで生活が保障され、スポーツに専念するシステムが確立されるようになった。これに対しブランデージは、企業活動のような「宣伝行為」をして金銭を受け取る選手を「プロ」と認定し、オリンピックから「追放」した。日本人はブランデージの主張を信奉し、アマチュアリズムこそがスポーツの原点であり、オリンピックはアマチュア選手の大会であるべきと考えていた。

## アマチュアからプロの時代へ

1972年にブランデージがIOC会長の座を退くと、スポーツ界の情勢は一変した。オリンピックの肥大化と競技レベルの向上によって、「ステート・アマ」「ミリタリー・アマ」「スクール・アマ」「企業アマ」といった実質的に「プロ」である競技者が多数を占め、彼らを「アマチュア」と呼ぶことが困難になってきた。加えて、大会規模の肥大化による組織運営が、開催国家の援助や寄付だけでは維持できない状況になっていった。この状況を打開するために、IOCでは自力で運営資金を調達する必要性が生じ、結果的にオリンピック大会はスポーツを「商売」にすることになった。すなわち、74年にIOCはオリンピック憲章から「アマチュア」の文字を消したのである。オリンピック憲章から「アマチュア」の文字を削除したことで、その後はほぼすべての競技が「プロ化」に向かうことになった。近代スポーツの歴史を回顧すると、この「アマチュア」から「プロ」へというスポーツ界の流れは必然的だったといえるだろう。(33)

多木も「スポーツが資本と結合し、アマチュアリズムを無意味化するのは、ブランデージのような頑迷なアマチュアリストの感情を刺激したとしても、近代スポーツの遂行にはさほど影響がなかった」と分析する。つまり、近代スポーツはもともと資本主義社会の文化の一つであり、人間はスポーツを消(34)

第5章　剣道文化の未来志向　　173

費するということなのだろう。

　前述した日本人のアマチュア信奉、近代スポーツのプロ化、消費文化といった議論を参照して、日本剣道 KENDO の様態を説明すると次のようになるだろう。

　全剣連の歴史を振り返ると、戦前には武徳会と学生剣道界の2つの団体が組織された。戦後は武徳会が解散を余儀なくされ、教育剣道である学生剣道が組織の中核をなした。以降、剣道は「文武両道」の思想を背景にエリート学生が余暇としておこない、その修練を通して人間形成を図ってきた。1975年に全剣連は「剣道の理念」を制定し、「剣道は剣の理法の修練による人間形成の道である」ことを公明正大に謳っている。さらに、剣道試合で「一本」を競い合う「試合審判規則」には、「有効打突」に残心があることを要件としている。この残心は、まさに新渡戸の『武士道』の「惻隠の情」の具現化であり、相手への敬意を示す「気構え・身構え」である。剣道は、いまなお、プロスポーツのようにエンターテインメント性（観衆）を意識するのではなく、相手に意識を集中するとともに内省し自己修養に努める「修行」である。日本では、この「文武両道」の思想を背景に剣道の修練を通して自身の人間形成を図ってきた。全剣連会長をはじめとする全剣連幹部が、歴代、東京大学剣道部や東京高等師範の流れを汲む東京教育大学剣道部のOBで組織されている組織構成からもその一端がうかがえる。全剣連の運営方針は、まさに東京大学剣道部に継承される日本の古きよき「アマチュアリズム」を信奉し、エリート学生の文武両道を説いている。その一方で、競技力向上のためには、警察や教員という公務員制度を利用した「ステート・アマ」的な制度を活用している。その体制を通して、プロ化によって日本剣道 KENDO が「消費される一つの文化」とならないよう、かたくなにその伝統性とエリート志向に基づいた「剣道」を堅持しようとしている。その現れとして、剣道の指導や審判は、あくまでボランティアであり、報酬を授受しないという考え方に基づいて活動している。特に、剣道に金銭が絡むプロ興行は「不純」だと捉えられている。明治期の撃剣興行に対する評価も、剣道命脈を保ちその伝承には貢献したものの、剣道を見せ物として興行したことに対する批判はいまだに根強い。

　このようにオリンピックやその競技種目に加わっている柔道界の状況を静観する日本剣道 KENDO は、武士道精神を根底に置き、剣道競技のなかに

商業主義や不正などが広がらないように厳格に統制している。剣道は日々の稽古の積み重ねによる修行であり、試合や大会は見せ物ではない。観衆に媚びることなく、相手に対する敬意を重んじるという点から「アマチュアリズム」を継承していることになる。つまり、日本剣道は「アマチュアリズム」を堅持することで、プロスポーツとは差別化される。ここが、オリンピック競技化への一つの分岐点となっているのだろう。

　以上のように、日本剣道 KENDO のプロ化には根本的に大きな障壁がある。剣道がスポーツとして資本と結合することで、アマチュアリズムが無意味化されるような事態は避けたいのである。この点からも、韓国剣道 KUMDO のプロフェッショナリズムへの傾倒とは、相いれない考え方と社会情勢がある。

## 3　ナショナリズムと剣道

**スポーツ・ナショナリズムとは**

　まず、ナショナリズムとは何かを確認したい。『日本大百科全集』によれば、ナショナリズムとは、「ある民族や複数の民族が、その生活・生存の安全、民族や民族間に共通する伝統・歴史・文化・言語・宗教などを保持・発展させるために民族国家（ネーション・ステート）と呼ばれる近代国家を形成し、国内的にはその統一性を、対外的にはその独立性を維持・強化することを目ざす思想原理・政策ないし運動の総称」である。

　では、このナショナリズムとスポーツが結び付くとどうなるのだろうか。スポーツの祭典であるオリンピックは、平和主義を理想とする国際的競技大会とされるが、近代化と帝国主義が世界に広がり、国家間が対立する時代に創設されたイベントであるため、当初から政治的紛争の危険性を内包していた。オリンピックは非政治性が建前ではあるが、実際には、国別対抗で競われたために国家間の政治的対立が顕在化した。事実、19世紀末から20世紀に至る世界の歴史は、繰り返される紛争と戦争の歴史であり、各国家間で強硬で排他的なナショナリズムが生まれてきた。

　そこに、「国」のためにスポーツをおこなうという「スポーツ・ナショナリズム」が登場することになる。近代オリンピックを創始したクーベルタン

も、そのアイデアの発端は「ナショナリズム」と結び付いていたとされる[36]。

　日本では1868年以降の明治維新と文明開化とともにスポーツが欧米からもたらされた。しかし当時は、「スポーツを純粋にスポーツとして楽しむ」という時代ではなく、スポーツは武道のような精神修養だと捉えられた結果、スポーツは教育的な意味で「体育」として発展することなった。「国のためのスポーツ」という意識から、明治政府も体育（スポーツ）を「富国強兵」の道具とみなし、強い兵士の育成を目指した体育が奨励された。また政治的に対立した国家間の均衡が崩れると、日本帝国は満州事変、5・15事件、国際連盟脱退、日独伊三国同盟締結と軍国主義の道を邁進していった[37]。

　日本帝国が国際社会から孤立するなかで、1932年のロサンゼルス・オリンピック（第10回オリンピック競技大会）で競泳陣が活躍した。続く36年のベルリン・オリンピックでは女子平泳ぎの前畑秀子の金メダルに日本中が酔い、軍国主義が日本人のスポーツ・ナショナリズムをあおった。日の丸を振り、提灯行列でメダリストの凱旋を祝った。そして、40年の開催が決定していた東京オリンピックは、戦火のなかに幻となって消えた[38]。

　このスポーツ・ナショナリズムの観点から日本剣道 KENDO を眺めると、日本から韓国への剣道（撃剣）の導入は、当時の帝国主義に起因する日韓併合（1910年）によってもたらされた。剣道は、日本のナショナリズムを注入すべく占領地である朝鮮半島で積極的に展開された。1945年8月15日の光復節以降は、日帝占領下から解放された韓国で継続された。戦後の韓国のスポーツ・ナショナリズムの一例としては、朴正熙政権がオリンピックや世界大会などの国際的スポーツイベントを利用して、韓国という国家を海外に知らしめる政策＝「体育特技者制度」を72年に法案化した。韓国ではこの政策によって、剣道が学校体育の教材として再び復活した[39]。同時に、韓国では日帝下での日本ナショナリズムを徹底的に排除して、新しい韓国ナショナリズムの高揚のために掲げられた政策として、克日的な「スポーツ・ナショナリズム」が存在する。

## 日本のスポーツ・ナショナリズム

　ここでは、現代日本のスポーツ・ナショナリズムの典型例として大相撲を挙げたい。現在の大相撲ではモンゴルや東欧の国々から外国人力士を入門させる「内なる国際化」が進行している。そのなかで大相撲界に「朝青龍問

題」が浮上した。権学俊は、日本人のナショナリズムによる元横綱・朝青龍批判を次のように分析している。

朝青龍への批判は、2002年の取り組みで朝青龍が敗れた際に「ちくしょー」と叫んだことに端を発する。この発言についての騒動は、当時横綱だった朝青龍の品格を問うものだったが、その後、彼が引き起こしたサッカーと巡業をめぐる騒動やガッツポーズ問題、暴行問題などが、横綱の品格を欠くと批判された。これらの一連の事件と不祥事によって横綱・朝青龍は引退に追い込まれた。しかし、この批判の最大の理由は、日本人のナショナリズムと権は指摘する。[40]

日本人にとって、外国人力士が日本人に帰属するかどうかは、非常に重要な問題となっている。その最高位に君臨する横綱には、相撲技量の高さはもとより、同時に「品格」が求められるにもかかわらず、横綱でありながら暴行事件まで引き起こした朝青龍は、マスコミからも容赦のない批判にさらされた。詳述すれば、「「君が代」を歌わない」「横綱なのに日本に帰化しない」「優勝パレードでモンゴルの国旗を持っていた」「横綱なのに日本人らしくない行動をする」など、いずれも日本人のナショナリズムの視点からの批判だった。これには、日本人の強いナショナリズムと排外主義が作用しているといえるだろう。日本の古きよき文化を踏みにじった横綱という報道の仕方には「歪んだナショナリズム」が潜んでいると権は指摘する。この問題は、モンゴル人である朝青龍の考え方と、相撲は日本の国技であるのだからそれに従うべきとする日本人の考え方の相違から生じたものであり、内向きなナショナリズムの衝突だったと分析できる。

これと同様の見解を示しているのが稲垣正浩と今福龍太である。彼らは「相撲は「国際化」したか」で、朝青龍問題の陰に潜んでいる大相撲界が抱える問題について論じている。[41][42]

具体的には、大相撲の伝統を支える日本相撲協会の体質と国際化時代を生きる人々の意識との間に生じている大きなズレに焦点を当てている。「文化」としての相撲をどう考えるか、相撲を理解するジャーナリズムの不在、力士の養成システムの制度疲労、外国人力士を抱えながら異文化を理解しているとは言いがたい相撲界の現状などを稲垣が分析している。

今福は、「朝青龍問題」と「文化」の問題として、朝青龍のような文化不適応は相撲界にとっては決定的な問題となりうると指摘する。日本の相撲と

第5章　剣道文化の未来志向

いう文化体系のなかに外国人が入るのであれば、文化の違いは相撲界にとっては決定的なものであり、意識して正しく教えなければならないとする。

　日本剣道 KENDO でもナショナリズムは顕在である。日本国内の剣道大会では、大会規模にかかわらず、開会式には国旗掲揚や国歌斉唱がある。同様に、韓国剣道 KUMDO でも、大抵の道場の中心には国旗が掲げられ、剣道大会の開会式では国旗掲揚や国歌斉唱がある。ところが、WKC では2000年の第11回アメリカ・サンタクララ大会から、FIK の方針として「ナショナリズム」を排除する方向性が示されていた。具体的には、表彰式での表彰台、金・銀・銅メダル授与、国歌吹奏、国旗掲揚が廃止されている。さらに、03年の第12回イギリス・グラスゴー大会からは、開会式での開催国の国歌吹奏や選手宣誓も廃止している。これは、武道である剣道が競技性に偏ることへの危惧と、国別対抗の強調から生じる勝利至上主義とは一線を画そうとする全剣連の意志の表れであり、武道としての大会運営を心がけるためである(43)。と言いながら、15年に日本で開催された第16回 WKC では、日本武道館の中央に巨大な日の丸が掲げられていた。

　また WKC では、他の競技種目の世界大会にはみられない特徴として、先に述べたように、期間中に選手や審判員が参加する稽古会が催される。大会中に各国の選手が参加して合同稽古会が開かれるような企画は、他の「スポーツ競技」では稀有だろう。しかしこれが、「武道特有の考え方であり、まさに、自他共に栄えるという精神であり、剣道が単なる競技種目ではなく日本の伝統武道であるということを深く再認識」(44)することになったと、第13回 WKC に選手として参加した下川美佳が報告している。ところが、実際には、第13回 WKC では日本選手団は全員が稽古会に参加しているわけではなかった。これは、本大会の男子団体戦で韓国が初優勝を果たしたことからも明らかなように、男子団体戦での日本と韓国の競技力は拮抗していて、大会中にお互いに選手の手の内をみせるようなことをしないためである。本来は日本選手団こそ率先して参加すべきだろうと、下川は所感を述べている。(45)

　1970年の FIK 発足以来、WKC には競技と国際親善の2つの側面があるとされている。FIK 発足当初の日本剣道 KENDO の競技力が圧倒的に優位だった時代には、WKC は国際親善を全面に出した親善大会だった。しかし、その国際的普及とともに競技面で他国と拮抗し始めると、競技性が全面に押し出される結果になっている。現在では、韓国剣道 KUMDO の台頭によっ

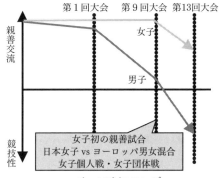

図9　国際普及の親善交流と競技性の比較
(出典：下川美佳「平成18年度 第1回武道研究会報告 剣道の国際普及——第13回世界剣道選手権大会に出場して」『学術研究紀要』第36号、鹿屋体育大学、2007年)

て、この2つの側面のバランスが崩れ、日本剣道 KENDO の国際的普及という理念における課題が露呈する状況がみられる。普及するにしたがって、各国の競技力が向上し、国際的には喜ばしいことのようにも思える。

図9は、下川が経験則で図式化した WKC における「国際普及の親善交流と競技性の比較(46)」である。1970年に第1回 WKC が開催され、国際的に剣道が普及するにしたがって、特に男子団体では親善交流から競技性へ急激に移行している。女子団体については、97年の第9回大会で初めて国際親善試合がおこなわれ、第10回大会から女子団体・個人競技が正式種目として加わっている。

そもそも WKC では、国対抗色の意識や勝利至上主義とは一線を画す方向性をとっている。武道としての自他共栄や交剣知愛の精神を重んじた大会運営を目指す全剣連の意志の反映だっただろう。しかし現実的には、国際的な競技力が拮抗してくると日本剣道 KENDO に映る日本のナショナリズムは顕著になり、同時に他国のナショナリズムも反映される結果となった。この理想と現実のはざまで、日本代表選手でさえ疑問を抱いている現実がある。

日本のスポーツ・ナショナリズムが日本武道のなかに求められるとき、日本剣道 KENDO の国際的普及や、大相撲の内なる国際化を享受しながら、

第5章　剣道文化の未来志向　　179

どのように日本の伝統文化を堅持するのかが課題となる。あるいは、偏狭なナショナリズムに閉じこもることなくグローバルなスポーツ界の流れに乗って、文化変容を享受しながら、どうやって発展するのかが問われることになるだろう。日本のスポーツ・ナショナリズムに表出される理想と現実の乖離を可能なかぎり客観的に捉え、スポーツ・ナショナリズムが抱える課題を今後さらに検討する必要がある。

**韓国のスポーツ・ナショナリズム**

　韓国のスポーツ・ナショナリズムについては、歴史的観点から民族主義と国家主義という両面を持つ韓国のナショナリズムとスポーツとの関係性を捉えた李燦雨の論考を参考にしたい。[47]

　まず、韓国の現代史からみてみよう。1961年5月16日、クーデターによって軍事政権を樹立した朴正熙の国家主義の理念は、「体力は国力」だった。このスローガンの下、朴政権はスポーツを国家政策として利用してきた。「国民体位向上は民族の力となり、体力は国防力に直結する」として、まず国民体操を制定し普及させた。さらに72年のミュンヘン・オリンピック（第20回オリンピック競技大会）で北朝鮮に惨敗したことを契機に、スポーツ・ナショナリズムに基づいた徹底したエリートスポーツ政策を展開するようになる。国民体育振興財団は政府から大韓体育会へ移管され、エリートスポーツ政策への安定的な財源供給を可能にした。さらに、ナショナル・トレーニングセンター（泰陵選手村）の設立、競技成績による選手年金制度の導入、海外転地訓練の実施などエリートスポーツの選手育成に集中的な投資がおこなわれた。軍事政権下で、スポーツは韓国のナショナリズムを鼓吹する手段として積極的に活用された。大統領杯を冠する各種スポーツ大会の開催やプロ野球・プロサッカーリーグの開幕、アジア大会やオリンピック大会の招致など、エリートスポーツ政策は表面的に大きな成果をあげた。しかし、この韓国ナショナリズムをあおるスポーツ政策は、国家に順応する国民の養成と主体性の喪失、政治への無関心を助長する愚民政策の典型として韓国国内で批判されることが多い。[48]

　韓国の民族主義の萌芽には、韓国の近・現代史上欠くことができない2つの出来事がある。[49] 第一に日本による植民地支配であり、第二に朝鮮半島が北朝鮮（朝鮮民主主義人民共和国）と大韓民国に分かれた民族分断である。この

2つの出来事が近代以降の韓国社会に与えた影響ははかりしれず、植民地経験による「反日感情」と、分断による「反共主義」は、現代の韓国社会を支配する二大イデオロギーになった。

　韓国ナショナリズムの出発点は、日本の植民地支配に抵抗する民族主義だった。日本の支配から早く抜け出して、主権を回復するための韓民族の結束が最優先課題だった。この民族主義の潮流に乗って、スポーツは愛国心や愛族心を刺激するカンフル剤になった。特に、支配されていた民族として、支配した日本から伝授されたスポーツによる競争は、民族の自尊心をかけた血の流れない戦争でもあったと表現される。また、韓国のスポーツ・ナショナリズムは、民族解放運動のきっかけにもなっている。1945年の日帝解放後は敵対心の対象が日本から北朝鮮に移り、韓国ナショナリズムは反日ナショナリズムから反共ナショナリズムへと変容した。抵抗イデオロギーから体制イデオロギーに変わったのだ。つまり、この時点で朝鮮民族ではなく、韓国人としてのナショナル・アイデンティティーが求められるようになっていく。

　このように、韓国の近代民族国家成立とともに鼓舞されてきたスポーツ・ナショナリズムは、反日の民族主義と反共の国家主義という二大イデオロギーによるナショナリズムであり、国家統治や愛国心をあおる効率的な手段として利用されてきたのである。

　排他的な民族主義は、他民族・他国に対する反感を国際スポーツ競技の勝利によって晴らし、精神的外傷を浄化して政治的な国民支持に転換させる有効な手段となっただろう。加えて、スポーツを政治的武器として成長させたのは、巨大資本による「スポーツの商業化」と「スポーツとマスメディアの連携」だった。スポーツ選手が国家代表として競技に参加し、韓国国旗を身につけて国歌を歌うことは国家の「象徴」となる。象徴化された国家代表選手を自分と一体化させることが「同一化」であり、この「象徴」と「同一化」を人為的に「操作」することで、スポーツ・ナショナリズムは国民の結束につながった。

　韓国における21世紀の民族主義は、資本と国家とメディアによって再生産されたスポーツ・ナショナリズムである。

　この韓国スポーツ・ナショナリズムの視点から韓国剣道 KUMDO をみれば、民族主義の抵抗イデオロギーとなる反日感情が存在する以上、韓国剣道 KUMDO は決して日本剣道 KENDO やその歴史に従うものではなく、韓民

族独自の民族主義とスポーツ・ナショナリズムを鼓舞する象徴となる。したがって、日本の伝統文化である日本剣道 KENDO を払拭し、国際的スポーツ競技として剣道を発展させるとともに、韓国独自の韓民族の剣術に由来する、つまり花郎道につながる韓国剣道 KUMDO の歴史的裏づけを探し求めることになる。競技面では、支配されていた韓国人として、支配した日本人から伝授された剣道は、民族の自尊心をかけた血の流れない戦いになるだろう。このナショナリズムがからむ戦いの域を精神的に超えて、剣道が持つ武道的価値に気づけるかが今後の大きな課題ではないかと考える。

**ナショナリズムからインターナショナリズム、グローバリズムへ**

　現在、世界中で進行するグローバル化に対して、国家単位で考える「現実主義」には限界があり「力の論理を超えること」をアメリカで歴史研究を続けてきた入江昭が主張する。世界と歴史を共有し、人も社会も「雑種化」していくことを認めなければならないとする。現代において、世界のなかで日本だけが古きよき日本に戻ることなどできないことは明白だろう。日本の歴史を振り返れば、「明治維新」はいわゆる文化の雑種化だったと入江は考察する。この「雑種化」が進行した明治期に、国際人として活躍した嘉納治五郎の思想によって、柔道はナショナリズムからインターナショナリズムに転換され、さらにグローバリズムへとつながっている。その過程を、この節では参照したい。

　永木耕介によれば、嘉納は、当時時代遅れと思われていた「柔術」に価値を見いだし、西洋合理主義や実用主義、功利主義などを吸収して「日本文化としての柔道」を確立させた。嘉納が求めたものは、まず「柔道によって日本人の自国文化への愛着と尊重を取り戻すこと」であり、次に「洋の東西を問わず、文化の共存と発展を期すること」だった。そのために、日本文化として西洋文化に影響を与えることができる「柔道」を作り上げることになったと指摘する。

　嘉納の柔道思想は、ナショナリズムからインターナショナリズムへの展開を経て一層深められていった。嘉納は、「日本と日本人」を強く意識したうえで、西洋流に偏りすぎる日本の教育事情を正すために「柔道」を用いるべしと唱えていた。そこには、一種の文化ナショナリズムを見て取ることができるという。また、柔道の理論は外国人にも理解可能であり、なおかつ高尚

で人格陶冶という目的が明確であることが高く評価された。「体育・武術・修心」といった実践上の教育的価値に加えて、「柔よく剛を制す」を「精力善用」、そして「自他共栄」という理念へと昇華させた。西洋の文化・思想に対する柔道の貢献という点については、「我は多く他国に学び、我より彼らに教うるものがなければはなはだ肩身狭いのみならず、ついに軽悔を受くることをも免れ難いのである。それでは、我は彼らに何を教え得るかというに、柔道を措いてほかに何があろうか」と嘉納は述べている。これは、嘉納の思想が偏狭なナショナリズムでもなければ、ヨーロッパ諸国への対立でも抵抗でもない「共存の精神」であることを明確に示している。

　洋の東西について思考を続けた哲学者・西田幾多郎を研究する藤田正勝によれば、「それは西洋文化によって東洋文化を否定することでもなく、東洋文化によって西洋文化を否定することでもない。またそのいずれか一つのなかに他を包み込むことでもない。かえって従来よりは一層深い大きな根底を見いだすことによって両者共に新しい光に照らされることである」として、ここには「日本精神」主義も日本文化至上論もみじんもないと断言する。つまり、異なったものとの出合いが「より深いもの」へとつながる道になるということだ。それは、自文化帝国主義でもなければ、「文明の衝突」観でもない。「西洋文化との出会いの現場で、一旦自分の立つ東洋文化の伝統から外に出て、新しく世界における「東洋文化と西洋文化」をあらためて自己化する」と藤田はいう。西田は、東洋文化の伝統を背景にした日本文化の独自性を尊重していたが、同時に、新しい世界文化の形成に日本文化はどのようにして何を寄与しうるのかという世界に開かれた根本の関心に強く導かれていたという。ここに嘉納と非常に類似した思想を見いだすことができる。

　次に、嘉納の平和思想を基盤とする柔道のインターナショナリズムについて考察したい。1936年にベルリン・オリンピックが開催された。このとき、晩年の嘉納とイギリス柔道界の重鎮だった小泉軍治との間で交わされた「会話」が、『Judo and The Olympic Games』という文書になってイギリス武道会の史料に残されている。

　　〔嘉納は：引用者注〕現時点では、柔道がオリンピック・ゲームズに加わることについては消極的である。(略)柔道は単なるスポーツやゲームではなく、人生哲学であり、芸術であり、科学である。それは個人と

文化を高めるための方法である。オリンピック・ゲームズはかなり強いナショナリズムに傾いており、"競技柔道（Contest Judo）"を発展させることはその影響を受ける。柔道は芸術・科学として、いかなる外部からの影響——政治的、国家的、人種的、財政的など——にも拘束されない。すべてが終局の目的である。"人類の利益（Benefit of Humanity）"へ向かうべきものである。(61)

　嘉納は当時のナチ・オリンピックと称されたオリンピック・ゲームズを取り巻く状況を冷静に眺め、自らが創出した「柔道」については理想を貫こうとしていた。ベルリン・オリンピックは、政治的ナショナリズムによって支配され、スポーツが国威発揚の手段とされていた。嘉納は、そこに柔道が巻き込まれることは避け、日本文化として独自のものでありたいと願ったのだろうと推察される。

　柔道の精神は、世界平和を理想とする国際精神に最もよく合致するので、柔道世界連盟が出来たら、日本を盟主とする本当の国際連盟ができるわけだ。(62)

「柔道世界連盟」構想は嘉納の平和思想によって支えられていたが、当時の国際情勢は平和とはほど遠い方向に向かい、結局、嘉納の存命中に世界連盟は成立しなかった。今日の国際柔道連盟（IJF）は、嘉納の没後13年を経て1951年に日本ではなくヨーロッパで立ち上げられた。日本は翌52年に加盟している。現在、IJFは世界200の国・地域が参加するグローバルJUDOの統括組織となっている。
　戦後日本では、GHQの支配下で、柔道を含む武道は「軍事技術」とみなされ学校で全面的に禁止された。大日本武徳会も戦争への加担責任が問われ1946年に解散を余儀なくされた。しかし、講道館柔道は武徳会の包摂団体だったにもかかわらず禁圧されなかった。そして50年には柔道だけが学校での復活を許可された。柔道が戦争への加担責任を免れた理由は、柔道界と文部省が、嘉納の「柔道平和思想」を全面に出して訴えたことが挙げられる。
　嘉納思想を中心とする柔道界の議論や歴史を剣道界が十分に研究したのかは定かではない。ただ、日本剣道界は、柔道国際化の状況を常に意識して参

照している。1970年に日本が先導し、IFK を組織したが、そこではオリンピック競技とは一線を画し、その競技化についても日本的文化背景を考慮した独自の方向性をとって、日本剣道 KENDO の国際的普及として、国際展開することを矜持としている。

　一方で、グローバルなスポーツ界の潮流では、視点が個人に置かれ、「国」はむしろ「個人」を支援するものとされる。選手のアイデンティティーと国家との関係は以前よりもはるかに弱くなり、スポーツとナショナリズムとの関係に変化が表れている。スポーツ自体がグローバル化の要素を持つ現在、また未来において、ナショナリズムとグローバリズムを視野に入れながら日本剣道 KENDO が世界の多文化に貢献しうる文化になりうるには、一体どんな要素が必要なのかを模索したうえで、国際的普及を展望しなければならないだろう。

## 4　新ナショナリズムの韓国剣道KUMDO

### 韓国伝統武芸の創造

　スポーツ文化人類学を専門とする朴周鳳は、韓国社会で民族文化としての武芸が新たに作られる過程を次のように考察する。

　韓国の伝統武芸は、文献史料や遺物から三国時代におこなわれていたことは確認されるものの、1800年代末から始まった近代化がそれまでの韓国武芸を時代遅れのものとした。つまり、韓国の近代化が伝統武芸の伝承を途絶えさせた要因の一つである。その韓国武芸が再興するのは、1945年の日本からの独立以降である。当時は、独立は果たしたものの日本文化が多く残り、その清算とともに韓国政府のナショナル・アイデンティティーの確立が最優先課題とされた。この状況が武芸にも大きな影響を及ぼして、植民地時代から民間に広がっていた空手はもはや日本文化としては存在しえなくなった。結果的には、空手をモデルにしながらテコンドーを韓国武芸として創造するに至った。いまや韓国武芸の代表であり、国技とされるテコンドーが誕生し、日本武道の呪縛から名実ともに解放されることになった。新たな武芸の創造は、それまで存在しなかった「韓国武芸」という意識を醸成し、武芸を民族文化の表象とする最初のモデルとなったと、朴は結論づけている。

また韓国政府は、ナショナル・アイデンティティーを築くために、民間に広がっている文化を国民文化とする無形文化財制度を整えている。その一つにテッキョン(65)が選定された。この認定制度により、武芸に伝統という言葉が結び付くことになった。さらに、今日のテッキョンでは伝統的文化財であるべきか競技化を目指すスポーツであるべきかの議論が起こり、新たな韓国武芸のあり方をめぐる論争が生じている。

　1980年代には韓国で個人による武芸の創作活動が活発化し、類似する他武芸との差別化を図る新興武芸が次々と登場している。その一つが海東剣道である。これは真剣を振る独特な修練法で、竹刀を振る韓国剣道KUMDOや他の韓国武芸との差異化に成功した。また、海東剣道は会員のニーズに合わせたプログラムを積極的に開発して、海東剣道それ自体を商品とするマクドナルド式経営によって市場を拡大している。時代遅れの武芸とはほど遠い経営・団体運営方針であり、積極的な普及・展開が進められていると朴は分析する(66)。この海東剣道については、次々項で詳述する。

　これまでの考察で、テコンドー、テッキョン、海東剣道に代表される韓国武芸と称されるものの多くは、韓国国内で伝統的に継承されてきたものではなく、近年になって意図的に創造され展開していることがわかる。

　その追い風として韓国で、2008年に「伝統武芸振興法」（以下、武芸振興法と表記）が制定された。この武芸振興法によって、国家が伝統武芸を中長期的に保存・育成する法律が韓国で初めて制定された(67)。「伝統武芸」という名称について、『伝統武芸振興法案検討報告書』には次のように示される。「わが国では、武術は中国式用語、武芸は韓国式用語、武道は日本式用語として一般的に理解するが、武術、武芸、武道という3つの概念はそれぞれ発展の段階に対応しており、つまり実用目的だけを重視する「術」から、技のための技の追究或いは技の極致を追求する「芸」へ、そして技を通じて哲学的精神を追求する「道」に至るとするのが一般的な見解」(68)であると明示している。こうして、韓国でようやく「伝統武芸」という概念が導入され、武芸が伝統や文化として扱われることになった。これまで注目されてこなかった「韓国武芸」が、国の権威の下に正当化され、伝統という概念のなかで再構築されることになった。

　李は、韓国で「伝統武芸」や「伝統スポーツ」が創造される過程を韓国社会の変化とともに捉え、次のように分析している(69)。

韓国の近代史を振り返ると、事実上、近代化への立ち遅れによって日本の植民地政策に支配されることになった。1945年の解放後も西洋列強のヘゲモニー争奪によって3年間にわたる朝鮮戦争に巻き込まれ、民族分断とアメリカによる政治・経済・教育の支配を受けた。これらの植民地支配や朝鮮戦争の教訓から、戦後、韓国は一刻も早く近代化と経済成長を成し遂げ、西洋に追いつく国力を備えようと国家政策として様々な事業を断行した。60年から90年の30年間に、国民経済の発展のために7次にわたる「経済開発5カ年計画」と地域農村の「セマウル運動（新しい村作り運動）」を計画的に進め、地域社会の現代化・産業化・都市化政策が展開された。さらに、朝鮮戦争で壊滅的な打撃を受けた韓国だが、ソウル市内を流れる川に例えて「漢江の奇跡」と表現されるほど、96年のOECD加盟まで経済的に急成長を遂げた。しかしその一方で、経済成長を優先させた代償として伝統的な農村社会の崩壊と、人口の過剰な首都圏集中現象を引き起こした。
　この社会的潮流のなかで、韓国は多くの有形・無形の文化遺産を喪失した。この反動として、地域性や民族の固有性など伝統を尊重する機運が高まり、それまで軽視されていた有形・無形伝統文化を復活させようとする動きが起こった。ところが、一度失われた文化の復興は難しく、短絡的に新たな伝統の創造が試みられることになった。例えば、根拠がない行事や新たな祭りが数百年を誇る伝統祭に捏造されたり、20世紀に成立したテコンドーの起源を古代にまでたどったり、柔道の原形を韓国古代の武術に求めたり、ついには剣道の韓国起源説まで主張したりするようになった。現在の韓国社会は商業目的から伝統スポーツを創造し、歴史を歪曲するような状況が生じていると李は報告している[70]。ただし、新興武芸とは言えない韓国剣道KUMDOについては、53年の大韓剣道会発足以降、日本剣道KENDOの韓国化による韓国剣道KUMDOへの文化変容が生じた。これは、韓国社会での反日感情に対して大韓剣道会が生み出した窮余の策であり、剣道の出自を韓国剣道KUMDOにすることで抵抗民族主義の逆利用として新ナショナリズムを展開していると李は主張する。
　李の主張に従えば、朝鮮時代や植民地期の文献から、「当時韓国の武術・スポーツは、現在韓国が伝統武芸として主張している跆拳道（テコンドー）、托肩（テキョン）などの拳法類や、剣道（ゴムドー）、海東剣道（ヘドンゴムドー）などの剣術類ではなく、弓術・馬術が主流であった。また武士官僚を

選抜する国家試験であった武科試験の科目も、弓術と馬術で成り立っていた」とする。
(71)

つまり、現在、韓国武芸と称されるテコンドー、海東剣道に代表されるものの多くは、1945年以降に創造されたものである。これらの韓国新興武芸は2008年の武芸振興法の下に韓国伝統武芸スポーツとして展開していて、現代の韓国では、主に商業的理由から伝統スポーツの創造が乱立している状態にあるといえる。

**韓国ナショナル・アイデンティティーとテコンドー（跆拳道）**

国技テコンドーの創造について朴は、その端緒を1945年以降の戦後に求める。
(72)

1910年から36年間、日本帝国による植民地支配を受け、45年に独立した直後の韓国はまだ社会全体が不安定な状態だった。そのため日本から独立した韓国政府は、国家再建政策の一つとして、日本植民地時代に影響を受けたもの、いわゆる「倭色」と言われる日本文化をすべて取り除くことを最優先課題とした。ところが「倭色」文化のなかで、柔道や剣道といった武道は警察の訓練科目や学校の体育科目としておこなわれていて、また当時の日本留学エリート階級のなかで普及していたこともあって、その払拭は容易ではなかった。そこで、倭色を弱めるための方策は、名称の改称や新たな創造、用語のハングル化、新しい形の制定などが中心になった。例えば、空手は独立後にもそのままの用語や呼び名が民間で広がり続いていた。そこで、政府の日本文化の払拭政策に従って脱日本式空手が展開され、道場数の増加とともに日本の影響下から徐々に脱皮した空手の韓国化が進行した。崔泓熙は、空手よりも優れた武芸を作ることを目的として、韓国の古来武芸であるテッキョンと手搏をもとに、空手を参考にしながらテコンドーを創造した。このテコンドーは、韓民族武芸としてだけではなく、軍隊強化の目的を意図的にもって創造されたという。
(73)
(74)

テコンドーを国技と定めた背景には、韓国人のナショナル・アイデンティティーを構築し、国民の結束と政治基盤の構築を図ろうとした朴正熙政権の体制イデオロギーの扇動があったとされる。そして、紀元前の古き時代から伝わる韓国固有の伝統武芸としてテコンドーを位置づけ、国技院を設立するなどしてきわめて意図的に韓国の伝統スポーツ化が進められた。韓国内に広

がる民族意識の高まりのなかで、政府は民族のアイデンティティーの再生産をテコンドーによって実現しようとした。テコンドーは韓国のナショナル・アイデンティティーを表出する民族伝統スポーツとして、また、韓国伝統武芸としての地位を固めた。

そのテコンドーが次に目指したものは国際化だった。国際化の出発点は、個人や連盟によるテコンドー師範の海外派遣、つまり人的資源の普及・展開が中心となった。テコンドーが国際スポーツとして位置づけられるようになったのは、アメリカ在住の韓国人柔道師範らの存在が大きかった。テコンドーより先にアメリカに進出した韓国人柔道家たちは、アメリカで柔道が日本武道であることを初めて知り、ナショナル・アイデンティティーに混乱が生じていた。テコンドーは、そんな韓国人柔道家のナショナル・アイデンティティー再興に好都合にはたらき、海外のテコンドー師範たちはその普及に全力を尽くした。こうした在米韓国柔道家の積極的なはたらきかけにより、テコンドーはアメリカ運動競技連盟（Amateur Athletic Union）の正式種目となり、間もなく1988年のソウル・オリンピックで競技種目として採択されるに至った。(75)当時は、オリンピック種目としての採択を目指し、テコンドーの競技化が一層推進された。(76)その競技化のために、安全性を維持しながら競技をより面白くするためのルールが改訂された。そのルール改正の一つが防具を使用する完全打撃方式だった。それまでの寸止めによる判定では、審判の主観的な判断に依拠するため判定の客観性が保証されず、スポーツとして限界があると判断され、防具を使用して対戦する完全打撃方式に変更されたわけだ。さらに、戦術的に手技より足技がより多く使われるように、打撃部位を胴と頭とする得点制ルールが導入された。この改正によって華麗な足技が多用されるようになり、競技のエンターテインメント性が高まったのである。

結局、テコンドーは日本の空手という外来文化を変容させて、韓国のオリジナル武芸スポーツとして韓国で土着化した。さらにいえば、国際化のために武芸性よりも競技性を優先させたといえる。日本空手が持っていた形文化を変え、組手式の競技として再生された。テコンドーが形文化から競技化に変容したことで、それまで日本空手の亜流とみなされていた競技を、韓国独自の武芸・伝統スポーツへと変身させることに成功したといえるだろう。

**大韓剣道会と海東剣道の対立**

　大韓体育連盟に所属する大韓剣道会は、FIKに加盟する韓国で唯一の剣道KUMDO代表組織である。ところが、新興武芸の一つである海東剣道が、1980年代に韓国で登場すると国内の事態は一変する。

　海東剣道は竹刀打ちの剣道とは異なり、木剣や真剣を使って形や太刀筋を錬ることを主な活動目的にしている。竹刀ではなく真剣を扱う新たな剣道として人々に受容され、韓国武道界に急速に台頭してきた。現在では、どの地方でもテコンドー、韓国剣道KUMDO、そして海東剣道の3つの私設道場が存在する。海東剣道の急速な普及の背景には、韓国剣道KUMDOがもとは日本武道の流れを汲むとされるのに対して、海東剣道は韓国出自の伝統武芸と主張している点にあるようだ。

　海東剣道の沿革は次のように説明される(77)。海東剣道は、1980年代に金正鎬と羅漢一によって作られた。現在、金正鎬は世界海東剣道連盟の代表であり、羅漢一は韓国海東剣道協会の代表として活躍している。この2人によって創始された海東剣道には現在24の加盟団体があり、さらに各団体には下部道場が存在する。その組織規模はきわめて大きい。例えば、世界海東剣道連盟には韓国国内に560ヵ所の道場と、海外33ヵ国に支部がある。

　ところで、韓国文化体育観光部が2008年8月に発表した「生活体育関連法人現況」によると、韓国国内で「剣道」と銘打つ団体数は61団体もある。そのなかでも海東剣道は24団体もあり、その名称も伝統武芸海東剣道連盟、国際海東剣道総連盟、民族海東剣道会、海東正統剣道協会、韓国海東剣道連合会など様々である。

　このように、海東剣道は1980年代に韓国で生まれた新興武芸であり、真剣技法を導入することで、それまで竹刀打ちだけで韓国剣道KUMDOが主導してきた韓国内の剣道文化に大きな波紋を起こした(78)。これが韓国国内で、海東剣道と韓国剣道KUMDOとの剣道文化の対立にまで発展している。韓国の新興武芸である海東剣道の台頭に対して、韓国剣道KUMDOは歴史的に正統であると訴え、日本文化を払拭する方策を示すが、海東剣道ほど急速に愛好者を集めることは難しい状況が続いている。韓国の新興武芸が社会的承認を受ける最大の理由が、韓国文化の独自性にあることは海東剣道団体の輩出の例からも明らかである。

また、海東剣道が推進する会員の要求に合わせた実践的プログラムの開発とサービスの提供は、新興武芸が一つの商品として成り立つことを証明し、結果的には会員数の増加をもたらしている。その量的拡大と大衆化は、海東剣道の韓国武芸としてのイメージをさらに高め、大学の教授科目としても導入され、大学での海東剣道専攻の創設にまで至っている。加えて、2007年から政府機関の学生中央軍事学校選抜試験の武芸種目の一つにも選定されている。海東剣道は、現在、韓国社会のなかで確かな地位を確保しつつある。創設から30年余りの新興武芸である海東剣道が、韓国伝統武芸というアイデンティティーを強調しながら、現代的な経営戦略で成功している様相が浮かび上がってくる。
　韓国剣道 KUMDO を代表する大韓剣道会は、国際的には日本剣道 KENDO との主導権争いを展開しているだけでなく、国内的には海東剣道のような新興武芸の台頭によって、韓国伝統武芸としての正統性を争う事態になっている。この状況から、韓国剣道 KUMDO が近年になって「朝鮮勢法」や「本国剣法」を復元させ、その普及・展開を急ぐ背景には、国内での海東剣道のような新興武芸の台頭との対立軸が見て取れる。

## 5　剣道文化の未来志向

**残すべき日本剣道KENDOの思想**

　日本剣道 KENDO と韓国剣道 KUMDO が覇権争いを展開してきた経緯には、両国間の歴史に起因する剣道の文化変容があった。本書でこれまでに日本剣道 KENDO と韓国剣道 KUMDO の両国に関わる剣道史から解明した点を要約すると次のようになる。

①日本剣道 KENDO は日本刀の発祥から出発して、各流派に伝承されてきた。江戸後期の竹刀・防具の開発によって、男谷精一郎が流派を超えた竹刀剣術を広めた。のちに、男谷の弟子だった榊原鍵吉が竹刀剣術から撃剣興行を確立した。
②この撃剣が、日韓併合（1910年）によって韓国の警察・軍隊・教育に導入された。また、撃剣から剣道への近代化は、日韓両国で同時に進行した。

③戦後、「武道」として禁止された剣道は、スポーツ化宣言によって復活して、1952年に全剣連が設立した。現在では、日本剣道KENDOは幼少年や女性にも普及し、海外への国際的普及を展開している。
④韓国では1953年に大韓剣道会が設立し、同時に大韓体育会に加盟した。その後、朝鮮戦争や軍事政権を経て、日本と文化交流がないままに独自の韓国剣道KUMDOの国内普及を展開し競技力向上を図り、現在はその国際化を推進している。
⑤韓国国内では、抗日の民族主義と反共の国家主義のスポーツ政策が展開され、韓国剣道KUMDOはその政策に従って、韓国武芸として新羅・花郎道に撃剣の起源を求めている。

　これらをより簡潔に表現すると、日本剣道KENDOは韓国で文化帝国主義的に日本の身体運動文化として導入されたが、戦後、剣道が韓国の風土に順化していく過程で、韓国剣道KUMDOへと変容した。その一方で、日本剣道KENDOもまた、戦後の武道禁止という局面を経て、つまり戦前から戦後への日本社会の変化に伴う過程でスポーツ化し変容していった。
　日韓相互の事情により、両国でそれぞれに剣道文化の変容がみられるが、これらに目を向けず、日本剣道KENDOだけを文化普遍主義的に不変のものとして、その文化変容を阻止したり復古させたりするような文化コントロールは難しい。剣道を含む武道の国際展開が進行している今日、あらためて武道である剣道を客観的に捉え直してその普遍性を追求するとともに、両国相互の理解とともに剣道とは何かということを再構築する必要があるだろう。
　本書では、剣道の普遍性を追求してそれを再構築するにあたり、残すべき日本剣道KENDOの思想として「文武両道」「師弟同行」「交剣知愛」の3項目を挙げたい。
　日本語で「道」と呼称されるものは、技と理法や、実践と理論を統一した概念を有しているが、この「文武両道」の思想も同様である。中林によると、「文・武両者が各々別個にその肉体的な向上と精神的な伸長をなした結果ではなく、文・武という教育的契機が一人の人間を武人としての自覚に導いた結果、その身につけられた武芸や教養がその人の人間的表現として行為化されたものとみることができる」(79)という。中林が説く文武両道の思想は、現代日本で武道にだけ使われる用語ではなく、広く一般に、学校教育の現場でも

写真15　先鋒戦（第15回 WKC〔イタリア、2012年〕）　写真提供：「剣道時代」

写真16　個人決勝（第15回 WKC〔イタリア、2012年〕）　写真提供：「剣道時代」

用いられている。「文」は「学問」を指し、「武」は「スポーツや芸術」を指す。学校教育では、文武両道と称して勉学と部活動の両立を掲げ、児童・生徒は両者に励み優れるようにと、その思想が目標や理想として掲げられる。
「師弟同行」は、同じ道の同志として、1対1で身体と技をぶつけ合い、人格と人格の接触を伴って修養するという考え方である。特に剣道は、「師」が高齢になっても「弟」と剣を交えて稽古をすることが一般的である。これが剣道は生涯にわたって実践可能な身体運動文化とされるゆえんだ。「師弟同行」の考え方は、剣道の審判制度と密接に結び付いていて、高段者である「師」が下段者である「弟」の有効打突を見極める。剣道の「一本」には、

技能の優劣だけでなく、その適正な姿勢や心構えのなかに「美学や美徳」を求める。すなわち、剣道の試合では「一本」を打ったとか当たったなどという結果だけではなく、「一本」に至るまでの攻めや心身のはたらきの全過程、さらには打突後の姿勢（残心）までを評価（判断）の対象とする。審判員の判断はあくまで主観的であり、審判員としての権威に依拠するからこそ熟練者が審判員を務める。加えて、熟練者である審判員を1試合につき3人そろえた3審制を採用することで、3者の間主観的な合意を用いて判断することになる。弟子の審判をおこなうために、師には自己の判断や技術に慢心がないように日々の自己研鑽が求められ、ここに「師弟同行」の奥義を見いだすことができる。

「交剣知愛」とは、「剣道を通して互いに理解しあい人間的な向上をはかることを教えたことばである。稽古や試合で剣を交えた相手と、もう一度稽古や試合をしてみたいという気持ちになること[80]」を意味する。つまり、剣を交える相手は敵ではなく、剣道を通じて人間形成を図ろうとする同志であり、互いに切磋琢磨しながら、老若男女・人種・国籍を問わず正面から正々堂々と相対する。また、試合で互いに競い合いながら、相手に対する信頼と尊敬の念を基盤とする。そこには相互にコミュニケーション能力が求められるだろう。相対する者がいなければ剣道はできない。剣道を通して相手を尊重し、相手に礼を尽くし、相手をよく知ることで、相互理解を図ることができるのだ。

以上の「文武両道」「師弟同行」「交剣知愛」は、剣道が剣道たるゆえんであることを示す思想である。剣道は、「剣の理法の修錬による人間形成の道である」という理念の下、剣道の技の修錬を通した人格形成・人間教育が剣道には求められている。

**武道としての普遍性の追求**

次に、武道の普遍性を追求するために、武道の特性について考察する。菊本によれば、「武道は、わが国の伝統的な考え方である一元論的に身心の問題を捉え、様々な精神性・道徳性・人間形成的有効性なども、すべて身体を媒体として具体的に表出される技術・技能として、実践との関連において捉える点が特徴的である[81]」という。換言すると、武道は心技体が同時に発動され、技の習熟と人間的な自覚が相即することを特徴とする。技は勝敗を超え

た価値を伴い、その技に込められた気合いや精神的な要素が問われる。実践者の人格的表現としての技が問われるのだ。例えば、試合や稽古を終えた場面での優劣に対する感覚や満足感は、勝敗としての競技結果だけでなく、内省的な納得や快感といったものでもある。そこには勝利・敗北＝成功・失敗とは異なる価値体系が存在する。これは、心とその心を表現する技との結合度の強さを示すものでもあり、心身一致の技を発揮した喜びは、自己表現として勝敗を超えたものでもある。

　この点が剣道の武道としての特性とされるがために、競技性を過度に重視した剣道のスポーツ化に対する批判が近年高まっている。2012年7月に開催された全国教育系大学ゼミナール剣道大会の第45周年記念事業として、教育系大学の日本人学生と海外で剣道を愛好する外国人学生が国際シンポジウムを開催した(82)。シンポジウムには、ドイツ、フランス、イングランド・ウェールズ、フィンランド、ハンガリー、中国、メキシコから大学剣道選手が招聘された。このシンポジウムで、「剣道はスポーツではなく武道である」や「韓国は剣道をスポーツとして捉えている」という意見が学生から出された。剣道界では大学生でさえ競技性を重視する剣道を「スポーツ剣道」と認識し、競技性に偏重した剣道に対し批判的な態度を示していた。

　『武道の誕生』を著した井上俊は、武道とスポーツの関係性を次のように明らかにしている(83)。そもそも武道は近代に「和魂洋才」型の文化として形成された。1930年代に「洋才」の側面を排除または隠蔽して「和魂」の側に大きく傾き、帝国主義思想へと傾倒した結果、戦争に利用された。そして、戦後のGHQ占領下では、再び「和魂」から「洋才」に傾き、剣道では「民主化」「スポーツ化」による「しない競技」として生き残りがかけられた。その延長線上に、現在の剣道競技がある。つまり、もともと日本武道として「和魂」だった剣道が、戦後、西洋合理主義のもとで「洋才」と融合することでスポーツ化し、現代の日本剣道KENDOになった。したがって、常に剣道は「和魂」と「洋才」のはざまで、「武道」なのか「スポーツ」なのかが問われてきた。

　「和魂」と「洋才」を「ローカル」と「グローバル」という視点に置き換えてみると、剣道は日本のものとする「ローカル」である。それに対して、世界各国に普及し各国独自の文化のなかに存在する剣道は「グローバル」となる。「和魂」と「洋才」を「文化普遍主義（ローカル）」と「文化相対主義

（グローバル）」という2つの視点から捉え直す時代が到来している。この時代の潮流を前提にすれば、時間と空間を超えて、徐々に現代スポーツ化していく剣道を「文化普遍主義」の視点から批判することはできないだろう。これまでのように、両者のバランスを保ちながら融合の道を模索する必要がある。

　三橋は剣道を、日本古来の剣術の修練をスポーツ形式でおこなうもの、つまり「現代の剣道は日本古来の剣術を基盤にした伝統スポーツであって、日本刀に代わる「竹刀（しない）」を用いて約束部位を打突し合う競技であるから、剣道は、日本民族の創造による平和を理念とした遺産スポーツ」と定義づける。阿部忍も、武道は日本的スポーツと明言したうえで、武道の国際化について、「武道は、狭いナショナリズムの殻に閉じこもることなく、外来スポーツも十分その価値を認めていく立場をとっていく必要がある。武道至上主義的で我田引水的な態度は厳に慎まなくてはならない。そして、武道は過去の封建的なものから完全に脱皮し、民主主義の原理に立脚したものでなければならない」と主張する。剣道をスポーツとして競技化することと、国際的な剣道の相対化を提唱している。さらに、アレキサンダー・ベネットも、武道の日本的な固有性をことさらに強調することは「文化帝国主義」や「エリート主義」につながりかねないと警鐘を鳴らしている。武道の普遍性を唱えるには、それが人類に共通するものとして、スポーツに包含される普遍性とも比較・検討しながら提示されなければならないだろう。

**剣道の審判員制度と言語化**

　剣道の普遍性を追求するとき、スポーツとの対比から剣道の競技性で常に問題視されるのが、試合での勝敗の判定基準であり、審判員制度である。

　剣道は武芸的な特徴を有するため、稽古によって技が洗練されると同時に、その洗練された技が試合で出現し、「有効打突」と判定される必要がある。この判定には審判員の存在が欠かせない。ところが、剣道の国際的普及の過程で長尾が指摘するように、WKCでは大会回数を重ねるごとに「審判員問題」が顕在化している。問題の背景の一つとして、剣道にはもともと公認審判員制度がないことが指摘されている。剣道では一般的に高段位者が下段位者の大会の審判員になるが、世界大会では出場国別の公平性に基づいているため、段位制だけで審判選考するわけにはいかない。例えば、日本対韓国の

決勝戦で審判を務めるのは、必然的に日本と韓国以外の国の審判員ということになる。だが他国に日本や韓国よりも高段位の技能を有する審判員がいるとはかぎらない。実際に、「有効打突」を見極める審判技能に対する疑問がWKCのたびに取り沙汰されている。

　武道の「一本」の基準は、定量化・共通化は難しいうえに瞬間的に決定される。特に、剣道における「有効打突」の見極めは、客観的な評価が難しく、審判員の主観的判断によるところが大きい。剣道の試合では、相手との駆け引きのなかで瞬間的に自己のすべてを技で体現する。そのため、有効打突とする技を評価する審判員は、修練している高段者でなければ見極められないとする考え方がある。スピードやパワーを機械が測定するスポーツ種目とは異なり、あくまでも人が判断する技の評価は、剣道の魅力でもある。しかし同時に、客観性を重んじる競技スポーツとしては弱点となる可能性もある。

　有効打突の評価を客観化しづらい最大の理由は、技としての認定要素に精神性の評価が含まれるからである。計算能力や記憶能力を備えたAIロボットは開発されているが、人と同様の精神性をもつロボットは存在しない。

　技に「精神性」の評価が含まれるかぎり、物理的に打突しただけでは有効打突にはならない。その判定は審判の権威に依拠した主観であり、剣道では試合者よりも高段位者が審判を務めることで解決しようとしている。

　江戸末期から戦後まで剣道の審判は、弟子の試合をその師匠が判定するという流派的気風から生まれた。また、武徳会では師匠である教士や範士の試合に審判をつけることは、逆に試合者を冒瀆するという思想が残っていた。村山は、客観的に公平な審判が要求され、人格高潔で経験豊かな審判が望まれるが、それでも審判の恣意は誤判を招く危険があるとしている。中林は、武道の試合で、いくら客観的に合理的に規定されおこなわれたとしても、審判者の主観的要素が大きなウェイトを占めるとし、武道の技術は自己のすべてを技に表現するという芸としての特性があり、それに客観的な評価を下すことは、不可能ではないかと結論づけている。

　一般的には、スポーツの判定に主観性を帯びる部分が多いほど、その判定の客観性が弱くなる。多くのスポーツは判定の客観化に尽力しているが、すべてを客観的判断に任せることはできない。「有効打突」の判定では、高段者の権威に従い、異なる3方向からの立ち位置で見極める工夫と複数による間主観性に依拠している。これが科学的客観的に代わる判定システムとして

剣道で伝統的に用いられている英知でもある。

　しかし実際には、上述したような間主観的判断による剣道審判制度のあり方についても、これまでの伝統的な慣例に従っているだけで、まだ十分に議論されてはいない。武道の普遍性を明示するうえでは重要な検討課題だろう。

　審判員の技能保障のための国際的な公認審判員制度などの確立や、異文化を背景とする審判員が、より公正で同一の判定基準の下に正確な有効打突の判定ができるような有効打突の構造分析と客観化が求められる。

　また、審判員制度と並んで、競技の「客観化」と「教育性」が剣道に求められるのであれば、必然的に「言語化」が求められることになる。そもそも武道や武芸といった日本の伝統文化は「非言語」的世界、あるいは一子相伝による「伝書」での子弟選択の世界だった。この世界では、心身のはたらきがすべてであり、「わざの実技を尊重し、そのための型や、その型の一部を記録した秘伝書が珍重され、そういう記録に記しえない微妙な演技の方法や美の様式などを、口伝として伝えることを、きわめて重大な文化伝承と考えてこれを実践した」という事実がある。オイゲン・ヘリゲルの『日本の弓術』にも象徴されるように、武術は身体で覚えるものであり、「非言語」的世界の技は体得が必至となる。剣道でも、技（技術）は習うものではなく、まねて盗むものであり、師匠が事細かに技を説明し指導手順を示すものではなかった。しかし、剣道が学校教育に導入され、そして海外に普及する過程では、「客観化（言語化）」が適切な理解と修得のために必須となる。

　これまで、剣道の稽古場面では熟練者が有する「暗黙知」に依存しすぎたために、指導場面や伝承場面で「暗黙知」を「形式知（顕在知）」へと転換する努力が十分になされてこなかったといえる。教育的指導場面では、従来のような職人的な1対1の「暗黙知」の伝承方法には限界がある。この点は、これからの国際的普及の場面でも同様であり、剣道の「暗黙知」、その哲理を言語で客観的に説明し、理解を求めていかなければならない。

　全剣連が2000年に出版した『剣道和英辞典』や、FIK発行の『剣道試合・審判規則』英語版は、剣道の海外普及の「言語化」の好例だろう。「客観化（言語化）」を推進することは、日本剣道KENDOを異文化社会に向けて展開し、相互に理解を得るためにもきわめて重要な取り組みである。

**相克を超える異文化理解への展望**

剣道の国際化を語るときに参考になるのは、FIK事務総長だった笠原の論考であった(96)。この論考は、現在もなお全剣連とFIKがとるべき姿勢の主張でもある。第1章で紹介したが、再びあげておこう。

　1. それぞれ固有の民族性と伝統文化を誇る異国の人たちに日本剣道を押し付けられない。
　2. 剣道の日本的精神性が異国人に理解できるかが難しい。
　3. 剣道の特性に共感しそれぞれの角度から真の剣道を教えて、我々日本人の理解に近づける。
　4. オリンピック種目への併合による日本剣道の変容が懸念される。
　5. 剣道の国際化は海外の剣道愛好者に正しい剣道を厳しく伝達し、彼らによってそれぞれの国の土壌に剣道が根づくようにする。
　6. 剣道を通じて各国民間の連帯と友好を深め、世界平和へのささやかな支えとなるようにする。

　これからすると、「文化普遍主義的アプローチ」で、日本剣道KENDOを理解する人々に対してだけ正しい日本剣道KENDOを海外に普及し、発展を遂げたいとする考え方のようである。全剣連は、あくまでも日本剣道KENDOそのものを世界に発信し、日本の伝統文化としての剣道を定着させようとする姿勢を貫いている。そのため、事実上、日本が主導権を握るFIKが主催するWKCでも、日本の伝統文化としての日本剣道KENDOがその独自性を残す形で大会が展開されている。このような背景には、FIKの最大勢力であるヨーロッパ剣道連盟（EKF）の影響力が大きい。彼らは、日本の伝統文化である剣道KENDOに敬意を表し、剣道の競技性よりもむしろ、その文化性に傾倒し、その文化性から何かを学ぼうとする姿勢がみられる。それを証明するかのように、彼らの大多数は全剣連もしくはFIKが主催する各ゾーン別剣道連盟の六段以上の高段位審査を受験する(97)。
　全剣連はこれまで剣道の積極的な国際化を回避し、オリンピックへの参加を「否」としてきた。1982年に全剣連常任理事で国際委員会委員長だった笠原は、「国際剣道連盟の将来の課題」のなかでオリンピック種目への志向について次のように述べている。

>  国柄によっては普及対策の便法として、あるいは政府関係の資金援助などを期待して五輪参加を希望する機運が生じつつある。一方、剣道の精神性を重視し競技本位に流れることを危ぶむ声も少なくない。この問題はIOC（国際オリンピック委員会）との関係もあるが、昭和63（1988）年のソウルオリンピックをひかえて慎重に対応すべきであろう。<sup>(98)</sup>

 他国から普及対策や資金援助を理由にオリンピック参加を希望する機運が生じつつあるものの、オリンピック参加によって競技本位に流れて剣道の精神性が失われ、勝利至上主義に陥る危険性を説いている。
 この笠原の発言から21年後の2003年に、全剣連常任理事（国際担当）の竹内淳は、「海外普及と交流活動」の今後の課題でオリンピックの加盟について次のように記述している。

>  確かに、剣道の発展に財政上の問題は重要な要素ではあるが、一度、競技の中に列を同じくすれば、やはり必然的に勝負本位の競技の道をまっしぐらに駆け下りることになり、それをその中で戻ることは困難である。全剣連としては、安易な妥協をせず、人の道を追及（ママ）する武道としての剣道の発展を目指すことが必要である。<sup>(99)</sup>

 このように全剣連としては、2000年代でも、剣道としての道を追求するために競技化への安易な妥協はしないと謳っている。つまり、オリンピック参加には「否」を唱えているのだ。その背景には、日本における柔道のオリンピック競技化、国際化に伴うJUDOへの変容とそれに対する日本柔道への回帰の訴えがある。坂上の議論からすると、柔道が国際化していく過程で、日本柔道の伝統文化が異文化との混合物になって変容することは文化人類学の知見からも必至である。日本剣道界が、オリンピック競技化による日本剣道KENDOの変容を恐れ、剣道文化の換骨奪胎を懸念する理由がここにある。
 剣道のオリンピック競技化に消極的な主張の主要な論点の一つとして、長尾は、日本剣道KENDOの文化性の棄損を挙げている。そのうえで、その文化変容について「ひとつの文化が他の文化と長期にわたって接触すれば、そこに「文化変容」が起こることは当然の帰結であり、剣道もその例外では

ない。むしろ「文化は変容しうるもの」という認識に立ち、互いを尊敬・尊重しながら最大公約数の部分を見出す努力が肝要だろう」(102)と指摘する。この指摘のとおり、剣道という伝統文化が海を渡り、他の様々な国の宗教や信仰、習慣に関わる異文化に触れ、異文化に浸透すればするほど文化は変容する。

　この文化変容の必然性に立てば、日本の剣道界が志向する「文化普遍主義的アプローチ」の維持や継承は困難だと言わざるをえない。つまり、日本剣道 KENDO への理解を他の異文化の人々に求めるのであれば、グローバルで文化相対主義的に思考する異文化理解への努力や配慮が必要となる。

　前述の笠原の「剣道国際化の現況と未来像」が示した「他民族に文化の押しつけをしない」としながら、「正しい日本剣道 KENDO」を伝達し、それぞれの国で変化することなくその土壌に根づくような剣道文化がはたして存在するのだろうか。明確な剣道の普遍性を説明しなければ、国際的にも、また論理的にも矛盾と齟齬が生じる状況になる。

　以上の観点から日韓両国の剣道を考察すると、両国間の歴史や思想をめぐる状況を理解したうえで、全剣連が主導権を持って日本剣道 KENDO の国際展開を志向する必要がある。日本剣道 KENDO と韓国剣道 KUMDO については、過去に両国の間に横たわる歴史認識を十分に学んだうえで、その相克を超える剣道文化として、より未来志向的な思想の構築を掲げなければならない。

　つまり、日本剣道 KENDO と韓国剣道 KUMDO の相克を克服するために必要なことは、両国の歴史や文化、そして思想を止揚（Aufheben）することだろう。弁証法では、矛盾や対立の立場を受け入れ統一していくと最終的に普遍的な真理（絶対知）にたどり着くと考える。弁証法では「否定を発展の契機として捉える」が、それは「あるものをそのものとしては否定するが、契機として保存し、より高い段階で生かすこと。矛盾する諸要素を、対立と闘争の過程を通じて発展的に統一すること」(103)でもある。まさに、この止揚を可能にするものが、日本剣道 KENDO でも韓国剣道 KUMDO でもない、特定の文化性を捨象した共通の「剣道」ではないだろうか。この普遍的で共通する「剣道」を通じて、互いの立場を理解し、対立を超えた議論を展開し、さらに高次の段階へと発展させる必要がある。そのためには、日本剣道 KENDO と韓国剣道 KUMDO の相克を止揚することで、「剣道」の普遍性を見いだし、その本質に回帰し、国籍を問わない剣道の普遍性を明確に示す

第5章　剣道文化の未来志向

ことが求められる。

　現在、世界中で剣道を愛好しているすべての人々が、剣道の本質を含むそのものの伝統と文化を継承している。本来、剣道は「人間形成の道」であり、勝敗を決する競技性にとどまらず、世界平和の支えとなる「交剣知愛」の精神に基づいている。剣を交える相手は、対立する敵ではなく、剣道を通じて人間形成を図る同志であるべきだ。我々日本人が日本剣道 KENDO の国際的普及を説くとき、剣道の「剣」の両刃は、相手に向けられると同時に自らにも常に向けられているということをいま一度肝に銘じるべきだろう。


注

（１）前掲『武道論』87―88ページ
（２）同書87―88ページ
（３）同書88ページ
（４）三橋秀三『剣道』大修館書店、1972年、20ページ
（５）菊本智之「武道とスポーツ」、前掲『武道文化の探求』所収、85―87ページ
（６）同論文80―82ページ
（７）同論文80―82ページ
（８）アレン・グートマン『スポーツと現代アメリカ』清水哲男訳（Books'80）、TBSブリタニカ、1981年
（９）大森曹玄『剣と禅』（「大乗禅新書」第1巻）、中央仏教社、1958年
（10）佐江衆一『剣と禅のこころ』（新潮新書）、新潮社、2006年
（11）渡辺誠『禅と武士道――柳生宗矩から山岡鉄舟まで』（ベスト新書）、ベストセラーズ、2004年
（12）前掲「思考実験としての武道」11ページ
（13）前掲「武道とスポーツ」81ページ
（14）「アスレティシズム」については、次の論文が詳しい。宮島健次「アスレティシズムは何をもたらしたのか――スポーツと教育の結合」、「特集 スポーツ思想を学ぶ」「現代スポーツ評論」第23号、創文企画、2010年、72―81ページ
（15）前掲「武道とスポーツ」76―77ページ
（16）ロバート・ホワイティング『菊とバット 完全版』松井みどり訳、早川書房、2005年

（17）前掲『武道論』40―42ページ
（18）同書40―42ページ
（19）多木浩二『スポーツを考える――身体・資本・ナショナリズム』（ちくま新書）、筑摩書房、1995年、114―115ページ
（20）同書119―120ページ
（21）玉木正之『スポーツ解体新書』日本放送出版協会、2003年、38ページ
（22）同書34―35ページ
（23）前掲『武道論』37―39ページ
（24）同書89ページ
（25）志々田文明「解説――武道と富木謙治」、前掲『武道論』所収、276ページ
（26）阿部哲史「武道と国際化」、前掲『武道文化の探求』所収、107―109ページ
（27）ここでは、「身心」と「心身」の表記が混在している。通常、「心身一如」を示す際は、「心身」だが、湯浅の引用個所では「身心」となっていたため、そのまま引用した。
（28）湯浅泰雄「西田幾多郎の身体観をめぐって」、上田閑照監修、大橋良介／野家啓一編『西田哲学選集』別巻2所収、燈影社、1998年、386ページ
（29）前掲「武道とスポーツ」86―87ページ
（30）中林信二は、武道における「道」の思想や、武道の文化的背景に関する研究をまとめている。前掲『武道のすすめ』、中林信二『武道論考』中林信二先生遺作集刊行会、1988年
（31）前掲『スポーツ解体新書』74―75ページ
（32）同書77―80ページ
（33）同書80―82ページ
（34）前掲『スポーツを考える』145ページ
（35）田中浩「ナショナリズム nationalism」、渡邊靜夫編著『日本大百科全書［改定版］』第17巻、小学館、1994年
（36）前掲『スポーツ解体新書』59ページ
（37）同書62―63ページ
（38）同書63ページ
（39）前掲「韓国剣道ナショナルチーム選手の剣道に対する意識」345ページ
（40）権学俊「スポーツとナショナリズム、その親和性を問う」、前掲「現代スポーツ評論」第23号、88―89ページ
（41）稲垣正浩「相撲は「国際化」したか――「朝青龍問題」の深層」「世界」

2007年11月号、岩波書店
(42) 稲垣正浩／今福龍太／西谷修『近代スポーツのミッションは終わったか――身体・メディア・世界』平凡社、2009年、202―203ページ
(43) 下川美佳「平成18年度 第1回武道研究会報告 剣道の国際普及――第13回世界剣道選手権大会に出場して」「学術研究紀要」第36号、鹿屋体育大学、2007年、154―155ページ
(44) 同論文154ページ
(45) 同論文155ページ
(46) 同論文155ページ
(47) 李燦雨「韓国におけるスポーツとナショナリズムの歴史」、「特集 スポーツナショナリズムの変容」「現代スポーツ評論」第27号、創文企画、2012年、50―64ページ
(48) 同論文53―54ページ
(49) 同論文52ページ
(50) 同論文53ページ
(51) 同論文53―54ページ
(52) 同論文55ページ
(53) 同論文55―56ページ
(54) 入江昭「オピニオン」「朝日新聞」2014年6月19日付
(55) 永木耕介「嘉納治五郎は何をみていたのか――嘉納の柔道思想」、前掲「現代スポーツ評論」第23号、101―102ページ
(56) 同論文105ページ
(57) 同論文107ページ
(58) 同論文107―108ページ
(59) 藤田正勝「西田研究の歴史」、前掲『西田哲学選集』別巻2所収、498―502ページ
(60) 同論文503ページ
(61) 前掲「ヨーロッパにおける柔道普及と「柔道世界連盟」構想」198―199ページ
(62) 前掲『嘉納柔道思想の継承と変容』139ページ
(63) 前掲「スポーツとナショナリズム、その親和性を問う」90ページ
(64) 前掲『韓国における伝統武芸の創造』169―170ページ
(65) テッキョンとは朝鮮半島の武芸であり、韓国では1983年に重要無形文化財第76号に指定されている。ユネスコ無形文化遺産には2011年に登録された。プムバルキという独特のステップを踏み、足払い、蹴り、投げ技を駆使

する。
(66) 前掲『韓国における伝統武芸の創造』169―170ページ
(67) 同書153ページ
(68) 同書156ページ
(69) 前掲「韓国におけるスポーツとナショナリズムの歴史」56―58ページ
(70) 同論文57ページ
(71) 同論文58ページ
(72) 前掲『韓国における伝統武芸の創造』43ページ
(73) 崔泓熙は国際テコンドー連盟初代会長であり、テコンドーの創始者として知られる武道家。韓国陸軍少将でもあった。
(74) 前掲『韓国における伝統武芸の創造』50ページ
(75) 前掲「韓国におけるスポーツとナショナリズムの歴史」59―60ページ
(76) 前掲『韓国における伝統武芸の創造』60ページ
(77) 同書111―112ページ
(78) 同書151ページ
(79) 前掲『武道のすすめ』154ページ
(80) 全日本剣道連盟編『剣道和英辞典』全日本剣道連盟、2011年、59―60ページ
(81) 前掲「武道とスポーツ」83―85ページ
(82) 「特集 国際交流」「全国教育系大学剣道連盟ゼミナール剣道」第45周年記念誌第15号、全国教育系大学剣道連盟、2013年、41―67ページ
(83) 井上俊『武道の誕生』(歴史文化ライブラリー)、吉川弘文館、2004年、188ページ
(84) 小田佳子／近藤良享「日本剣道 KENDO の国際展開への課題――韓国剣道との相克を中心に」「体育・スポーツ哲学研究」第34巻第2号、日本体育・スポーツ哲学会、2012年、125―140ページ
(85) 前掲『剣道』20ページ
(86) 阿部忍『体育の哲学的探求』道和書院、1984年、170―171ページ
(87) アレキサンダー・ベネット「武道の固有性と普遍性」、前掲「武道学研究」第44巻別冊、5ページ
(88) 前掲「剣道における国際化の問題を考える」55―56ページ
(89) 前掲「審判規定の変遷からみた武道(柔・剣道)の性格」
(90) 同論文
(91) 前掲『武道のすすめ』233―235ページ
(92) 前掲「審判規定の変遷からみた武道(柔・剣道)の性格」

（93）西山松之助「近世芸道思想の特質とその展開」、『日本思想大系61 近世芸道論』所収、岩波書店、1972年、588—589ページ

（94）オイゲン・ヘリゲル述『日本の弓術』柴田治三郎訳（岩波文庫）、岩波書店、1982年

（95）松原隆一郎『武道は教育でありうるか』（イースト新書）、イースト・プレス、2013年、118—122ページ

（96）前掲「剣道国際化の現況と未来像」42—44ページ

（97）日本以外で独自に高段位審査を実施している国は、2017年現在、韓国と台湾である。全剣連は韓国国内で展開しているKUMDOの普及や大会運営・規定などに対して国内対応として容認する立場をとっている。これまでの韓国における剣道普及の経緯をみると、日本剣道KENDOと他の国の剣道をともに認め合うという「文化相対主義的な方向性」の姿勢を保持しているといえる。

（98）笠原利章「国際剣道連盟IKFの結成と発展経過」、全日本剣道連盟編『財団法人全日本剣道連盟30年史』所収、全日本剣道連盟、1982年、115—116ページ

（99）竹内淳「海外普及と交流活動」、全日本剣道連盟編『財団法人全日本剣道連盟50年史』所収、全日本剣道連盟、2003年、111ページ

（100）佐々木武人／柏崎克彦／藤堂良明／村田直樹『現代柔道論——国際化時代の柔道を考える』大修館書店、1993年、41ページ

（101）前掲「剣道における国際化の問題を考える」55—56ページ

（102）同論文59—60ページ

（103）松村明編、三省堂編修所『大辞林［第三版］』三省堂、2006年、1216ページ

## 韓国剣道 KUMDO 年表

　韓国剣道 KUMDO の年表作成に当たっては、韓国剣道団体を FIK 公認の大韓剣道会に限定したうえで、大韓剣道会が2003年に編集した『大韓剣道会50年史』の年表を基準にした。さらに、現在、大韓剣道会会長であり、発足当初から大韓剣道会の運営に携わるイ・ジョンリムの著書『正統 剣道教本』に添付されている剣道年表に基づいて作成した。なお、『正統 剣道教本』は大韓剣道会主催大会での「剣道の歴史」で引用文献として用いられている。

　上記文献の年表に記載されていた事項の相違点や翻訳での不明点は、［備考］で記した。また、表にある出典のA・Bは［引用・参考文献］を参照していただきたい。

| 西暦 | 月 | 日 | 事項 | 出典 | 備考 |
|---|---|---|---|---|---|
| BC2600 | | | 蚩尤氏、葛盧山の銅で剣など五種の武器を作り皇帝を討つ | A | |
| BC2300 | | | 雲師（ウンサ）、佰剣の武士として檀君を護衛 | A | |
| BC2000 | | | 古朝鮮地域、青銅器の出現 | A | |
| BC1500 | | | 青銅剣の出現 | A | |
| BC900 | | | 琵琶型銅剣の出現 | A | |
| BC900 | | | 君子国の人は冠を被り、剣を差していたとの記録（衣冠帯剣） | A | |
| BC500 | | | 細形銅剣の出現 | A | |
| BC400 | | | 鉄製銅剣の出現 | A | |
| BC300 | | | 滄海力士、秦の始皇帝を狙撃 | A | |
| BC200 | | | 扶余王、解慕漱（ヘモス）、龍光剣を用いる | A | |
| BC200 | | | 環頭大刀の出現 | A | |
| BC100 | | | 古朝鮮分裂、武士階級、三韓と倭に集団移住 | A | |
| BC100 | | | 環頭大刀の発達 | A | |
| BC100 | | | 九夷族、刀剣で武装 | A | |
| BC100 | | | 三国で百戯が出現 | A | |
| BC100 | | | 高句麗、東明聖王、剣をあつらえ瑠璃（ユリ）を太子に据える | A | |
| BC100 | | | 新羅王子の天日槍（チョニルチャン）、小刀などを持ち倭に帰化 | A | |
| BC100 | | | 高句麗の東盟ほか迎鼓、舞天などの祭天大会（武芸競技大会）が盛行 | A | |
| 0 | | | 高句麗、瑠璃王、剣を与え解明太子を自害させる | A | |
| 0 | | | 高句麗、大武神王の時代、怪由（ケユ）、剣で扶余王の首を切る | A | |
| 100 | | | 高句麗、早衣仙人（武士集団）の台頭、百戯の盛行 | A | |

| 西暦 | 月 | 日 | 事項 | 出典 | 備考 |
|---|---|---|---|---|---|
| 200 | | | 高句麗、仙人(等級名)として呉の孫権の使臣を護衛 | A | |
| 300 | | | 高句麗、東川王の時代、紐由(ユユ)、魏の将軍を刺殺 | A | |
| 300 | | | 高句麗、扃堂にて武術訓練 | A | |
| 300 | | | 百済、倭王に七枝刀を下賜 | A | |
| 400 | | | 高句麗、広開土大王に負けた百済の武士集団、伽耶や倭に移住 | A | |
| 400 | | | 新羅、木剣の出現 | A | |
| 500 | | | 新羅の花郎、撃剣を必須とする | A | |
| 500 | | | 高句麗、安臧王、中国の梁高祖から佩剣をもらう | A | |
| 500 | | | 伽耶の武士集団、倭に移住 | A | |
| 500 | | | 新羅の文弩(ムンノ)、撃剣の名手として多数の花郎を指導 | A | |
| 500 | | | 百済、刀部を置き、刀を大量生産 | A | |
| 600 | | | 高句麗の淵蓋蘇文(ヨン・ゲソムン)、五刀を身に付ける | A | |
| 600 | | | 新羅の金庾信(キム・ユシン)、咽薄山で兵法を学び告由する | A | |
| 600 | | | 新羅、文武王、伊飡(等級名)で総官になった者に刀を下賜、六陣兵法を観覧 | A | |
| 600 | | | 新羅、百済王扶余豊の宝剣を手に入れる | A | |
| 600 | | | 谷那晋首(コンナジンス)など百済の兵法者(武士集団)、日本に移住 | A | |
| 700 | | | 新羅、元聖王の時代、大舎武烏(テサムオ)が『武烏兵法』第15巻を王に進上 | A | |
| 700 | | | アラブの商人、新羅の刀を輸入 | A | |
| 800 | | | 新羅、張保皐(チャン・ボゴ)ら唐にて武芸で名を馳せる | A | |
| 900 | | | 新羅滅亡後、主戦派花郎徒、日本に移住 | A | |
| 900 | | | 渤海滅亡(926) | A | |
| 900 | | | 新羅滅亡(935) | A | |
| 1000 | | | 高麗、惠宗、金銀装雲天長刀・玉剣・刀子など数百本を後晋に届ける。高麗、各道の兵馬使に『金海兵書』を渡す | A | |
| 1000 | | | 国仙を奨励 | A | |
| 1100 | | | 国学に武学斎を設立 | A | |

| 西暦 | 月 | 日 | 事項 | 出典 | 備考 |
|---|---|---|---|---|---|
| 1100 | | | 武臣政権によって都房に私兵集団である死士が出現 | A | |
| 1100 | | | 五兵、手搏戯などが流行 | A | |
| 1200 | | | 金方慶（キム・バンギョン）の先鋒、韓希愈（ハン・ヒユ）、日本征伐時、短兵にて倭の敵の首級を挙げる | A | |
| 1300 | | | 高麗、宰樞以下、各司令まで弓・剣など個人装備を点検 | A | |
| 1300 | | | 高麗、荒山の戦いにて李成桂（イ・ソンゲ）が倭人8人を切る。京城奪還時、敵の頭首のほか7、8人の敵を切る | A | |
| 1400 | | | 朝鮮、太宗、木槍と木剣を用いた甲兵と防牌軍の角闘を査察。翌日木剣を受けた甲兵2人が死亡 | A | |
| 1400 | | | 李詹（イ・チョム）が慶州で剣の舞のなかから本国剣を悟る | A | ※1 |
| 1400 | | | 徐居正（ソ・ゴジョン）の詩に黄倡郎が登場 | A | |
| 1400 | | | 正宗、私兵をなくす | A | |
| 1400 | | | 世宗、木剣と木戟を用いて角闘、戟戦を教習 | A | |
| 1400 | | | 文宗、『東国兵鑑』発刊 | A | |
| 1400 | | | 端宗、『歴代兵要』発刊 | A | |
| 1400 | | | 世祖、武芸競技の甲乙槍を査察 | A | |
| 1400 | | | 棒戯の勝者に環刀一本を下賜。慶会楼で9人ずつ組になった三甲戦法を査察 | A | |
| 1500 | | | 宣祖、韓嶠（ハン・ギョ）が『武芸諸譜』発刊 | A | |
| 1500 | | | 忠武公（李舜臣）、環刀を制作し各水軍節度使に分け与える | A | |
| 1600 | | | 仁祖、武芸庁の設立 | A | |
| 1600 | | | 孝宗、春塘台で武才を観覧<br>茅元儀、『武備志』発刊（中国） | A | ※2 |
| 1600 | | | 顯宗、春塘台で各軍営の武芸を試験<br>清、朝鮮に侵入 | A | |
| 1600 | | | 肅宗、王宮の中庭で訓局（警備・軍事の訓練を司る軍営）の倭の剣手の技芸を査察 | A | |
| 1700 | | | 英祖、撃刺之法を奨励 | A | |
| 1700 | | | 小朝（思悼世子：サドセジャ）、『武芸新譜』発刊、朝鮮の十八般武芸の制定 | A | |
| 1790 | | | 正祖、『武芸図譜通志』発行 | A・B | |
| 1802 | | | 純祖、壮勇営を廃止 | A | |

| 西暦 | 月 | 日 | 事項 | 出典 | 備考 |
|---|---|---|---|---|---|
| 1814 | | | 兵器の私的製造および売買の禁止 | A | |
| 1864 | | | 高宗、三軍府の設立 | A | |
| 1864 | | | 春塘台にて武科試験 | A | |
| 1870 | | | 景武台にて武科試験 | A | |
| 1880 | | | 統理機務衙門の設置 | A | |
| 1888 | | | 内務部、錬武公院職制節目の制定 | A | |
| 1891 | | | 隆武堂で武芸を査察 | A | |
| 1894 | | | 1,147人を最後に、高宗5年武科及第者全体で12,024人以上になる | A | |
| 1894 | | | 東学軍、官軍および日本軍と接戦 | A | ※3 |
| 1896 | | | 建陽元年および開国505年、武官学校の設立 | A | |
| 1896 | | | 警務庁、撃剣教育 | A | |
| 1896 | 5 | 23 | 高宗建陽元年、治安上警務庁で撃剣を警察教習科目として採択 | B | |
| 1904 | 9 | 27 | 陸軍錬成学校で剣術、射撃、体操とともに撃剣を置いて教育 | A・B | |
| 1908 | | | 日韓巡検撃剣大会 | A | |
| 1908 | | | 武徒機械体育部、撃剣 | A | |
| 1908 | 3 | 28 | 秘苑で日韓両国巡査の撃剣競技（御覧試合） | B | |
| 1909 | | | 純宗、軍部と武官学校を廃止 | A | |
| 1916 | 5 | | 私立五星中学校で青年対象の剣道指導を開始 | A・B | |
| 1921 | | | 朝鮮武道館の設立 | | |
| 1921 | 11 | 19 | 苑洞の姜楽遠、朝鮮武道館を設立。剣道普及 | A・B | |
| 1927 | 4 | 1 | 日帝下、中学校体操要目として剣道が設定され各級学校に剣道部活動を開始 | A・B | |
| 1935 | | | 第16回全国体育大会で剣道競技を実施 | | |
| 1935 | | | 第16回全朝鮮人競技大会で初剣道競技 | A・B | ※4 |
| 1945 | | | 植民地解放（光復） | A | |
| 1945 | 8 | 15 | 復光 | B | |
| 1947 | | | 第1回ソウル市警察官剣道大会の開催 | A | |
| 1947 | | | ソウルで最初のソウル市剣道大会開催 | B | |
| 1948 | 6 | 3 | "在京有段者会"会員100余人が昌徳宮内の剣道場に集まって"大韓剣士会"と改称し、カン・ナゴンを会長に推戴する。 | A・B | |
| 1949 | | | ソ・ジョンハッが主軸になって"警察尚武会"を組織 | B | |
| 1949 | | | 第1回警務官剣道大会開催 | B | |

| 西暦 | 月 | 日 | 事項 | 出典 | 備考 |
|---|---|---|---|---|---|
| 1950 | 4 | | 第1回警察官剣道大会開催 | A・B | |
| 1950 | 6 | 25 | 朝鮮戦争が勃発 | B | |
| 1952 | | | 避難中、大韓剣道会創立のための準備委員会発足（準備委員：ソ・ジョンハッ、ホ・イクリョン、キム・ヨンダル、パク・ジョンギュウ、キム・ヨンペ） | B | |
| 1953 | | | 大統領生誕祝賀親覧武道大会の開催 | A | |
| 1953 | | | 傘下団体として各市道支部を設立 | A | |
| 1953 | 6 | | 戦争中でも大韓剣士会主催で第1回全国個人剣道選手権大会開催 | A・B | |
| 1953 | 7 | 25 | 朝鮮戦争が休戦 | B | |
| 1953 | 11 | 2 | 大韓剣士会を大韓剣道会と改称創立<br>イ・イグンを初代会長に選出、体育団体として大韓体育会に加盟 | A・B | |
| 1953 | 12 | | 本部と各道支部、師範を選定 | B | |
| 1953 | 12 | 11-25 | 全国師範講習会実施 | B | |
| 1953 | 12 | 26 | 全国道支部が師範配置 | B | |
| 1954 | 6 | | 全国道支部が剣道会結成完了 | B | |
| 1955 | 3 | 26 | 第3回全国武道個人選手権大会（イ・スンマン大統領親覧） | B | |
| 1955 | 10 | 15-22 | 第36回全国体育大会に剣道一般部、初参加 | A・B | |
| 1955 | | | 第1回警務官武術大会 | B | |
| 1955 | 4 | 18 | 牙山、顕忠祠の李忠武公、宝剣を補修（責任者キム・ヨンラル）奉安 | A・B | |
| 1956 | 10 | 3-9 | 第37回全国体育大会に剣道一般部競技に学生部競技追加 | B | |
| 1957 | 4 | 15 | イ・イグン会長後任にソ・ジョンハック第3代会長就任 | B | |
| 1957 | 11 | | 創立後、本会主催 初剣道大会として"全国高段者青白戦"開催 | B | |
| 1958 | 3 | 26 | 第6回全国武術大会の剣道競技を学生部と一般部に分けて開催 | B | |
| 1959 | 6 | 14 | 第1回全国学生剣道大会開催 | A・B | |
| 1959 | 6 | 20 | 大韓剣道会会館建立のための期成会発足 | B | |
| 1959 | 10 | 3-9 | 第40回全国体育大会剣道競技一般部、大学部、高校部、中学部と区別開催 | B | |
| 1960 | 4 | | 第5代キム・ソゴン会長就任（61年6月まで在任） | B | |
| 1961 | 5 | 15 | 5.16革命（クーデター） | B | |

| 西暦 | 月 | 日 | 事項 | 出典 | 備考 |
|---|---|---|---|---|---|
| 1961 | 6 | 20 | 軍事クーデター後、イ・ジョング部会長、会長代理就任 | B | |
| 1961 | 7 | 10 | キム・ソゴン会長後任に第4代イ・ジョング会長就任 | B | |
| 1961 | 10 | | 第1回全国剣道段別選手権大会 | A・B | |
| 1961 | | | 陸軍士官学校で剣道を正課として採択 | A・B | |
| 1963 | 2 | | 全国学生剣道連盟結成を準備 | B | |
| 1963 | 9 | 30 | 従来の1人審判制から主審と副審2人の3人審判制へと改定 | B | |
| 1963 | 10 | 5 | 全国学生剣道連盟、会則改定 | B | |
| 1964 | 1 | 30 | 全国学生剣道連盟、役員選出（初代会長パク・ジョンギュウ）、全国学生剣道連盟が本会に加入 | A・B | |
| 1964 | 2 | | イ・ジョング会長後任に第7代ソ・ジョンハッ会長就任 | B | |
| 1964 | 6 | | 全国学生剣道連盟主催　第1回全国学生剣道選手権大会　中・高・大学部を分けて開催 | B | |
| 1964 | | | 全国学生剣道連盟を韓国大学剣道連盟と韓国中・高剣道連盟とに分離 | B | |
| 1965 | 5 | 22 | 剣道選手登録規定を制定 | B | |
| 1966 | | | 第1回忠武公生誕記念、全国市道対抗剣道大会の開催 | A | |
| 1966 | 2 | | ソ・ジョンハッ会長の後任に第7代キム・ヨンテ会長就任 | B | |
| 1966 | 3 | 13 | 李忠武公生誕記念　第1回全国各市道対抗兼個人選手権大会　温陽で開催 | A・B | |
| 1966 | 10 | 21 | 警察武道大会 | B | |
| 1966 | 11 | 19-20 | 第2回国際社会人剣道大会　沖縄で開催　ト・ホムン、ジョン・テイン個人戦各3位入賞 | B | |
| 1967 | 10 | 4 | 第1回　国際親善剣道大会　日本にて開催 | B | |
| 1967 | 10 | 8 | 第3回　国際社会人剣道大会（大阪）　韓国団体戦優勝　第4回大会のソウル開催議決 | A・B | |
| 1968 | 2 | | キム・ヨンテ会長の後任に第10代ソ・ジョンハッ会長就任 | B | |
| 1968 | 5 | | 韓国大学剣道連盟主管で第1回春季全国大学剣道連盟戦開催 | B | |
| 1969 | | | 韓国大学剣道連盟　初代ソン・ワニョン会長　推戴 | B | |
| 1969 | 4 | 27 | 第4回国際社会人剣道大会をソウルYMCA体育館で開催　韓国準優勝 | B | |

| 西暦 | 月 | 日 | 事項 | 出典 | 備考 |
|---|---|---|---|---|---|
| 1969 | 10 | 28-11.2 | 第50回全国体育大会 | B | |
| 1969 | 11 | | 第1回秋季全国大学剣道連盟戦開催 | B | |
| 1970 | | | 学生連盟を中高連盟と大学連盟とに分離 | A | |
| 1970 | 1 | 31 | 国際剣道連盟創立（IKF）創立　韓国　副会長国として加入 | B | |
| 1970 | | | 国際剣道連盟結成　第1回世界剣道選手権大会（日本） | B | |
| 1970 | 5 | | 韓国中・高等学校剣道連盟創立　ソ・ナクスン初代会長推戴 | B | |
| 1970 | 5 | 31 | 第1回全国中・高等学校剣道大会開催 | B | |
| 1971 | | | 中央研修院建設のための基金積立を代議員総会で決議 | A | |
| 1971 | 6 | 4 | 全国学生剣道大会沿革を統合すべく　59年第1回全国学生剣道大会を起点に全国大学剣道連盟戦と全国中・高等学校剣道大会　概数を算定する | B | |
| 1971 | 10 | 30-11.8 | 第5回国際社会人剣道大会　台湾で開催　韓国団体戦3位 | B | |
| 1972 | | | 8.15光復節記念　文教部長官杯争奪 | A | |
| 1972 | | | 第一回全国学生剣道大会の開催 | A | |
| 1972 | | | 少年体育大会剣道競技の採択 | A | |
| 1972 | | | 1973年より基金金の積立開始 | A | |
| 1972 | 5 | 17 | 第1回プサン大学総長杯争奪　全国高校剣道大会創設 | B | |
| 1972 | 6 | 15-18 | 第1回全国少年体育大会　開催 | B | |
| 1972 | 8 | 24 | 8.15光復節記念文教部長官杯争奪　第1回全国学生剣道大会開催 | B | |
| 1972 | 10 | | 本会事務局長にイ・ジョンリム就任 | B | |
| 1973 | | | 第2回世界剣道選手権大会（アメリカ）参加：個人戦3位（イ・ジョンニム） | A | |
| 1973 | | | 研修院基金積立のため有段者再登録を実施、再登録費全額を基金に積立 | A | |
| 1973 | 2 | | 創立20周年の年　ソ・ジョンハッ会長の後任に第13代ペ・ヨンファン会長就任（専務理事キム・ヨンダル） | B | |
| 1973 | 4 | 7 | 第2回世界剣道選手権大会（米国）でイ・ジョンリムが個人戦で3位入賞 | B | |
| 1973 | 9 | 1-7 | 日本、関西大学の招聘で韓国3大学（ヨンナム大、プサン大、成均館大）選抜選手も加わり、第1回韓日大学親善競技 | B | |

韓国剣道 KUMDO 年表　　　213

| 西暦 | 月 | 日 | 事項 | 出典 | 備考 |
|---|---|---|---|---|---|
| 1974 | 4 | 28 | 国際社会人剣道連盟会議で75年第7回大会のソウル開催を決議 | B | |
| 1974 | 7 | 29 | 第1回国際少年剣道大会　東京で開催<br>ユン・スンウォン個人戦3位入賞 | A・B | |
| 1974 | 11 | | 大学剣道会情報誌「剣道会報」第1号創刊 | A・B | |
| 1975 | 4 | 20 | 第7回国際社会人剣道大会　ジャンチュン体育館で開催　韓国団体優勝 | B | |
| 1975 | 9 | | クァンジュ、チュンジャン中学校、クァンジュ市体育館で1,500人　健児剣道マスゲーム発表（チャ・ヨンペ師範指導） | B | |
| 1976 | 12 | 7 | 第1回東西対抗高段者大会開催 | A・B | |
| 1977 | 1 | 21 | 中央道場建立推進委構成 | B | |
| 1977 | 7 | 27-8.1 | 第2回世界少年剣道大会（日本）韓国代表　準優勝 | B | |
| 1978 | 1 | | ペ・ヨンファン会長の後任に第15代キム・ドンス会長就任 | B | |
| 1978 | 2 | 1 | 竹刀安全事故に対する特別警告 | B | |
| 1978 | 4 | 11-15 | 第1回剣道指導者ならびに剣道師範講習会 | B | |
| 1978 | 9 | 1 | 第1回会長旗争奪全国各市道対抗一般剣道大会開催 | B | |
| 1978 | 10 | | 審判員講習会（4.5段）ソンドン高と成均館大で2回開催 | B | |
| 1979 | | | 第1回大統領旗一般選手権大会の開催 | A | |
| 1979 | 8 | 4 | 第4回世界剣道選手権大会（日本）札幌で開催<br>韓国団体戦準優勝 | B | |
| 1979 | 9 | 26-27 | 第1回大統領下賜旗争奪　全国剣道選手権大会開催 | B | |
| 1979 | 10 | 12-17 | 第60回全国体育大会 | B | |
| 1980 | | | 在米大韓剣道会を支部に承認 | A | |
| 1980 | 6 | 22-28 | 台湾剣道協会招請で全北剣道会選手団遠征　親睦競技 | B | |
| 1980 | 8 | 12 | 第3回国際少年剣道大会（ハワイ）<br>韓国チーム個人戦優勝2人　3位入賞 | A・B | ※5 |
| 1980 | 10 | 29 | キム・ドンス会長　88年ソウルオリンピックに剣道種目採択を政府に建議 | B | |
| 1981 | 4 | 2 | 本会常設機構として常任理事会ならびに6分課委員会を結成し、委員長ならびに委員を選定 | B | |
| 1982 | 2 | | ホ・イクリョン師範逝去、十段追叙 | B | |
| 1982 | 6 | | 在ブラジル大韓剣道会創立発起委員会 | B | |

| 西暦 | 月 | 日 | 事項 | 出典 | 備考 |
|---|---|---|---|---|---|
| 1982 | 7 | 31-8.1 | 第5回世界剣道選手権大会（ブラジル・サンパウロ） | B | |
| 1983 | 1 | 28 | 創立30周年にキム・ドンス会長の後任に第16代チェ・サンオク会長就任 | B | |
| 1983 | 4 | 28-29 | 李忠武公生誕記念 全国市道対抗剣道大会（第17回）にイタリア剣道チーム初参加 | B | |
| 1983 | 6 | 2 | 韓国中・高等学校剣道連盟戦を春季・秋季に分けて開催することに決定 | B | |
| 1983 | 7 | 18 | 高段者昇段審査規定を改定し、五段以上高段者は中央審査だけすることに決定 | B | |
| 1983 | 10 | 1 | ト・ホムン、キム・ヨンラル、ジョン・テイン3人　九段昇段 | B | |
| 1983 | 11 | 4-10 | 第1回アジア親善剣道大会を台湾で開催 | B | |
| 1983 | 12 | | ミウォンガ、プンサン金属　剣道チーム組織 | B | |
| 1984 | 2 | 29 | 86年ソウルで開かれるアジア大会に剣道種目採択を政府に建議 | B | |
| 1984 | 11 | 8-9 | 第1回全国中・高等学校剣道大会開催 | B | |
| 1985 | 1 | 14 | 定期代議員総会（ニューソウルホテル） | B | |
| 1985 | 3 | 8 | 中央道場を旧矯導官学校道場に移転 | B | |
| 1985 | 4 | 12-14 | 第6回世界剣道選手権大会（パリ）<br>団体戦3位、個人戦3位（キム・ギョンナム、パク・チュンチェ）<br>大会前日開催された総会で88年第7回世界大会をソウルに誘致するスポーツ外交に成功 | A・B | |
| 1986 | 1 | 24 | 86年度定期代議員総会（プレジデントホテル） | B | |
| 1986 | 8 | 22 | 全国指導者講習会（大邱） | B | |
| 1986 | 10 | 30-31 | 第7回世界大会準備のため第1次準備会議　東京で開催 | B | |
| 1987 | 3 | | 年1回発行していた「大韓剣道会会報」を季刊にすることを決定 | B | |
| 1987 | 3 | 9-16 | イタリア選手団12人来韓　西大門中央道場で合同訓練 | B | |
| 1987 | 3 | 21-26 | 日本国士舘大学剣道部来韓　成均館大体育館で親善競技 | B | |
| 1987 | 3 | 23 | ワシントン剣道会 Jeff Marsten 氏一行来韓　西大門中央道場で合同訓練 | B | |
| 1987 | 4 | 28 | 李忠武公生誕記念　第21回全国市道対抗剣道大会 | B | |
| 1987 | 5 | 11 | 国際剣道連盟理事会（タワーホテル） | B | |

| 西暦 | 月 | 日 | 事項 | 出典 | 備考 |
|---|---|---|---|---|---|
| 1987 | 6 | 17-18 | 日本国家代表選手訪韓　西大門中央道場で傳旨訓練 | B | |
| 1987 | 7 | 31-8.2 | 東西対抗高段者大会兼全国高段者、ならびに指導者講習会（クァンジュ・ソソク高） | B | |
| 1987 | 10 | 3 | 第7回世界大会最終準備会議　東京で開催 | B | |
| 1988 | | | ソウルで開催された第7回世界剣道選手権大会の余剰金3千万ウォンを積立 | A | |
| 1988 | 2 | 27 | 全国師範ならびに一般人を対象に"本国剣法"講習会実施開始 | B | |
| 1988 | 4 | 17 | 開校80周年を迎えたソンナム高校（全校生徒に剣道を指導）に対して、本会感謝杯を伝達 | B | |
| 1988 | 5 | 27 | 国際剣道連盟総会でチェ・サンオク会長は、国際剣道連盟副会長、イジョンリム専務理事は国際剣道連盟理事に選任 | B | |
| 1988 | 5 | 28-29 | 第7回世界剣道選手権大会　ソウルファゴク洞88体育館で開催<br>韓国団体2位、個人戦3位（キム・ギョンナム） | B | |
| 1988 | 10 | 14 | イタリアで開かれた第2回メシナ国際剣道大会に韓国選手団が参加　優勝 | B | |
| 1988 | 12 | 3 | 第1回全国実業剣道大会を大邱室内体育館で開催 | A・B | |
| 1988 | 12 | | 韓国社会人剣道連盟創立 | B | |
| 1988 | 12 | 3-4 | 第1回韓国社会人剣道大会を大邱室内体育館で開催 | B | ※6 |
| 1988 | 12 | 12 | ト・ホムン（68）先生が逝去 | B | |
| 1989 | | | 韓国社会人剣道連盟が本会に加入 | A | |
| 1989 | 1 | 23 | チェ・サンオク会長を第19代会長に再推戴 | B | |
| 1989 | 3 | 15 | オリンパス建設実業団チーム創団 | B | |
| 1989 | 6 | 8 | 中央道場、西大門　旧矯導官学校道場から光化門区キョンギ女子高体育館に移転 | A・B | ※7 |
| 1989 | 7 | 23-27 | ハワイ少年剣道選手団が訪韓　光化門中央道場で親善競技 | B | |
| 1989 | 8 | 4-10 | 中華民国台北市創設100周年記念国際剣道大会に韓国選手団参加　団体戦・個人戦ともに優勝 | B | |
| 1989 | 9 | 26-10.1 | 第70回全国体育大会 | B | |
| 1990 | 3 | | 剣道場公認規定案制定 | B | |
| 1990 | 8 | 18-19 | 「武芸道報通知」発刊200周年記念行事として本国剣法講習会四段以上指導者を対象に温陽で実施 | B | |

| 西暦 | 月 | 日 | 事項 | 出典 | 備考 |
|---|---|---|---|---|---|
| 1990 | 12 | 13 | 中央道場として使用してきた旧キョンギ女子高体育館道場閉鎖（アメリカ大使館承認で91年6月まで使用） | B | |
| 1991 | 2 | 1 | 江原道インジェ郡庁　実業チーム創団 | B | |
| 1991 | 6 | 26-7.1 | 第8回世界剣道選手権大会（カナダ・トロント）団体戦準優勝 | B | |
| 1991 | 11 | 27 | 常任理事会で本会中央道場を地方に建立する計画を構想 | B | |
| 1992 | 2 | 29 | 在オーストラリア大韓剣道会創立 | A・B | |
| 1992 | 6 | 25-26 | 第1回会長旗争奪　全国高等学校剣道大会開催 | B | |
| 1992 | 9 | 21 | 在来大韓剣道会ニューヨーク支部創設 | B | |
| 1992 | 12 | 6 | 第1回本国剣法競演大会を全国段別選手権大会と並行開催 | A・B | |
| 1993 | | | 第1回ＳＢＳ杯全国剣道王大会の開催 | A | |
| 1993 | 2 | 27-28 | 創立40周年を迎え、第1回SBS杯　全国剣道王大会開催 | B | |
| 1993 | 10 | 12 | 本会　社団法人会のための法人推進委員会構成 | B | |
| 1993 | 4 | 7-11 | 第9回世界剣道選手権大会パリで開催 | B | |
| 1994 | 4 | 30 | 大韓体育会加盟団体中、初となる文化体育部に社団法人登録（文化体育部許可第54号）社団法人創立総会 | A・B | |
| 1994 | | | 積み立てた基金をもとに大韓体育会加盟競技団体中、初の社団法人になる | A | |
| 1994 | | | 法人化のための基金5億の支援を受ける | A | |
| 1995 | | | 大韓剣道会加盟傘下団体21団体 | A | |
| 1995 | 10 | 21 | 『剣道』イ・ジョンリム　出版記念会 | B | |
| 1996 | 4 | 27 | ソ・ジョンハク（九段）、キム・ヨンダル（九段）先生、8巡　祝賀宴を温陽で開かれた指導者講習会で開催 | B | |
| 1996 | 7 | 6 | 第1回韓国少年剣道大会　韓国社会人剣道連盟主催で開催 | B | |
| 1996 | 7 | 14 | 高校常備軍10人が日本関東地方に遠征　親善競技 | B | |
| 1996 | 10 | 7 | 第1回韓国少年本国剣法大会を第25回新羅文化財行事の一環として開催 | A・B | |
| 1997 | | | 韓国実業剣道連盟が本会に加入 | A | |
| 1997 | | | 定期代議員総会で研修院建設を議決、執行部がソウル、京畿、江原、忠北、忠南地域を100回以上現地調査し、キム・セジュン当時大韓剣道会会長の裁可を得て現在の敷地を選定 | A | |

| 西暦 | 月 | 日 | 事項 | 出典 | 備考 |
|---|---|---|---|---|---|
| 1997 | | | 忠清北道陰城郡遠南面普龍里大山下17番地一帯の敷地3,560坪（11,770平方メートル）の購入契約を締結 | A | |
| 1997 | 1 | 21 | チェ・サンオク会長後任に第21代キム・セジュン会長就任 | A・B | |
| 1997 | 3 | 26 | 第10回国際剣道連盟総会で2000年第11回世界剣道大会開催地をアメリカ・カリフォルニア州サンタクララに決定 | B | |
| 1997 | 3 | 27-30 | 第10回世界剣道選手権大会　京都市立体育館開催　団体戦準優勝、個人戦3位（パク・サンソプ） | A・B | |
| 1997 | 7 | 4-5 | 第1回全国実業剣道大会　馬山慶南科学教育院で開催 | B | |
| 1997 | 8 | 1 | ウルサン広域市剣道会創立（初代会長キム・チョル） | B | |
| 1997 | 10 | 1 | キム・ホグン事務局長（90年就任）後任にリュウ・チョンギ事務局長就任 | B | |
| 1997 | 12 | | ヨンピョン大学と本会剣道交流協定　以降、活発な交流展開 | B | ※8 |
| 1998 | | | 農地専用許可を取得 | A | |
| 1998 | | | 研修院敷地の登記移転完了 | A | |
| 1998 | | | 中央研修院建設のための「研修院建設委員会」の結成 | A | |
| 1998 | | | 建築設計用役を依頼（設計事務所メッカ）、研修院建設募金運動の開始 | A | |
| 1998 | 1 | 22 | 中央研修院建立予算案代議員総会通過 | B | |
| 1998 | 3 | | 中央研修院建立敷地買い入れ | B | |
| 1998 | 4 | 25-27 | 指導者講習会で「朝鮮勢法」を指導し、全国普及開始 | B | |
| 1998 | 5 | 9-10 | 春季大学剣道連盟戦40回を迎える | B | |
| 1998 | 5 | 29-30 | 第1回ヨンイン大学総長旗　全国高校剣道選手権大会 | B | |
| 1998 | 6 | 1 | 在アメリカ大韓剣道会東部支部創立 | B | |
| 1998 | 6 | | 大韓剣道会ウェブサイト登録 | B | |
| 1998 | 6 | 5 | 中央研修院　建立推進委員選定 | B | |
| 1998 | 6 | 13-14 | イタリア・シチリア島で開かれた第1回メシナカップ剣道大会に韓国代表参加 | B | |
| 1998 | 6 | 26-27 | 建国実業剣道連盟創立（イ・チェウク初代会長推戴） | B | |
| 1998 | 7 | 21 | プサンスヨン区庁剣道チーム創団 | B | |

| 西暦 | 月 | 日 | 事項 | 出典 | 備考 |
|---|---|---|---|---|---|
| 2000 | 2 | 15 | ジョンジュ市庁　実業チーム創団 | B | |
| 2000 | 3 | 24-26 | 第11回世界剣道選手権大会　カリフォルニア州サンタクララで開催<br>団体戦準優勝、個人戦3位（ホン・ソンス、富川市庁） | A・B | |
| 2000 | 3 | 25 | 国際剣道連盟（IKF）でイ・ジェオク会長を国際連盟副会長に選任 | B | |
| 2000 | 6 | 7 | 韓国中・高剣道連盟　第10代パク・ハクフン会長就任 | B | |
| 2000 | 6 | 9 | 韓国小学校剣道連盟創立（初代会長キョン・テヒョン） | B | |
| 2000 | 6 | 25 | 理事会でイ・ジョンリム専務理事後任にソ・ピョンユンを選出 | B | |
| 2000 | 7 | 31 | ソウル西小門に本会会議用分室を設置 | B | |
| 2000 | 8 | 7 | ヨンピョン大学　ソン・トンシク総長に本会　奨学金を伝達 | B | |
| 2000 | 9 | 17 | 台湾で国際審判講習会開催 | B | |
| 2000 | 10 | 5 | 大韓剣道会ウェブサイト新装 | B | |
| 2000 | 10 | | 『大韓剣道会50年史』刊行準備作業 | B | |
| 2000 | 11 | 16 | 第1回FYD杯全国小学生剣道大会開催 | B | |
| 2000 | | | イ・ジェウク会長とイ・ジョンリム副会長が中国ヨンピョン大学を訪問し、パク・フンジン副総長と（東ア3国関係資料集）発行を相談、諸経費（約2億ウォン）はイ・ジェオク会長が負担し、中国で資料集節録編纂出版を担当する方向 | B | |
| 2001 | | | 23代会長にイ・ジェウク会長就任 | A | |
| 2001 | | | 大韓剣道会中央研修院の開院 | A | |
| 2001 | | | 会長旗第1回七段剣道選手権大会の開催 | A | |
| 2001 | | | 大韓剣道会中央研修院の竣工 | A | |
| 2001 | | | 大韓剣道会中央研修院開院式の挙行 | A | |
| 2001 | | | 陰城郡遠南面普龍里20番地1,200坪（3,970平方メートル）を購入（イ・ジェウク会長名義） | A | |
| 2001 | 5 | 12 | 全国矯導官剣道連合会（会長オ・ジョンヨン）創立 | B | |
| 2001 | 6 | 1 | 中央研修院開院式　忠北陰城　現地で開催 | B | |
| 2001 | 6 | 1 | 第1回全国7段剣道大会　中央研修院で開催 | B | |
| 2001 | 7 | 14 | 国民生活体育全国剣道連合会　創立記念 | B | |

| 西暦 | 月 | 日 | 事項 | 出典 |
|---|---|---|---|---|
| 1998 | 7 | 24 | 広州広域市剣道会館開館 | B |
| 1998 | 7 | | キム・セジュン会長辞任でキム・ヨンダル副会長が職務代行 | A・B |
| 1998 | 8 | 21 | 慶南剣道会主催で第1回馬山MBC杯慶南剣道王大会開催 | B |
| 1998 | 8 | 30-9.30 | キム・ホグン師範ヨンピョン大学で1ヶ月剣道指導 | B |
| 1998 | 10 | 30-11.1 | 第1回大邱大学総長旗全国高校剣道大会 | B |
| 1998 | 11 | 21 | 第1回全国小学校剣道大会開催 | B |
| 1999 | | | 研修院建設起工式の挙行（忠清北道陰城郡遠南面普龍里） | A |
| 1999 | | | イ・ジェウク会長就任により研修院建設事業の推進が本格化 | A |
| 1999 | | | 陰城郡庁から中央研修院建築許可を取得 | A |
| 1999 | | | 「研修院建設小委員会」の結成 | A |
| 1999 | | | 国内と海外支部で研修院建設募金運動が本格始動 | A |
| 1999 | | | 中央研修院建設施工業者の選定（ナムファ土建） | A |
| 1999 | | | 中央研修院建設起工式の挙行 | A |
| 1999 | 1 | 17 | キム・ヨンダル会長職務代行後任に第22代イ・ジェウク会長就任 | |
| 1999 | 2 | 12 | ソウルクァンジン区庁チーム創団 | |
| 1999 | 4 | 24 | リドゥ飲料　実業チーム創団 | |
| 1999 | 5 | 15-16 | アジア地域国際審判講習会　ソウル中央日報文化センターで開催 | |
| 1999 | 5 | 24 | キム・ジョンホ、チャ・ミンリョン副総裁、本会顧問に推戴 | |
| 1999 | 5 | | イ・ジェウク会長に六段授与 | |
| 1999 | 8 | 15 | 中央研修院建立基金　募金運動開始 | |
| 1999 | 10 | 11-17 | 全国体育大会が第80回を迎える | |
| 1999 | 12 | 9 | 中央研修院建立起工式 | |
| 2000 | | | 在アルゼンチン大韓剣道会を支部に承認 | |
| 2000 | | | 韓国初等学校剣道連盟が本会に加入 | |
| 2000 | | | 在日大韓剣道会を支部に承認 | |
| 2000 | | | ナムファ土建が研修院工事に着工 | |
| 2000 | | | 国会予算決算委員会で5億の国庫支援が決定 | |
| 2000 | 1 | 30 | キム・ヨンダル（師範九段）先生逝去　大韓剣会長として永訣式 | |

韓国剣道 KUMDO 年表

| 西暦 | 月 | 日 | 事項 | 出典 | 備考 |
|---|---|---|---|---|---|
| 2001 | 8 | | 米国全域の大韓剣道会所属道場が参加する第1回在アメリカポンリム旗剣道大会 ロサンジェルスで開催 | B | ※9 |
| 2001 | 9 | 21 | 第1回ポンリム旗全国実業剣道大会開催 | B | |
| 2001 | 9 | 29-30 | アジア地域国際審判講習会 香港で開催 | B | |
| 2001 | 10 | 21 | 第1回韓国市郡区対抗社会人剣道大会 韓国社会人剣道連盟（会長キム・ソンテ）主催 | B | |
| 2001 | 10 | 28 | チョ・スンリョン師範九段昇段 | B | |
| 2002 | | | 在ニュージーランド大韓剣道会を支部に承認 | A | |
| 2002 | 1 | | 剣道専門雑誌 月刊「剣道」創刊 | B | |
| 2002 | 2 | 7 | 天安市庁 実業剣道チーム創団 | B | |
| 2002 | 3 | 1 | 大邱市剣道会主催 3.1節記念 第21回会長旗剣道大会 | B | |
| 2002 | 3 | 4 | イ・ジェウク会長 金塔産業勲章受章 大韓剣道会祝宴 | B | |
| 2002 | 3 | 9 | 利川市庁実業剣道チーム創団 | B | |
| 2002 | 3 | 15 | 忠北剣道会（会長オ・セオッ）主催 3.1節記念第29回会長旗学生剣道大会 | B | |
| 2002 | 3 | 16 | ソウル市剣道会（会長ファン・ウィマン）主催 3.1節記念 第44回ソウル市長旗 種別剣道選手権大会 | B | |
| 2002 | 3 | 17 | プサン市剣道会（会長ハン・ジョンデ）主催 第4回プサン広域市教育監旗学生剣道大会 | B | |
| 2002 | 3 | 17 | 広州剣道会（会長チェ・ヨンフン）主催 第1回広州市教育監杯 小学生剣道大会開催 | B | |
| 2002 | 3 | 26 | 中国ヨンピョン（延辺）大学と中国26史（社）ならびに明、清、実録東ア3国関係史料集 節録編纂出版事業協約書（案）作成 | B | |
| 2002 | 4 | 10 | 務安郡庁実業剣道チーム創団 | B | |
| 2002 | 4 | 20 | 慶南剣道会（会長キム・ソンス）主催 第17回会長旗剣道大会 | B | |
| 2002 | 4 | 28 | 李忠武公生誕記念 第36回全国市道対抗剣道大会 | B | |
| 2002 | 5 | 11-14 | 第31回全国少年体育大会 | B | |
| 2002 | 5 | 19 | 広州市剣道会主催 第15回会長旗剣道大会 | B | |
| 2002 | 6 | 1 | ソウル市剣道会主催 第12回ソウルカップ | B | |
| 2002 | 6 | 2 | 全北剣道会（会長ユク・クニョン）主催 第7回道知事杯剣道大会 | B | |
| 2002 | 6 | 15 | 忠北剣道会（会長オ・セオッ）主催 第3回忠清北道東西対抗高段者大会 | B | |

| 西暦 | 月 | 日 | 事項 | 出典 | 備考 |
|---|---|---|---|---|---|
| 2002 | 6 | 20-21 | 第6回春季全国実業剣道大会 | B | |
| 2002 | 6 | 22 | 全南剣道会(会長キム・ウンギ)主催　第22回全南道知事旗剣道大会 | B | |
| 2002 | 6 | .23 | プサン市剣道会主催　第22回プサン広域市長旗種別剣道大会 | B | |
| 2002 | 6 | 23 | 江原道剣道会(会長コ・ハクチェ)主催　第8回江原道知事旗剣道大会 | B | |
| 2002 | 6 | 28-29 | 韓国大学剣道連盟(会長チャ・キョンオッ)主催　第1回会長旗全国大学剣道選手権大会開催 | B | |
| 2002 | 7 | 6 | 大邱市剣道会(会長チェ・クァンギル)主催　第7回大邱広域市長旗剣道大会 | B | |
| 2002 | 7 | 7 | 忠南剣道会(会長ユ・ペックン)主催　第8回忠南道知事旗市郡対抗剣道大会 | B | |
| 2002 | 7 | 13 | 第15回韓国社会人剣道大会開催 | B | |
| 2002 | 7 | | イ・ジェウッ会長　大韓体育会理事に再選任<br>イ・ジョンリム実務副会長　韓国オリンピック委員会(KOC)委員に選任 | B | |
| 2002 | 8 | 15-16 | 8.15光復節記念　第31回文化観光部長官杯　全国学生剣道大会 | B | |
| 2002 | 8 | 25 | 第2回在米大韓剣道会ポンリム旗大会 | B | |
| 2002 | 9 | 13-15 | アジア地域国際審判講習会開催 | B | |
| 2002 | 9 | 15 | 慶北剣道会(会長ホ・キュバン)主催　第24回教育監旗剣道大会 | B | |
| 2002 | 9 | 28 | 第27回大韓民国高段者大会 | B | |
| 2002 | 10 | 10 | 第6回全国少年本国剣法競演大会 | B | |
| 2002 | 10 | 12 | 仁川市剣道会(会長リュウ・キスン)主催　第27回会長旗種別剣道選手権大会 | B | |
| 2002 | 10 | 19 | 京畿道剣道会(会長キム・ジェイル)主催　第22回京畿道会長旗争奪道内剣道大会 | B | |
| 2002 | 10 | 26 | 剣道服発表会　中央研修院で実施 | B | |
| 2002 | 11 | 2 | ソウル市剣道会主催　第23回ソウル市会長旗種別剣道選手権大会 | B | |
| 2002 | 11 | 3 | 慶南剣道会主催　第10回慶南新聞社社長旗剣道大会 | B | |
| 2002 | 11 | 9-15 | 第83回全国体育大会 | B | |
| 2002 | 11 | 13 | 6.7段対象秋季指導者講習会　中央研修院で開催 | B | |
| 2002 | 11 | 17 | 全南剣道会主催　第9回全南会長旗剣道大会 | B | |
| 2002 | 11 | 30 | 第42回全国段別剣道選手権大会 | B | |

| 西暦 | 月 | 日 | 事項 | 出典 | 備考 |
|---|---|---|---|---|---|
| 2002 | 12 | 1 | 第24回大統領旗全国一般剣道選手権大会 | B | |
| 2002 | 12 | 15 | 大邱市剣道会(会長チェ・クァンギル)主催 第1回毎日新聞社社長旗段別剣道選手権大会 | B | |
| 2003 | | | 『剣道50年史』刊行 | A | |
| 2003 | | | 大韓剣道会創立50周年記念募金運動を展開 | A | |
| 2003 | 1 | 1 | "勉強する剣道選手"育成計画 公表 | A・B | |
| 2003 | 2 | 17-18 | 第11回SBS杯全国剣道王大会 | B | |
| 2003 | 5 | 11 | 第1回大韓民国 朝鮮勢法競演大会 | A・B | |
| 2003 | 6 | 1 | 第32回全国少年体育大会 剣道競技 | B | |
| 2003 | 7 | 4-6 | 第12回世界剣道選手権大会 イギリスのスコットランド・グラスゴーで開催 男女団体戦各々準優勝、個人戦3位(イム・グンベ、清州市庁) | A・B | |
| 2003 | 8 | 15-16 | 第32回文化観光部長官杯 全国学生剣道大会 | B | |
| 2003 | 8 | 17 | 全国八段研修会開催(中央研修院) | B | |
| 2003 | 8 | 24 | 第3回在アメリカ大韓剣道会ポンリム旗大会 | B | |
| 2003 | 8 | 20-31 | 日本関東学生剣道連盟 訪韓 | B | |
| 2003 | 9 | 2 | 全国市道連盟専務理事会議(50周年記念行事準備) | B | |
| 2003 | 9 | 4-7 | 秋季全国四段講習会 | B | |
| 2003 | 9 | 20 | 秋季称号審査 | B | |
| 2003 | 9 | 20 | 第28回大韓民国高段者剣道大会 | B | |
| 2003 | 9 | 21 | 秋季中央審査 | B | |
| 2003 | 10 | 8 | 第7回全国少年本国剣法競演大会 | B | |
| 2003 | 10 | 10 | 秋季中央審査 | B | |
| 2003 | 10 | 11-13 | 第84回全国体育大会 | B | |
| 2003 | 8 | 18 | 全国五段講習会 | B | |
| 2003 | 10 | 25 | 全国六段講習会 | B | |
| 2003 | 10 | 27 | 全国七段講習会 | B | |
| 2003 | 11 | 11 | イ・ジョンリム副会長が中国ヨンピョン(延辺)大学を訪問し、パク・フンジン副総長と三国関係史料集 協約締結 | B | |
| 2003 | 11 | 15-16 | 第6回全国小学校剣道大会 クゥエサン文化体育センターで開催 | B | |
| 2003 | 11 | 29 | 第43回全国段別選手権大会 | B | |
| 2003 | 11 | 29 | 第25回大統領旗 全国一般剣道選手権大会 | B | |
| 2003 | 12 | 18 | 大韓剣道会創立50周年記念式 | B | |
| 2004 | | | ポンニムデ竣工式の挙行 | A | |

| 西暦 | 月 | 日 | 事項 | 出典 | 備考 |
|---|---|---|---|---|---|
| 2004 | | | 本会支援により第1回延辺大学招請全国剣道大会（中国）の開催 | A | |
| 2004 | | | 代議員総会でポンニムデ建築を議決、施工業者にアキス建設を選定 | A | |
| 2004 | | | ポンニムデ起工式の挙行 | A | |
| 2004 | | | 陰城郡庁から建築許可 | A | |
| 2004 | | | 中央研修院ポンニムデ竣工式の挙行 | A | |
| 2005 | | | 24代会長にキム・ギスン会長就任 | A | |
| 2005 | | | 第一次師範資格試験の開催 | A | |
| 2005 | | | 大韓剣道会CI変更 | A | |
| 2006 | | | 在香港大韓剣道会を支部に承認 | A | |
| 2006 | | | 定期代議員総会で朝鮮勢法段証の発行について議決 | A | |
| 2006 | | | 第一次朝鮮勢法講習会を中央研修院にて実施 | A | |
| 2006 | | | 臨時代議員総会で大韓剣道会の定款を改定 | A | |
| 2006 | | | 現在の大韓剣道会加盟傘下団体27団体 | A | |
| 2006 | | | 第1回竹棒戦の開催 | A | ※10 |
| 2006 | | | 12月第13回世界剣道選手権大会 男子団体優勝、個人3位（オ・ギルヒョン、カン・サンフン） | A | |
| 2007 | | | 朝鮮勢法昇段審査の実施（*はじめて） | A | |
| 2007 | | | 第1回高段者模範競技の開催（*第13回WKC男子の部団体戦優勝記念） | A | |
| 2007 | | | 中国26史および明清実録東亜三国関係資料集の出版（主管：大韓剣道会、主編：中国延辺大学） | A | |
| 2008 | | | 第一回ミル歯科旗全国女子剣道選手権大会の開催 | A | ※11 |
| 2008 | | | 新型防具面の使用を承認（小学生にかぎり各種大会時、新型防具面の使用可） | A | |
| 2009 | | | 第25代会長にチ・スンニョン会長就任 | A | |
| 2009 | | | 第14回世界剣道選手権大会男子の部団体戦3位、女子の部団体戦準優勝、男子個人戦ベスト4に韓国選手3人、日本選手1人進出（準優勝パク・ビョンフン、3位イ・ガンホ、チェ・チョルギュ） | A | |
| 2010 | | | 研修院補助体育館武佾廳の竣工 | A | |
| 2010 | | | 在中国大韓剣道会を支会に承認 | A | |
| 2010 | | | 補助競技場武佾廳（ムイルム）が開館 | A | |

[備考]
※1：直訳は「見抜く」だが、意味としては「剣の舞から本国剣のインスピレーションを得る、悟る」とする。
※2：漢字で原稿に「武才」とあること、韓国語でも「武才」は武芸の才能の意になる。文脈からは、「演舞」とも考えられる。
※3：正式名は大日本武徳会だが、韓国語では大日本がない。『正統 剣道教本』には、「学校体育に剣道を採択」とされている。
※4：『正統 剣道教本』には「全国体育大会」とされている。
※5：『正統 剣道教本』には、団体戦準優勝、個人戦優勝（パク・チュンチェ）、3位（チョン・ホギュン、ユン・ゴンギュン）の記録がある。
※6：『大韓剣道会50年史』には、同一日に社会人剣道大会と実業団剣道大会が混在している。
※7：『正統 剣道教本』には、「ソウル市西大門区峴底洞にあった大韓剣道会中央道場が独立公園造成のため消滅。以後、中央研修院の建設は50万の剣道人にとって悲願事業となる」となっている。
※8：『正統 剣道教本』には、延辺大学と「学術交流協力」を締結とある。
※9：以下にも出てくる「ポンニム」は固有名詞で、漢字由来の言葉と思われるが、漢字表記が見当たらないのでそのまま音訳した。
※10：「竹刀」ではなく、竹の棒という表記になっている。
※11：ミル歯科の名称はネット上で確認できた。

[引用・参考文献]
A：イ・ジョンリム『正統 剣道教本』サモメディア、2010年、44―51ページ
B：大韓剣道会『大韓剣道会50年史』大韓剣道会、2003年、533―538ページ。本書の刊行委員はイ・ジョンリム、イ・ホアン、ソ・ピョンユン、ユ・ジェジュ、パク・ミョンウン、ユ・ジョンギの6人。

# あとがき

　2016年、秋晴れのふるさと小松。
　横に細長くかかる秋雲の隙間から朝日がのぞく白山をあおぐ梯川の堤防沿いを散歩する。
　懐かしい小学校の運動場から、少年野球に打ち込む子どもたちの声が聞こえる。そこに、プロ野球・日本シリーズ最終戦になった昨夜の広島東洋カープ対北海道日本ハムファイターズの試合の興奮が冷めやらないといった感じの大人たちの声が交ざる。日本シリーズの優勝監督インタビューで、日本ハムの栗山英樹監督がコメントしていた。「野球の難しさ、面白さを実感した試合になった。たまたま優勝できたが、どちらに転んでもおかしくない試合だった」「みなさんには、野球の楽しさを味わってもらえたらうれしい」。
　剣道も同じだ。なにごとも奥が深く、とことん突き詰めてやればやるほど難しく、そして面白いのだ。
　このふるさとで公立中学校教員として15年間勤め、小松を離れて大学に異動し、愛知県みよし市に移って7度目の秋を迎えている。教育現場から教育研究現場に移り、自分自身の勉強不足・研究不足を痛感し、中京大学大学院体育学研究科博士課程に入学した。人文・社会科学系で研究を再開して5年が過ぎ、2015年9月に、ようやく近藤良享教授のご指導のもと、博士論文「日本剣道 KENDO と韓国剣道 KUMDO の相克──剣道文化の未来志向を求めて」をまとめ、博士（体育学）の学位を修了することができた。
　はじまりは近藤良享先生との出会いからだった。東海学園大学に赴任した2010年の10月、それまで長らくご無沙汰していた日本スポーツ教育学会の第30回記念国際大会で無謀にも英語で発表したときのことだった。それまで学校現場（現実）と大学教育（理想）との間の乖離に疑問を抱いていた私は、体育科教育学の研究を求めていた。このときは、「中学校体育における剣道の単元指導計画に関する研究」で発表をおこなった。へたな英語で誰に伝わったのかもわからない状態で発表した私に、丁寧な英語で建設的な質問

写真17　小学校のグラウンドで

を投げかけてくださったのがほかでもない近藤先生だった。いまでも、先生が残心についてコメントされたことを鮮明に覚えている。

　それまで剣道だけをしてきて、どうにか武道学会で研究発表している私に、そして学校現場で日々逆さまになって生徒たちと格闘している私に、近藤先生は体育・スポーツ哲学（スポーツ倫理）という新しい世界への扉を開いてくださった。「哲学とは？」——耳にするだけで恐ろしく難しい学問のように思われたが、「要は、人として考えればいいのです。考え続けてください」と励まし、常に学問への探求や意欲を駆り立ててくださった。

　金沢大学・恩師の大久保英哲先生からは、「剣道の海外伝播や文化変容についてあなたにしかできない研究をすべきだ」とご教授いただいた。大久保先生は歴史研究者として、「地域に生きる体育史」の研究姿勢を貫いている。

　剣道については、金沢大学の恩師であり剣道部師範である恵土孝吉先生に、常日頃から剣道実践者としての心得と研究者として研究内容に対する叱咤激励をいただいている。学生時代の先生との出会いから、30年がたとうとしている。学生時代の恵土先生は異常に強く、研究にも競技力向上にも一切の妥協がない姿勢であった。いまではすっかり剣道の遊芸の世界で、人生の道に悟りを開く老剣士を自負されている。恵土先生のご恩に報いるためにも、これからも終わりなき研究と実践を継続したいと常々肝に銘じている。

　さらに、恵土先生の恩師である星川保先生には、東海学園大学へ赴任するご縁を作っていただき、愛知に異動してからは常に研究者として、そして大

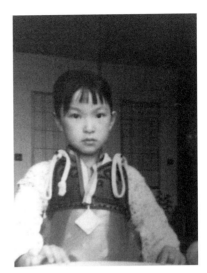

写真18　小学校1年生の筆者

学人としてご指導をいただいた。赴任してきた当初は、まだ研究仲間が少ない私を気遣って、よく研究室の扉を叩いて様子をみにきてくださった。これからも、星川先生にご指導をいただきながら剣道のコーチング学をまとめたいと考えている。

　金沢桜丘高校での生活では末平佑二先生・万紀子先生ご夫妻宅に下宿させていただき、親代わりになって公私にわたり育てていただいた。教員になったいまも、決してまねができる生活ではないと理解し、尊敬している。また剣道では、小学校1年生から亡き三島勇先生に習い、宇藤則夫先生、松山正義先生、中学校では林義也先生にご指導いただいた。

　学位論文をまとめ直して本書を執筆するにあたり、多くのみなさまにご指導とご助言、ご支援をいただいたことに感謝しなければならない。
　本書の出版は東海学園大学出版助成を受け実現されたものであり、東海学園大の研究助成に感謝したい。スポーツ健康科学部長の村松常司先生、前学部長の豊島進太郎先生、研究室が隣の経営史の和田一夫先生、他にも職場環境に配慮してくださる魚住哲彦事務局長をはじめとする教職員のみなさま方に感謝を申し上げたい。

写真19　ふるさと、白山をあおぐ梯川の堤防で

　韓国剣道 KUMDO 関係では、常にご協力いただいた木浦大学校の朴東哲教授と、剣道愛好家でありながらソウル大学で核融合を研究されている韓政勲博士にも感謝を申し上げたい。先生方の剣道に取り組む姿勢から、私自身の韓国剣道 KUMDO に対する理解が深まった。また、韓国語翻訳の際には、常に献身的に手伝っていただいた安土ふみ子先生にも感謝を申し上げたい。
　そして、結婚以来の別居生活で間もなく10年になろうとしているが、異国の地（ドイツと日本）でのそれぞれの仕事と生活を尊重し、いつも心の支えになって私自身を理解してくれる韓国人の夫・金明洙に感謝したい。もちろん、石川のいなかで学問のことも大学のことも知ることなく働き続け、いまもなお健在でいてくれる両親にも感謝したい。じゃじゃ馬のような娘をいつも陰で応援し、ただただ学ぶ機会と剣道ができる環境を与えてくれた。
　これまで私は剣道を通して人生を学び、考え、教えられてきた。この学びを少しでも継承し、教育者として後世の子どもたちに還元する努力をしていきたい。本書はまだまだ未熟なものだが、これからも学び続けることでお世話になった方々やこれから出会う方々に恩返しができればと思う。現在のグローバル社会のなかで起こっている文明や文化、思想や宗教の衝突で相互の文化を破壊することがないように、時空間を超えて存在してきた剣道という文化を通して、人の英知と努力で平和で豊かな世界が広がることを願っている。
　最後に本書の出版にあたり、学位論文を剣道を愛好する多くの方々へ届けたいという思いだけで、出版に関して右も左もわからずに飛び込んだ私に正

面から向き合ってくださり、出版を快く引き受け、本当に丁寧に編集していただいた青弓社の矢野未知生氏に心から感謝を申し上げて本書を閉じたい。

秋晴れに白山を望む小松に帰省して

小田佳子

2016年夏、全国学生剣道大会を観戦するために韓国を訪問した。
　8月15日は、日本ではお盆であり終戦記念日にあたる。同時に、韓国では光復節として、日本からの解放と独立を祝う。事故があった2014年4月16日から2年2カ月を経て、ようやく「セウォル号」が沈む珍島に足を運ぶこともできた。
　防波堤の海風は強く、無数の黄色いリボンが潮風になびき、魚の鋳型をした風鈴の音色が風の音に交ざって哀しく響いていた。防波堤の先端には、天国につながる電話機がポツンと置かれていた。
　この事故で亡くなられたすべての方々のご冥福を祈り、いまなお深い海底で迎えを待つ魂に安寧の祈りを捧げたい。

［著者略歴］
小田佳子（おだ・よしこ）
1969年、石川県生まれ
東海学園大学スポーツ健康科学部准教授
専攻は武道（剣道）、体育科教育学、スポーツ哲学
共著に『これならできる剣道』（スキージャーナル）、『新しい剣道の授業づくり』（大修館書店）など
剣道錬士六段。金沢桜丘高校から金沢大学に進学し、全日本女子学生剣道選手権大会準優勝2回

# 日韓「剣道」　KENDOとKUMDOの相克と未来

| | |
|---|---|
| 発行 | 2017年4月28日　第1刷 |
| 定価 | 3000円＋税 |
| 著者 | 小田佳子 |
| 発行者 | 矢野恵二 |
| 発行所 | 株式会社青弓社<br>〒101-0061 東京都千代田区三崎町3-3-4<br>電話 03-3265-8548（代）<br>http://www.seikyusha.co.jp |
| 印刷所 | 三松堂 |
| 製本所 | 三松堂 |

©Yoshiko Oda, 2017
ISBN978-4-7872-3418-6 C0036

**松尾哲矢**

# アスリートを育てる〈場〉の社会学
民間クラブがスポーツを変えた

民間スポーツクラブの台頭が青少年期のアスリート養成とスポーツ界全体の構造を変化させている。民間スポーツクラブの誕生と発展、学校運動部とのせめぎ合いをたどり、アスリートを養成する〈場〉の変容に迫る。　定価2000円+税

**中澤篤史**

# 運動部活動の戦後と現在
なぜスポーツは学校教育に結び付けられるのか

日本独特の文化である運動部活動の内実を捉えるために、戦後から現在までの歴史をたどり、教師や保護者の声も聞き取りながら、スポーツと学校教育の緊張関係を〈子どもの自主性〉という視点から分析する。　定価4600円+税

**佐々木浩雄**

# 体操の日本近代
戦時期の集団体操と〈身体の国民化〉

全国で考案されたラジオ体操などの集団体操の実態を史料を渉猟してあぶり出し、娯楽や健康を目的にしていた体操が国家の管理政策に組み込まれるプロセスを追って、「体操の時代」のナショナリズムを問う。　定価3400円+税

**高嶋 航**

# 軍隊とスポーツの近代

「日本軍によるスポーツ排斥と民間への弾圧」という神話をくつがえし、戦時下の日本軍と民間スポーツ界の蜜月を明らかにする。軍における男性性の変容や鍛錬と娯楽のバランスの変化から日本の特異性に迫る。　定価3400円+税

**疋田雅昭／日高佳紀／日比嘉高／青木亮人 ほか**

# スポーツする文学
1920-30年代の文化詩学

モダニズムと大衆文化の時代に、新聞や雑誌、ラジオ、レコードなどを介して、文学／レトリックとスポーツ／身体が交錯した諸相をたどり、〈文学とスポーツのアリーナ〉を物語や表象から多面的に分析する。　定価2800円+税